Robert Zimmer

**Basis-Bibliothek Philosophie**

Robert Zimmer

# Basis-Bibliothek Philosophie

## 100 klassische Werke

Philipp Reclam jun. Stuttgart

John Aubrey zum Gedächtnis

RECLAM TASCHENBUCH Nr. 20137
Alle Rechte vorbehalten
© 2009 Philipp Reclam jun. GmbH & Co. KG, Stuttgart
Durchgesehene Ausgabe 2011
Reihengestaltung: büroecco!, Augsburg
Gesamtherstellung: Reclam, Ditzingen
Printed in Germany 2011
RECLAM ist eine eingetragene Marke
der Philipp Reclam jun. GmbH & Co. KG, Stuttgart
ISBN 978-3-15-020137-4

www.reclam.de

# Inhalt

## 19. Jahrhundert

## 20. Jahrhundert

# Vorbemerkung

Dass kein bedeutendes Werk der Philosophie in einem zwei-
oder dreiseitigen Kurzessay auch nur annähernd befriedigend dargestellt werden kann, bedarf kaum einer Erläuterung. Ein philosophisches Werk lässt sich nicht kurz
zusammenfassen und es lässt sich auch nicht einfach so
durchlesen. Für eine gründliche Lektüre benötigt man Zeit,
zuweilen Monate. Akademische Philosophen widmen zuweilen sogar ihr gesamtes Forscherleben einem einzigen
Werk.

Dies darf jedoch kein Grund sein, die philosophische Tradition vor denjenigen abzuschotten, die zwar Interesse an
der Philosophie, nicht aber die Zeit haben, ein akademisches
Fachstudium zu absolvieren. Auch sie haben Anspruch darauf, sich eine Überblickskenntnis über jene Werke verschaffen zu können, die seit 2500 Jahren die Weltsicht der westlichen Kulturen maßgeblich geprägt haben. Es muss Brücken
geben, über die auch der philosophisch interessierte Nicht-
Profi gehen kann, um im komplexen und umfangreichen
Erbe der Philosophiegeschichte eine erste Orientierung zu
erhalten.

Solche Brücken will das vorliegende Buch bauen. Es will
die Lektüre philosophischer Werke damit natürlich nicht ersetzen, sondern Grundinformationen liefern und Entschei-
dungshilfen für eine solche Lektüre geben. Es stellt einhundert ausgewählte Werke vor, die in ihrem Anliegen, ihrer
historischen Einbettung und in ihren wichtigsten Thesen
skizziert werden sollen. Einbezogen werden auch Hinweise
auf die philosophiegeschichtliche Diskussion, in der das
Werk steht, und auf die Rezeption, die es in der Nachwelt
erfahren hat. Die Philosophiegeschichte wird auf diese Weise als Problemgeschichte sichtbar: Jedes Werk greift Pro-

bleme auf, die von historisch gesehen früheren Werken entweder nicht gelöst oder erst aufgeworfen wurden. Der Leser kann sich individuell ein Netz oder Mosaik dieser Problemgeschichte zusammenstellen.

Jede Auswahl dieser Art ist anfechtbar. Neben unverzichtbaren, epochemachenden Klassikern wie Platons *Staat*, René Descartes' *Abhandlung über die Methode* oder Kants *Kritik der reinen Vernunft*, die in keiner Auswahl fehlen dürfen, gibt es eine Vielzahl von Werken, über deren Aufnahme man, je nach Standpunkt und Herkunft, wohl endlos diskutieren kann. Zweifelsfrei lassen sich aber alle hier ausgewählten Werke als Klassiker bezeichnen, als Werke also, die ihren zeitgenössischen Kontext überlebt haben und die philosophische Diskussion bis heute mitbestimmen.

Für die vorliegende Auswahl war entscheidend, dass ein national gefärbter Blickwinkel vermieden wird und Werke einbezogen werden, die, wie Pascals *Gedanken* oder Spencers *System der synthetischen Philosophie*, im westlichen Denken insgesamt einflussreich waren, auch wenn ihnen in einzelnen Ländern weniger Aufmerksamkeit geschenkt wurde. Auch fiel die Entscheidung zwischen Werken, die zwar in akademischen Diskussionen eine große Rolle spielen, aber aufgrund ihrer sprachlichen und argumentativen Komplexität nur wenigen Spezialisten zugänglich sind, und solchen, die eine Breitenwirkung über die Philosophie hinaus erzielt haben, regelmäßig zugunsten der letzteren aus. So wurde auf Russells und Whiteheads *Principia Mathematica* verzichtet, Camus' *Mythos von Sisyphos* aber einbezogen; statt auf Adornos *Negative Dialektik* fiel die Wahl auf Peter Singers *Praktische Ethik* oder Simone de Beauvoirs *Das andere Geschlecht*.

Der jüngste der im Band aufgenommenen Titel, Jürgen Habermas' *Theorie des kommunikativen Handelns*, datiert von 1981. Auf Werke der neuesten Philosophiegeschichte wurde mit Absicht verzichtet. Dabei spielte die Überlegung eine Rolle, dass ein philosophisches Werk etwa eine Generation braucht, um seinen Status als Klassiker in der öffentlichen Diskussion durchzusetzen.

Die aufgenommenen Werke erscheinen chronologisch nach ihren bislang bekannten Erscheinungsdaten. Dort, wo, wie in der Antike und im Mittelalter, das Erscheinungsjahr entweder unbekannt ist oder Entstehungs- und Erscheinungsjahr weit auseinanderklaffen, wurden die Werke nach der uns bekannten Entstehungszeit angeordnet. Aber auch dies ist zuweilen (wie im Falle Platons, Aristoteles' oder Plotins) nicht präzise möglich.

Im Inhaltsverzeichnis werden die Werke in Zeitclustern zusammengefasst, die sich nicht immer an dem konventionellen Einteilungsschema Antike – Mittelalter – Neuzeit orientieren. So wurde zunächst die frühe Phase der griechischen Philosophie im 5. und 4. Jahrhundert v. Chr. zusammengefasst. Sie schließt sowohl die sogenannten Vorsokratiker als auch die klassischen Werke des Platon und Aristoteles ein.

Die hier aufgenommenen Werke der spätantiken Philosophie entstanden erst mehrere Jahrhunderte später. Eine eindeutige Grenze zwischen spätantikem und frühchristlichem bzw. frühmittelalterlichem Denken zu ziehen erschien aus mehreren Gründen problematisch, wenn man nämlich in Rechnung stellt, dass ein frühmittelalterlicher Kirchenvater wie Augustinus noch ganz im Umkreis der stoischen und neuplatonischen Philosophie erzogen wurde und dass das letzte bedeutende Werk der Antike, *Der Trost der Philosophie* von Boëthius, erst einhundert Jahre nach Augustinus erschien. In der Philosophie des 1. bis 6. Jahrhunderts n. Chr. durchdringen sich hellenistische und orientalisch-religiöse Motive gegenseitig.

Andererseits beginnt im 10. Jahrhundert mit der hochmittelalterlichen Scholastik, nach einer langen Phase der Völkerwanderung und der politischen und kulturellen Neuorientierung, erkennbar eine neue Phase der Philosophie, in der die rationale Erkenntnisbemühung sich Schritt für Schritt der Glaubensinhalte bemächtigt, ein Prozess, der bis zur Aufklärung des 18. Jahrhunderts und darüber hinaus andauert.

Auch die Epochenschwelle zwischen Mittelalter und Renaissance, zwischen christlicher Exegese und wissenschaftlicher Weltzugewandtheit, ist in der Philosophie keineswegs eindeutig markiert. Es fällt schwer, zwischen dem spätmittelalterlichen Kardinal Nikolaus von Kues und dem mehr als einhundert Jahre später von der Kirche als Häretiker verbrannten Dominikanermönch Giordano Bruno einen Epochenbruch auszumachen. Mit größerem Recht lässt sich behaupten, dass Brunos Philosophie ohne die Denkansätze des Kardinals gar nicht denkbar ist. Die Übergangszeit des 15. und 16. Jahrhunderts, aus der ohnehin nur vier Werke aufgenommen wurden, wurde deshalb in einem eigenen Cluster zusammengefasst.

Ab dem 17. Jahrhundert steigt die Anzahl der aufgenommenen Werke kontinuierlich an – nicht nur deshalb, weil uns ab jetzt eine größere Zahl von Texten überliefert ist, sondern auch, weil die in den letzten vierhundert Jahren geführten Diskussionen sich besonders intensiv bis in die Gegenwartsphilosophie hinein abbilden.

Nun entsteht neben der zunehmenden Schwierigkeit, Periodisierungen (Aufklärung, Moderne usw.) vorzunehmen, auch das Problem der Zugehörigkeit eines Werks zu einer bestimmten Denkrichtung und Tradition (Rationalismus, Empirismus, Deutscher Idealismus). Um unvermeidliche, komplizierte Zuordnungsdiskussionen zu vermeiden, wurden ab dem 17. Jahrhundert die Zeitcluster mit den Jahrhunderten zusammengelegt.

Der Band schließt mit einem Personen- und einem Werkregister, damit der Leser das Buch auch wie ein Lexikon benutzen kann.

*Basis-Bibliothek Philosophie* ist damit ein Pocket-Reiseführer in die Welt der philosophischen Klassiker. Er soll helfen, diese Welt zu betreten, die ersten Wegweiser und Inschriften zu entziffern und sich einen Eindruck von einigen der größten Sehenswürdigkeiten zu verschaffen. Wird man durch ihn in dem Vorsatz bestärkt, diese Welt auf einer längeren Reise näher kennenzulernen, so ist sein Zweck erfüllt. Als Handbuch im wörtlichen Sinne kann er aber auch zu einem dauerhaften Begleiter werden.

## Die Fragmente der Vorsokratiker

Entst. im 6. und 5. Jahrhundert v. Chr.

Mit dem Begriff »Vorsokratiker« wird die früheste Phase der griechischen Philosophie im 6. und 5. Jahrhundert v. Chr. und gleichzeitig eine sehr heterogene Gruppe von Denkern bezeichnet. Sie umfasst nicht nur die Philosophen »vor Sokrates«, sondern auch diejenigen seiner Zeitgenossen, die nicht zur klassischen, durch Sokrates, Platon und Aristoteles repräsentierten Phase der griechischen Philosophie gerechnet werden. Gemeinsam ist allen diesen Denkern, dass nur noch Bruchstücke ihrer Werke erhalten sind. Im deutschen Sprachraum hat sich seit der klassischen, von Hermann Diels herausgegebenen und von Walther Kranz fortgeführten gleichnamigen Ausgabe der Werktitel *Fragmente der Vorsokratiker* eingebürgert.

Im 6. Jahrhundert v. Chr. erlebte die griechische Welt tiefgreifende Umwälzungen. Traditionelle Herrschaftsformen wurden ebenso in Frage gestellt wie überkommene mythische Weltbilder. Demokratisierung, Ausweitung des Handels und die weitere Verbreitung von Schriften trugen dazu bei, dass die Philosophie als Forum der rationalen Weltdeutung und des Austauschs von Argumenten entstand.

Die ersten Vorsokratiker traten an der ionisch besiedelten Küste Kleinasiens auf. Sie stellten die Frage nach den letzten Prinzipien des Kosmos, die sie mit der Frage nach der »arché«, dem Urstoff der Welt, verbanden. Für Thales war dies das Wasser, für Anaximander das Unbegrenzte und für Anaximenes die Luft. Der aus Sizilien stammende Empedokles sah die »Wurzel aller Dinge« in den vier Elementen Erde, Wasser, Feuer und Luft. Sein Zeitgenosse Anaxagoras übte mit seinem Begriff des »nous«, des reinen unendlichen Geistes als Urprinzip der Welt, großen Einfluss auf die spätere Metaphysik des Aristoteles aus.

Für Platon und Aristoteles noch wichtiger wurden allerdings drei andere, sehr unterschiedliche Denker: Pythagoras, Heraklit und Parmenides. Pythagoras, als Mathematiker noch heute berühmt, glaubte, dass sich die Ordnung des Kosmos symbolisch in Zahlenverhältnissen ausdrücken lasse, und übernahm aus orientalischen Lehren die Vorstellung von der Seelenwanderung. Heraklit begriff die Welt als einen ständigen, durch den Zusammenprall von Gegensätzen hervorgerufenen Prozess der Veränderung (»Alles fließt«) und gilt daher als der Vater der Dialektik. Allerdings glaubte er auch, dass diesen Veränderungen der »logos«, eine gesetzmäßig wirkende Weltvernunft, zugrunde liegt. Parmenides aus Elea, der Gründer der »eleatischen« Schule, hielt wiederum jede Veränderung für bloßen Schein und vertrat die Auffassung, dass das wahre Sein ewig und unveränderlich ist. Diese Idee eines unveränderlichen ewigen Seins floss unmittelbar in die Ideenlehre Platons ein. Im Anschluss an Heraklit und Parmenides wurde der Versuch, »Veränderung« zu erklären, zu einem zentralen Anliegen der klassischen Metaphysik.

Eine Aufklärung in Form von Religionskritik gibt es bereits im 6. Jahrhundert bei Xenophanes von Kolophon, der religiöse Vorstellungen als Projektionen der menschlichen Lebenswelt deutet. Mit den von Platon als »Wortverdrehern« verleumdeten Sophisten, den griechischen Aufklärern des fünften vorchristlichen Jahrhunderts, wandte sich die Philosophie dem Menschen und seinem Handeln zu. Programmatisch wurde der Satz des Protagoras: »Der Mensch ist das Maß aller Dinge.« Die Unterscheidung zwischen Naturgesetzen und den von Menschen gemachten Gesetzen ebnete den Weg für eine rationale Kritik ungerechtfertigter Herrschaft. Gegen eine elitäre Auffassung von Philosophie verstanden sich die Sophisten als in der Öffentlichkeit wirkende professionelle Philosophen. Sie schufen die Rhetorik als eine von allen erlernbare Technik der Argumentation. Viele Sophisten wurden zu Fürsprechern der athenischen Demokratie und nicht zuletzt deswegen von konservativer Seite angefeindet.

Das Schicksal, von seinen Gegnern heftig bekämpft und an den Rand gedrängt zu werden, traf auch Demokrit, selbst ein materialistischer Naturphilosoph, Demokrat und Zeitgenosse des Sokrates. Wie sein Lehrer Leukipp deutete er die Welt als eine Zusammensetzung unteilbarer kleinster Elemente, der Atome, und inspirierte damit noch die neuzeitliche Naturwissenschaft.

## Platon
428/427 – 348/347 v. Chr.

### Apologie (Ἀπολογία, Apología)
Entst. zwischen 399 und 389 v. Chr.

Sokrates, der erste der drei großen klassischen griechischen Philosophen, hat, im Gegensatz zu Platon und Aristoteles, keine einzige Schrift hinterlassen. Den besten und umfassendsten Eindruck seines philosophischen Selbstverständnisses vermittelt eine frühe Schrift seines Schülers Platon, die *Apologie*, die die Verteidigungsreden des zum Tode verurteilten Sokrates rekonstruiert und nicht lange nach dessen Tod entstanden ist. Während in den mittleren und späten Schriften Platons die Figur des Sokrates vor allem ein Sprachrohr des Autors ist, entspricht der Sokrates der *Apologie* weitgehend, soweit man das heute beurteilen kann, seinem historischen Vorbild.

470 v. Chr. geboren, hatte Sokrates als junger Mann die demokratischen Reformen des Perikles erlebt und später als

Soldat im Peloponnesischen Krieg zwischen Athen und Sparta gekämpft. Nach der Kapitulation Athens im Jahre 404 errichtete ein konservatives, von den alten Aristokratenfamilien getragenes Marionettenregime Spartas in Athen eine Schreckensherrschaft, die aber bereits ein Jahr später durch die Wiederherstellung der Demokratie abgelöst wurde.

Sokrates war inzwischen zu einer stadtbekannten Athener Figur geworden. Wie die Sophisten, aus deren Milieu er kam, trug er die Philosophie ins Volk, indem er auf den Straßen und Plätzen seiner Heimatstadt Athen die Menschen mit Grundsatzfragen wie »Was ist Gerechtigkeit?« oder »Was ist Tapferkeit?« konfrontierte – ohne jedoch selbst endgültige Antworten zu formulieren. Die neuen demokratischen Herrscher misstrauten ihm jedoch, da viele seiner Schüler zu den Gegnern der Demokratie gehörten. 399 stellten sie ihn unter Anklage, machten ihm den Prozess und verurteilten ihn zum Tod.

Platon, ein entschiedener Gegner der Demokratie, verfolgte mit der *Apologie* die Absicht, seinem Lehrer ein philosophisches Denkmal zu setzen und gleichzeitig die athenische Demokratie zu diskreditieren. Die offizielle Anklage lautete, Sokrates habe durch seine öffentliche Lehrtätigkeit die Jugend verdorben und die politische und religiöse Ordnung untergraben. In der ersten großen Rede der Schrift bestreitet Sokrates dies und beschreibt sein eigenes philosophisches Projekt als das der intellektuellen Bescheidenheit und rationalen Selbsterforschung. Zwar habe ihn das Orakel von Delphi als den weisesten aller Menschen bezeichnet, doch nur in dem Sinne, dass er als einziger sich bewusst sei, nichts zu wissen. Auch die Gespräche mit den Athener Bürgern habe er mit dem Ziel geführt, falsche Gewissheiten zu zerstören. Den Vorwurf der Gottlosigkeit kontert er mit dem Hinweis, dass er sehr wohl ein Göttliches anerkenne, nämlich ein »daimonion«, eine göttliche innere Stimme, die seine Seele vor Schaden bewahre, indem sie ihn vor moralisch zweifelhaften Handlungen warne.

Das Bewusstsein, vor der eigenen Gewissensinstanz des »daimonion« bestehen zu können, führt Sokrates in einer zweiten Rede dazu – anstatt den Schuldspruch anzuerkennen –, für sich die höchste öffentliche Ehrung, die Speisung im Prytaneion, zu beantragen. Dennoch akzeptiert er das Todesurteil in der dritten abschließenden Rede mit dem Hinweis, dass seine Seele lediglich von einem Ort zu einem anderen ziehe und es für einen guten Menschen kein Übel, weder im Leben noch im Tode, gebe.

Prozess und Tod des Sokrates lassen bis heute Fragen offen. Historisch erwiesen ist, dass Sokrates tatsächlich enge Verbindungen zu den Feinden der Athener Demokratie hatte und dass andererseits die Richter keineswegs seinen Tod, sondern lediglich seine Verbannung wollten und ihm zahlreiche Hintertürchen offenließen. Die Nachwelt folgte allerdings der Darstellung des Platon und sah ihn als philosophischen Märtyrer.

Die vom Umfang her sehr kleine Schrift bietet eine unübertroffene und sprachlich klare Einführung in das sokratische Denken. Sie trug wesentlich dazu bei, dass Sokrates in der gesamten Philosophiegeschichte als Prototyp der Weisheit, der moralischen Tapferkeit und intellektuellen Redlichkeit gesehen wurde.

## Phaidon (Φαίδων, Phaídōn)
Entst. zwischen 399 und 347 v. Chr.

*Phaidon* gehört aus zwei Gründen zu den berühmtesten Werken der Philosophiegeschichte: Platon schildert hier die letzten Stunden seines philosophischen Lehrers Sokrates, der wegen Einführung neuer Götter und ideologischer Verführung der Jugend zum Tode verurteilt worden war. Er enthält aber auch die von Sokrates vorgetragenen Argumente für die Unsterblichkeit der Seele, die weit in die Geistesgeschichte hinein gewirkt haben. Nicht zufällig öffnet Platon hier den Blick auf eine transzendente, übersinnliche Welt. Der *Phaidon* gehört in die sogenannte mittlere Schaffensperiode Platons, in der er seine »Ideenlehre« entwickelte, also die Lehre von den geistigen, ewigen und unveränderlichen Formen, die unserer sinnlich wahrnehmbaren Welt vorausgehen und ihr als Modell dienen.

Wie die meisten Schriften Platons ist auch der *Phaidon* als Gespräch zwischen mehreren beteiligten Personen abgefasst, eine literarische Form, die den Zugang des Lesers zu den angesprochenen philosophischen Themen erheblich erleichtert. Platon hat die Gespräche jenes Tages aus Erzählungen der Anwesenden und gemäß den eigenen philosophischen Absichten rekonstruiert. Er selbst war, wie in der Schrift berichtet wird, an jenem Tag wegen Krankheit nicht anwesend. Die im Text von Sokrates vorgetragenen Thesen müssen deshalb auch als indirekte Wiedergabe der philosophischen Position Platons gelesen werden.

Der Namensgeber des Dialogs, Phaidon, ein Schüler des Sokrates, berichtet dem Pythagoreer Echekrates von dem letzten Tag des großen Philosophen, als dieser noch einmal alle Schüler um sich versammelt hatte, und lässt über diese Erzählung die Diskussionen jenes Tages lebendig werden.

Unter den anwesenden Schülern herrscht wegen des bevorstehenden Todes des Sokrates eine gedrückte Stimmung. Dem tritt Sokrates mit der berühmten Aussage entgegen, wahres Philosophieren bedeute, auf den Tod hin zu leben, denn im Tod trenne sich der Mensch von der vergänglichen körperlichen Existenz. Die Wahrheit der Dinge, also die unvergänglichen Ideen seien dem Menschen nur über die Seele, nicht über den Körper zugänglich. Die Seele kann aber diese Rolle als Erkenntnisorgan der unsterblichen Ideen nur spielen, wenn sie selbst unsterblich ist. Deshalb stehen im Zentrum der Schrift die Argumente für eine Unsterblichkeit der Seele. Platon stützte sich dabei auf Thesen der religiösen Bewegung der Orphiker und der vorsokratischen Schule der Pythagoreer, die beide die Unsterblichkeit der Seele mit der Vorstellung einer Seelenwanderung verbanden.

Im Mittelpunkt stehen vier Argumente: Weil in der Entwicklung der Natur ständig natürliche Gegensätze ineinander übergehen, kann auch angenommen werden, dass neues Leben aus dem Tod entsteht. Dies setzt eine unvergängliche Seele voraus. Auch die Lehre von der »anamnesis«, also die These, dass alles Lernen eine Form der Wiedererinnerung ist, führt nach Platon zu der Erkenntnis, dass etwas immer schon vorher existiert hat, nämlich eine unsterbliche Seele. Drittens ist die Seele von ihrer einheitlichen und immer gleich bleibenden Struktur her den unvergänglichen Ideen ähnlich. Und viertens ist die Seele dasjenige, was den Körper lebendig macht, sie ist das Lebensprinzip selbst und kann deshalb nicht sterblich sein.

Die Faszination der Schrift rührt u.a. daher, dass Sokrates diese Thesen durch sein Handeln beglaubigt, indem er in völligem Gleichmut den ihm zugedachten Giftbecher trinkt und noch im Sterben gegenüber seinen Schülern die Rolle des Tröstenden einnimmt. Diese Haltung hat ihm während der gesamten Philosophiegeschichte den Ruf eines vorbildlichen Weisen eingebracht. So wurde der *Phaidon* zu einer der Schlüsselschriften, die das Sokrates-Bild der westlichen Philosophie nachhaltig geprägt haben. Die These, dass Philosophieren bedeutet, sterben zu lernen, übernahm im 16. Jahrhundert Montaigne als Titel für einen seiner berühmtesten Essays. Enorm einflussreich war auch die im *Phaidon* entwickelte Auffassung von der Unsterblichkeit

der Seele. Sie hat nicht nur die Philosophie der Antike bestimmt, sondern auch Eingang in das Christentum gefunden und dadurch das gesamte europäische Denken geprägt.

## Das Gastmahl (Συμπόσιον, Sympósion)

Entst. zwischen 399 und 347 v. Chr.

Dass ein Zusammensein unter Freunden, bei gutem Essen
und gutem Wein, auch die geistige Kreativität fördern und
wichtige philosophische Gedanken hervorbringen kann,
war in der antiken Philosophie eine vertraute und immer
wieder erlebte Erfahrung. In Platons *Symposion*, wörtl.
»Trinkgelage«, wird sie zur literarischen Form gestaltet. Das
*Symposion* führt ein Brainstorming zum Thema »Eros«,
»Liebe« und »Schönheit« vor. Dabei verzichtet Platon nicht
auf bühnenreife Effekte: So erscheint Sokrates, das philosophische Sprachrohr Platons, verspätet zum Gastmahl, nachdem er im Hof eines Nachbarn meditierend stehen geblieben war, und Alkibiades, der berühmte Athener Feldherr,
taucht am Ende des Mahls im betrunkenen Zustand auf und
bringt eine Liebeserklärung an Sokrates vor, in der sich philosophische Wertschätzung und homoerotische Neigungen
verbinden.

Die philosophische Absicht der Schrift ist es, den Begriff
»Eros« in neuer, philosophischer Weise zu deuten. Eros wird
nun mit dem Streben des Menschen verknüpft, zur Erkenntnis jener ewigen »Schönheit« zu gelangen, die allen
schönen Dingen zugrunde liegt. Das *Symposion* gehört deshalb neben dem *Phaidon* und dem *Staat* zu jenen großen
klassischen Schriften Platons, in denen er seine »Ideenlehre« entwickelt hat, die Lehre von den ewigen, unveränderlichen geistigen Formen (»Ideen«), die als wahre Wirklichkeit
für unsere sinnlich wahrnehmbare Welt Modell steht.

Das *Symposion* beginnt mit einer Reihe von Lobreden, die die einzelnen Teilnehmer auf den Eros halten. Unter den Sprechern sind so prominente Figuren wie der Tragödiendichter Agathon, der Gastgeber des Gastmahls, oder der Komödiendichter Aristophanes. Zunächst wird Eros in Zusammenhängen dargestellt, die den Teilnehmern aus der Alltagserfahrung bekannt waren, wie die Wahrsagekunst oder die homoerotische Liebe. Aristophanes begreift den Eros als denjenigen, der die Menschen zu ihrer ursprünglichen, mythischen Natur zurückführt, in der es keine Geschlechtertrennung gab.

Agathon schließlich sieht Eros als den Gott, der in seiner Schönheit die Grundtugend verkörpert, alle Vermögen des Menschen miteinander zu harmonisieren, eine ästhetische Tugend also, die zugleich alles ethisch Gute befördert.

Hieran knüpft nun Sokrates an, der mit Agathon in einen gesonderten Dialog eintritt und schließlich dort die philosophische Neudefinition des Eros vornimmt. Dabei beruft er sich auf eine Einsicht, die ihm durch die Seherin Diotima zuteil geworden sei. Eros ist danach nicht selbst etwas Gutes und Schönes, sondern eine Kraft und Fähigkeit, die das Schöne und Gute erst hervorbringt. Analog zur körperlichen Liebe, in der wir unsere Sehnsucht nach Unsterblichkeit durch Erzeugen von Nachkommen zu verwirklichen suchen, geht der wahre Eros auf die Verwirklichung einer geistigen Unsterblichkeit. Eros ist ein Erzeugerdrang der Seele, der eine Erkenntnis, die in uns angelegt ist, zur Verwirklichung bringt. Dabei beschreitet die Seele einen Stufenweg: von dem einzelnen, konkreten sinnlichen Schönen schreitet sie fort zur Idee der körperlichen Schönheit, die in allem einzelnen Schönen verwirklicht ist, und von dort zu den geistigen Schönheiten: den schönen Handlungsweisen, den schönen Kenntnissen bis schließlich zum Schönen selbst. In der geistigen Schau des Schönen, das Platon mit dem Wahren und mit der höchsten Idee, der Idee des Guten identifiziert, gelangt der Mensch in Kontakt mit der Unsterblichkeit, die nur in der unveränderlichen und ewigen Welt der Ideen zu finden ist.

Sowohl wegen seiner literarischen, mit zahlreichen plastischen Details und Anekdoten gespickten Präsentation, aber auch wegen seines Themas ist das *Symposion* bis heute eine der beliebtesten und wirkungsreichsten Schriften Platons geblieben. So hat Sören Kierkegaard, von Platon inspiriert, den ersten Teil seiner *Stadien auf des Lebens Weg* als Symposion über die Liebe gestaltet, und auch Michel Foucault setzt sich im zweiten Band seiner Trilogie *Sexualität und Wahrheit* mit den Diskussionen des *Symposion* auseinander.

## Der Staat (Πολιτεία, Politeía)

Entst. zwischen 399 und 347 v. Chr.

Platons Hauptwerk ist die erste erhaltene und bis heute einflussreichste Staatsutopie der westlichen Philosophiegeschichte. Sie enthält aber nicht nur Platons politische Philosophie, sondern auch die ausgearbeitetste Form seiner Metaphysik, in deren Zentrum die Lehre von einer ewigen, geistigen und unveränderlichen Wirklichkeit steht, die unserer wahrnehmbaren Wirklichkeit übergeordnet ist.

Der griechische Titel »Politeía«, wörtlich die »Lehre von der Polis«, also der Stadt, zeigt bereits an, dass es in Platons Werk nicht um einen Staat im heutigen Sinne, sondern um ein Gemeinwesen nach dem Vorbild der altgriechischen Stadtstaaten geht, die von Größe und Bevölkerung etwa einem Schweizer Kanton vergleichbar waren. Platon gehörte der alten, über Generationen herrschenden Athener Aristokratie an, die sich durch die demokratischen Reformen des

Perikles und die Aufklärungsbewegung der Sophisten im 5. Jahrhundert v. Chr. herausgefordert sah. Nach Ansicht der Sophisten waren moralische und politische Gesetze, im Unterschied zu Naturgesetzen, Produkte des Menschen und damit veränderbar. Die Frage »Was ist Gerechtigkeit?« konnte nun nicht mehr alleine durch Heranziehung der Tradition beantwortet werden.

Platon reagierte auf diese Herausforderung der sophistischen Aufklärung mit dem Modell eines idealen, vor jeder Veränderung geschützten Staates. Wie frühere Schriften Platons ist auch *Der Staat* in der Art eines Dialogs verfasst, in der Platons Lehre durch den Mund des Sokrates vermittelt wird.

Für Platon ist Gerechtigkeit identisch mit einer stabilen Ordnung, in der jeder Teil seinen naturgegebenen Platz einnimmt und seine natürliche Funktion ausübt. Diese Ordnung findet sich sowohl in der Seele des einzelnen Menschen als auch, analog dazu, im großen Rahmen des Staates. Den drei Vermögen der Seele: der herrschenden Vernunft, dem ihm dienenden Willen und den von ihm beherrschten Leidenschaften, entspricht im Platonischen Staat eine Dreiklassengesellschaft von Herrschern, Kriegern und arbeitender Bevölkerung. In beiden Fällen gibt es also eine eindeutige und festgelegte Rangordnung, die es entweder herzustellen oder zu schützen gilt. So werden, nach dem Vorbild der Militärdiktatur in Sparta, Herrscher und Krieger durch ein asketisches Leben und militärisches Training in ständiger militärischer Bereitschaft gegen das Volk und gegen Feinde von außen gehalten. Die berühmte »Frauen- und Kindergemeinschaft« soll das Entstehen privater Bindungen verhindern und den Zusammenhalt unter Herrschern und Kriegern sichern.

Dem Anspruch, dass nur die Besten herrschen sollen, kann nur dadurch entsprochen werden, dass die Herrschen-

den die Fähigkeit erwerben, das Gute und Gerechte zu erkennen. Wie es zu einer solchen Erkenntnis kommen kann,
klärt Platon im Rahmen seiner Metaphysik, der sogenannten »Ideenlehre«. Danach ist die Welt der sinnlich wahrnehmbaren, veränderlichen Dinge nur eine Scheinwelt, der
eine Welt der idealen Formen, der sogenannten Ideen, gegenübersteht. Die Ideen dagegen liefern der Wahrnehmungswelt unvergängliche Muster und gehören einem Bereich der Wirklichkeit an, der nur der unmittelbaren Schau
der Vernunft zugänglich ist. Genau in diesem Sinn entspricht auch Platons Staat der »Idee« eines Staates.

Die höchste Idee, die auch die Idee der Gerechtigkeit umfasst, ist die Idee des Guten. In einem Kernstück des Buches,
dem »Höhlengleichnis«, vergleicht Platon die Idee des Guten mit der Sonne, die nur wenigen philosophisch Einge-
weihten direkt zugänglich ist, während die Mehrheit wie in
einer Höhle nur eine Schattenwelt wahrnimmt. Durch ihre
Befähigung zu einer solchen Schau des Guten erwerben die
Herrscher ihre Legitimation und ihren Namen als »Philosophenkönige«. Bis sie zu solchen geworden sind, müssen sie
allerdings eine langjährige wissenschaftliche und philosophische Erziehung durchlaufen.

Ob *Der Staat* jedoch tatsächlich, wie sein Autor beanspruchte, die Frage nach dem gerechten und besten Staat
beantwortet oder nicht vielmehr als Entwurf einer totalitären Gesellschaft gelten muss, ist bis heute umstritten. Platons idealer Staat inspirierte jedenfalls die gesamte Tradition
des utopischen Denkens, von den Staatsutopien der Renaissance bis zu marxistischen Philosophen wie Ernst Bloch.

## Aristoteles
384–322 v. Chr.

### Nikomachische Ethik (Ἠθικὰ Νικομάχεια, Ēthiká Nikomácheia)

Entst. zwischen 335 und 323 v. Chr.

Wir sind gewohnt, die Ethik, die sich mit den Grundsätzen unserer Lebensführung und unseres Handelns beschäftigt, als eigenständige Disziplin der Philosophie zu betrachten. Der erste uns bekannte Philosoph, der diese Abgrenzung bewusst vollzogen hat, ist Aristoteles. Die *Nikomachische Ethik* ist seine bekannteste und wichtigste Schrift zum Thema. Wie im Falle aller uns überlieferten Bücher des Aristoteles handelt es sich aber auch hier nicht um einen Text, der für die Veröffentlichung, sondern für die Lehrtätigkeit bestimmt war und von späteren Herausgebern erst in eine bestimmte Ordnung gebracht wurde. Die Aufzeichnungen der *Nikomachischen Ethik* sind mit großer Wahrscheinlichkeit in der letzten Lebensphase des Aristoteles entstanden, als er in Athen seine eigenen Schüler um sich versammelte.

Auch in seiner Ethik geht Aristoteles von seiner Grundüberzeugung aus, dass alles in der Natur dazu da ist, seine Wesensanlagen zur endgültigen, ausgereiften Form zu entwickeln. Dies gilt auch für den Menschen. Diese »teleologische«, d.h. zweckorientierte, auf ein Ende hin ausgerichtete Interpretation der menschlichen Existenz bedeutet, dass alle Menschen »von Natur aus« einem Ziel ihrer Selbstverwirklichung zustreben. Dieses Ziel ist das Glück. Moral- und Glückslehre, tugendhaftes und glückinspiriertes Handeln sind für Aristoteles, wie für die meisten Philosophen der Antike, gleichbedeutend. Das Glück ist das höchste Gut, auf das alles Handeln ausgerichtet ist und das die Menschen nicht als Mittel zum Zweck, sondern um seiner selbst willen anstreben.

Während für seinen Lehrer Platon Glück ausschließlich in der Versenkung oder Kontemplation in die ewige und geistige Idee des Guten besteht, gibt es in der *Nikomachischen Ethik* drei unterschiedliche Formen des Glücks, die mit drei ganz unterschiedlichen Lebensformen verbunden werden. Die erste und niedrigste Form des Glücks ist die Lust. Dem entspricht eine ausschließlich auf Lustgewinn orientierte Lebensform, der nach Aristoteles die Mehrheit der Menschen anhängt, die er aber als »sklavenhafte Art des Lebens des Viehs« bezeichnet. Es sind dann die beiden anderen Formen des Glücks, die er positiv wertet und die der Verwirklichung des Menschen als Vernunftwesen entsprechen. Im Umgang mit anderen Menschen ist eine weltliche und soziale Form des Glücks möglich. Sie wird durch eine bestimmte Art von Vernunft erreicht, die Aristoteles Phrónesis, d.h. Klugheit, nennt. Sie leitet uns an, sogenannte Charaktertugenden wie Freigiebigkeit oder Tapferkeit auszuprägen. Nach der berühmten »Mesótes-Lehre« des Aristoteles, d.h. der Lehre von der richtigen Mitte, handelt es sich hierbei um soziale Verhaltensdispositionen, die unseren Affekten und Leidenschaften eine sozial verträgliche Form geben und immer in der Mitte zwischen extremen Verhaltensweisen wie Verschwendung und Geiz oder Tollkühnheit und Feigheit liegen.

Diese Form des Glücks ist jedoch erst die Grundlage für die höchste Form des Glücks. Wie bei seinem Lehrer Platon handelt es sich um ein Glück der Kontemplation, das durch die Ausbildung der höchsten rationalen Fähigkeiten und die Ausprägung kontemplativer, d.h. rein geistiger Tugenden erreicht wird. Das Glück der »betrachtenden Tätigkeit«, der autarken selbstbezogenen Kontemplation, ist ein Produkt der »sophía«, der Weisheit, eine Form der Vernunft, die über die Klugheit hinausgeht. In der kontemplativen Lebensform, in der Betrachtung des ewig Seienden, nähert sich der Mensch den Göttern an.

Die *Nikomachische Ethik* hat für die gesamte antike Philosophie schulbildend gewirkt. Dass Glück das Ziel des tugendhaften Handelns ist und zu diesem Zwecke die Leidenschaften mit Hilfe der Vernunft kontrolliert werden müssen, wurde auch über die Antike hinaus zu einer allgemein akzeptierten Ansicht. Die grundsätzliche Ablehnung einer Glücks- und Klugheitsethik zugunsten einer Pflichtethik hat erst Immanuel Kant im 18. Jahrhundert formuliert. Die aristotelische Lehre von den Charaktertugenden hat als Theorie des klugen Sozialverhaltens, zusammen mit den *Charakteren* seines Schülers Theophrast, auch die neuzeitliche Moralistik beeinflusst.

**Metaphysik** (Τὰ μετὰ τὰ φυσικά, Ta metá ta physiká)

Entst. zwischen 367 und 322 v. Chr.

Aristoteles hat nie ein Buch mit dem Titel »Metaphysik« geschrieben. Was uns vorliegt, ist eine Sammlung von Vorlesungsaufzeichnungen, die der in Alexandria lebende Bibliothekar und Philosoph Andronikos von Rhodos im ersten nachchristlichen Jahrhundert zusammengestellt und in der Werkliste »hinter« (griech. »metá«) die *Physik* eingeordnet hat. Sie kreisen um ein gemeinsames Thema, nämlich das, was Aristoteles »Erste Philosophie« nennt. Es geht dabei um die Grundlagen unserer Wirklichkeitsauffassung, um ein Verständnis dessen, was wir meinen, wenn wir sagen, etwas »ist«. Die Erste Philosophie hat es, in den Worten des Aristoteles, mit den »Prinzipien und Ursachen des Seienden, und zwar insofern es Seiendes ist«, zu tun und liegt deshalb allen anderen philosophischen Disziplinen zugrunde.

Aristoteles war 20 Jahre lang Student der Akademie seines Lehrers Platon in Athen und nahm dort aktiv Anteil an den Diskussionen um Platons Ideenlehre. Für Platon lag die wahre Wirklichkeit in der Welt der ewigen, unveränderlichen und idealen Formen, der »Ideen«, nach deren Muster unsere sinnlich wahrnehmbare Welt geordnet ist und zu der sie sich verhält wie ein Abbild zum Urbild. Diese »Schattenwelt« der sinnlich wahrnehmbaren, vergänglichen Dinge ist nur dadurch »wirklich«, dass sie an den Ideen »teilhat«.

Von dieser Trennung zwischen Ideenwelt und sinnlich wahrnehmbarer Welt wandte sich Aristoteles ebenso ab wie von der Vorstellung einer »Teilhabe« der sinnlichen an einer jenseitigen geistigen Welt. Grundlage seiner Ersten Philosophie ist vielmehr die Beobachtung von Wachstums- und Entwicklungsprozessen in der Natur. Entstehung und Veränderung ist für ihn ein Prozess, der bestimmten Gesetzen folgt, die in den Dingen und nicht außerhalb der Dinge angelegt sind. Zu beobachten ist ein ständiges Übergehen von Möglichkeit in Wirklichkeit, von Stoff in Form. Auf die Frage, warum etwas so ist, wie es ist, antwortet Aristoteles: Weil es aus einem bestimmten Stoff gemacht wurde, eine bestimmte Form hat, durch einen bestimmten Vorgang herbeigeführt wurde und die Verwirklichung eines bestimmten Zwecks ist. Entsprechend unterscheidet er zwischen vier verschiedenen Ursachen: der Stoffursache, der Formursache, der Wirkursache und der Zweckursache. Während für die heutige Wissenschaft nur noch die Wirk-, d.h. Kausalursache eine Rolle spielt, hatten für Aristoteles die Formursache und die Zweckursache eine größere Bedeutung. So wie ein Baum aus einem Samen entsteht, in dem die gesamte Entwicklung zum ausgewachsenen Baum schon angelegt ist, so können alle Dinge in ihrer Form, d.h. in ihrer vollendeten Gestalt, als Verwirklichung eines in ihnen angelegten Zwecks begriffen werden. Aristoteles nennt die Formursache deshalb auch »Wesensursache«, weil in der entwickelten Gestalt das eigentlich Charakteristische eines Dings sichtbar wird, nämlich seine Unveränderlichkeit und selbständige Existenz, Merkmale, für die er den Begriff »Substanz« einführt. Substanz ist der Wesenskern eines Gegenstands im Gegensatz zu den Akzidenzien, den wechselnden Eigenschaften. Ein Baum ist eine Substanz, weil er immer ein Baum bleibt, auch wenn seine Eigenschaften sich ändern können. Mit dem Begriff Substanz wird das wichtigste Verständnis von »Sein« bezeichnet. Etwas »ist« im eigentlichen Sinn erst, wenn es Substanz ist.

Die Welt ist für Aristoteles eine ewige Bewegung, eine unendliche Entstehung von Substanzen, die in ihrer Gesamtheit selbst wieder auf einen großen Endzweck zuläuft, auf den sogenannten »unbewegten Beweger«. Er ist der aristotelische Gott, ein geistiges kosmisches Prinzip, das die Entwicklung des Universums steuert, ihr selbst aber nicht unterworfen ist.

Die in der *Metaphysik* zusammengefassten Aufzeichnungen erfordern wegen ihrer Argumentationsdichte eine konzentrierte und genaue Lektüre, die sich aber lohnt. Die Wirkung der Schrift war epochal: Der Begriff der Substanz sowie die Deutung des Universums als einer zweckgerichteten Ordnung haben viele Jahrhunderte Wissenschafts- und Philosophiegeschichte bestimmt. Der Name »Metaphysik« hat seither den der »Ersten Philosophie« als Bezeichnung der philosophischen Grundlagendisziplin abgelöst.

# Cicero

106–43 v. Chr.

**Tuskulanische Gespräche** (Tusculanae disputationes)
Entst. 45 v. Chr.

Tusculum, das Landgut des römischen Staatsmanns und Philosophen Cicero, ist heute fast zu einem Synonym für ein Bildungsrefugium geworden, in dem man, abgeschottet von der Welt, sich mit den wichtigen Fragen des Lebens philosophisch auseinandersetzen kann. Als Cäsar die römische Republik zugunsten einer Alleinherrschaft beseitigte und Cicero ins politische Abseits schob, zog sich dieser nach Tusculum zurück und schrieb eine Reihe von Werken, von denen die *Tuskulanischen Gespräche* bis heute das bekannteste sind. Wie mit seiner kurz zuvor verfassten Schrift *Hortensius* wollte Cicero mit den *Gesprächen* der Philosophie in der römischen Kultur die Geltung verschaffen, die sie in der griechischen Kultur traditionell hatte – nicht nur als Hilfswissenschaft für Redner und Politiker, sondern als grundlegende und eigenständige Erkenntnisbemühung.

Die *Tuskulanischen Gespräche* widmen sich dem in der antiken Ethik wichtigsten Thema überhaupt: der Weisheit, einer Lebenshaltung, die es dem Menschen ermöglicht, mit Hilfe der Vernunft Konflikte, Krisen und Unglücke des Lebens souverän zu bewältigen. In der Zeit nach den drei großen klassischen Philosophen Sokrates, Platon und Aristoteles hatten alle großen griechischen Philosophenschulen dieses Thema ins Zentrum gestellt – so die Anhänger der Akademie Platons, die als »Peripatetiker« (die, die beim Diskutieren herumwandeln) bekannten Anhänger des Aristoteles, die Epikureer und die Stoiker. Cicero galt als Anhänger der Platonischen Akademie, doch in seiner Ethik bediente er sich bei den verschiedensten Schulen und teilte auch deren

gemeinsamen Grundsatz: dass eine auf vernünftiger Ein-
sicht beruhende Tugend zu einem glücklichen Leben führt.
Lediglich die These Epikurs, Tugend bestehe in Freude und
Lust, lehnte er durchgehend ab.

Das Buch ist an Ciceros Freund Brutus, den späteren
Mörder Cäsars, adressiert und in der Tradition der philosophischen Dialoge Platons als Streitgespräch verfasst. Ge-
sprächslenker ist Cicero selbst, der sich mit einigen Bekannten fünf Tage lang in Tusculum versammelt hat. An jedem
Tag steht ein gesonderter Aspekt des weisen Lebens im
Mittelpunkt. Dem entspricht jeweils ein Kapitel im Buch:
im ersten wird die Haltung zum Tod, im zweiten der Umgang mit Schmerz, im dritten der Umgang mit seelischem
Leid, im vierten die Beherrschung der Leidenschaften und
im fünften die Frage diskutiert, ob die Tugend als Kern eines weisen Lebens wirklich ein Garant für ein glückliches
Leben ist.

Gegen die These, dass der Tod ein Unglück sei, bringt
Cicero zunächst zwei Argumente vor: Entweder haben wir
eine unsterbliche Seele – wofür die Tatsache spricht, dass die
seelischen und rationalen Vermögen auf eine höhere Welt
gerichtet sind und sich nicht auf materielle Ursachen zurückführen lassen –, oder der Tod ist gleichgültig, weil wir
ins Nichtsein eingehen und ewige Ruhe finden. Im fünften
und letzten Buch stützt sich Cicero auf einen Konsens aller
Philosophenschulen: Nur in der Tugend erreicht der Mensch
jene »Autarkie« (jenes »sich selbst Gesetze geben«) der Vernunft, die sich gegenüber den Einflüssen der Triebe und der
äußeren Geschehnisse unabhängig gemacht hat und in der
gesamten Antike mit dem Glück identifiziert wird.

Es ist dieser Bezug zur Vernunft, der auch den Schlüssel
zur Beantwortung der Fragen in den Kapiteln zwei bis vier
liefert. Cicero schlägt durchweg eine Therapie der rationalen
Durchdringung und Bewältigung vor, die sich eng an die

Lehrmeinung der Stoiker anlehnt: Schmerz, Kummer und der Drang der Leidenschaften verlieren ihre Wirkung auf uns, wenn wir uns von einer falschen Einschätzung ihrer Bedeutung lösen und verstehen lernen, dass sie den Kern unserer Person nicht berühren.

Zwar ist über die Originalität Ciceros viel gestritten worden. Doch die auch für Laien problemlos lesbaren *Tuskulanischen Gespräche* galten im gesamten Mittelalter und in der Renaissance als spiritueller Führer und können wie kein anderes Werk als klassisches Handbuch antiker Weisheitslehre gelesen werden.

## Über die Pflichten (De officiis)

Entst. 44 v. Chr.

Ciceros *Über die Pflichten* oder *Vom pflichtgemäßen Handeln*, wie die deutsche Übersetzung des Titels auch lautet, ist sein letztes Werk, entstanden in einer politisch turbulenten Zeit und ein Jahr vor seinem gewaltsamen Tod. In den drei großen Kapiteln des Buches legt Cicero eine umfangreiche Diskussion ethischer Probleme vor. Es geht um die Werte und Maßstäbe, die für das menschliche Handeln bestimmend sein sollen. Vorlage war die gleichnamige Schrift des im zweiten vorchristlichen Jahrhundert lebenden griechischen Stoikers Panaitios. Dessen Schlüsselbegriffe, »kalokagathón« (= das Gute und Schöne) als Ziel und »kathēkonta« (= das, was sich gebührt) als Richtschnur des Handelns, werden in Ciceros lateinischer Übersetzung zu »honestum« (= wörtl. das Ehrenhafte) und »officii« (Pflichten), wobei mit der Übersetzung auch die Bedeutung präzisiert und letztlich neu bestimmt wird.

Mit dem »Ehrenhaften« meint Cicero das übergeordnete Ziel des gesamten menschlichen Handelns. Es umfasst das, was Platon mit den vier Kardinaltugenden Weisheit, Gerechtigkeit, Tapferkeit und Besonnenheit umschrieben hatte. Es geht um unsere moralischen Verpflichtungen gegenüber anderen, um unsere Verpflichtungen gegenüber der Gemeinschaft und dem Staat, aber auch um Regeln des Anstands und der Schicklichkeit, die der Persönlichkeitsbildung dienen und die Cicero mit der Tugend der Besonnenheit verbindet.

Zwischen dem moralischen Handeln und dem »schönen«, d.h. sozial angemessenen Verhalten zieht Cicero eine schärfere Trennlinie als Panaitios. Während es im moralischen Handeln um die Verpflichtung gegenüber anderen und die Rücksichtnahme auf ihre Rechte geht, zielen die Regeln des Anstands auf das Ideal der »harmonischen Persönlichkeit«, ein Erziehungsideal, das sich z.B. in der ästhetischen und rhetorischen Bildung, in der Entwicklung der eigenen Natur- und Charakteranlagen, aber auch der Fähigkeit äußert, seine persönlichen Verhältnisse klug zu regeln. Ziel ist es hier, seinem Leben eine Struktur, eine Ordnung zu geben, oder, wie Cicero sagt, »in der Lebensführung alles zueinander passend und in ausgewogenem Verhältnis« zu gestalten.

Auch das »Ehrenwerte« im Sinne der Moral und Sittlichkeit erfährt bei Cicero eine genauere Fassung. Schon Panaitios hatte zwischen dem Sittlichen und dem Nützlichen unterschieden, aber, nach Ciceros Ansicht, das Verhältnis zwischen beiden nicht endgültig geklärt. Cicero widmet sich diesem für die Moralphilosophie so wichtigen Thema im 3. Kapitel seiner Schrift.

In der antiken Philosophie war es eine von fast allen Philosophen geäußerte Ansicht, dass moralisches Handeln Selbstverwirklichung im Sinne einer Einfügung in die ewige, unveränderliche Naturordnung bedeutet und von daher immer auch nützlich ist. Auch Cicero bestreitet nicht, dass

Sittlichkeit und Nützlichkeit sich auf dieser sehr allgemeinen Ebene treffen. Nützlichkeit im Sinne von persönlichem Vorteil kommt jedoch mit Sittlichkeit immer wieder in Konflikt. Denn die Naturordnung ist für Cicero gleichzeitig eine Rechts- und Gesetzesordnung, die von mir verlangt, dass ich im Konfliktfall eigene Interessen gegenüber den Interessen der Gemeinschaft zurückstelle. Das gilt auch, wenn ich mir durch Verfolgung der eigenen Interessen soziale Achtung und Anerkennung verschaffen könnte. Nur wenn wir eine für alle geltende Verpflichtung annehmen, die Rechte des anderen grundsätzlich zu achten, ist ein Zusammenleben der Menschen im Sinne der Naturordnung möglich.

Ciceros *Über die Pflichten* gehört zu den am meisten gelesenen Schriften in der Geschichte der Moralphilosophie und bereitete jenen Begriff der moralischen Pflicht vor, den Kant in seinem berühmten kategorischen Imperativ formulieren sollte. Mit ihrem Erziehungsideal der harmonischen Persönlichkeit wirkte sie in der Renaissance auf Petrarca und Erasmus von Rotterdam, aber auch auf die französischen Moralisten und die Aufklärung.

## Seneca
Um 1–65 n. Chr.

### Briefe an Lucilius (Epistulae morales ad Lucilium)
Entst. 62–65

Lucius Annaeus Seneca ist in die Geschichte als römischer Konsul und Erzieher Neros eingegangen. Die Philosophie kennt ihn als Vertreter der späten Stoiker, der der stoischen Forderung nach Gelassenheit gegenüber dem Unveränderlichen auch dann folgte, als ihn Nero als Verräter bezichtigte und zur Selbsttötung zwang. In den in seinen letzten Lebensjahren entstandenen 124 Lehrbriefen an seinen Freund Lucilius, der als hoher Beamter in Sizilien diente, fasste Seneca die Summe seiner philosophischen Überzeugungen zusammen. Diese »epistolae morales«, also wörtlich »moralischen Briefe« haben es, wie die gesamte antike Ethik, mehr mit Lebenskunst und den Anleitungen für ein glückliches Leben zu tun als mit dem, was wir heute unter »Moral« verstehen. Die Briefform war eine in der Antike beliebte didaktische Gattung, die es erlaubte, die eigene Lehrmeinung in kurzer, prägnanter und zugleich essayistischer Form zu formulieren. Wie andere Lehrbriefe waren auch die *Briefe an Lucilius* von vorneherein nicht nur für einen privaten Adressaten, sondern zur öffentlichen Kenntnisnahme bestimmt.

Die *Briefe an Lucilius* widmen sich der Frage: »Wie soll man richtig leben?« – oder, in den Begriffen der antiken Ethik: »Wie erlange ich Weisheit?« Dabei illustriert Seneca seine Thesen mit zahlreichen konkreten Beispielen, die er seiner eigenen Lebenserfahrung entnimmt.

Er vertritt dabei einen aufgeklärten und abgemilderten Stoizismus, der auch für die Ansichten anderer spätantiker Philosophenschulen offen war. So sah er keinen absoluten Gegensatz zwischen der stoischen Forderung nach Kontrolle der Leidenschaften durch die Vernunft und der Lehre des Epikur, nach der das wahre Ziel des Handelns im Zustand der Lust und Freude besteht. Der von Epikur angestrebte Zustand der »ataraxía«, also der Seelenruhe, war für ihn mit dem von den Stoikern propagierten Zustand der »apathía«, der Befreiung von Leidenschaften, eng verwandt. Im Gegensatz zur Feindschaft, die die meisten Stoiker den Epikureern entgegenbrachten, sah Seneca in Epikur einen Weisen, der, ähnlich wie die Stoiker, für einen vernünftigen Umgang mit den menschlichen Bedürfnissen, für das Ideal der Freundschaft und für einen Zustand der inneren Freiheit und Selbstkontrolle eintrat.

Seneca machte sich für eine ausgesprochen pragmatische und praxisorientierte Lebenshaltung stark. Der Weise sucht keine Außenseiter- oder Aussteigerexistenz, wie dies von den Kynikern gefordert wurde, sondern er nutzt die ihm gebotenen Möglichkeiten auf vernünftige Weise. So verurteilt Seneca auch nicht den Reichtum, den er nicht als Hindernis, sondern als Chance für ein selbstbestimmtes Leben sieht. Der Mensch muss lernen, von allem den rechten Gebrauch zu machen, nämlich von materiellen Gütern, von seinen Naturtalenten und vor allem von der Lebenszeit, die ihm zur Verfügung steht. Auch Kunst und Wissenschaft dürfen nicht zum Selbstzweck werden und zur Schulgelehrsamkeit verkümmern, sondern müssen in den Dienst der »Lebenskunst« gestellt werden.

Die für die Erlangung der Glückseligkeit und Weisheit wesentliche tugendhafte Haltung – lat. »virtus« – besteht für Seneca in einer inneren Autarkie, die sich gegenüber allen äußeren Schicksalsschlägen und Einflüssen behauptet. Sie wird nicht durch theoretische Überlegungen, sondern nur durch praktische Übungen erlangt. Zu diesen »Askeseübungen« gehören z. B. körperliche Abhärtung und das zeitweise Eintauchen in ein einfaches Leben. Auch die Todeserfahrung soll, z. B. durch Vertrautwerden mit Krankheit, schon während des Lebens eingeübt werden. Von Sokrates übernimmt Seneca die These, dass Philosophieren bedeutet, sterben zu lernen. Dabei muss dem Menschen auch die Freiheit gelassen werden, seinen Tod selbst herbeizuführen – eine Aussage, die Seneca durch sein eigenes Ende praktisch bekräftigte.

Senecas Briefe haben, wegen ihrer essayistischen Darstellungsform und verständlichen Sprache, überall dort in der Philosophie große Wirkung erzielt, wo das Thema Lebensweisheit im Mittelpunkt stand – so etwa bei Montaigne, im Neostoizismus des 17. Jahrhunderts und bei Schopenhauer. Aber auch die wieder auflebende Philosophie der Lebenskunst kann in ihm einen ihrer philosophischen Väter sehen.

## Epiktet
Um 50 – um 125

**Handbüchlein der Moral** (Ἐγχειρίδιον, Encheirídion)
Entst. um 100

Die Philosophie der römisch-hellenistischen Epoche hat einen ihrer Schwerpunkte im Nachdenken über das weise und vernunftgemäße Leben. In Übereinstimmung mit der gesamten spätantiken Philosophie heißt es deshalb auch im *Handbüchlein* des Epiktet: »Der erste und wichtigste Teil der Philosophie ist ihre Anwendung im Leben.« Nicht die Moral im heutigen Sinne steht im Mittelpunkt, sondern die Lebenskunst. Das schmale Büchlein enthält Aufzeichnungen und Mitschriften von Vorträgen, die der im Jahr 94 aus Rom vertriebene ehemalige griechische Sklave Epiktet im Schülerkreis gehalten hat und die nach seinem Tod von einem seiner Anhänger, Flavius Arrianus, zusammengestellt und veröffentlicht wurden. Es sind Texte, die nicht der argumentativen Auseinandersetzung, sondern der spirituellen Übung dienen, durch die der Leser eine bestimmte Lebenshaltung ausprägen soll.

Das *Handbüchlein* gehört, wie die Schriften Senecas und Marc Aurels, zur späten Phase der stoischen Philosophie und zeichnet sich dadurch aus, dass es sich besonders eng an die ursprüngliche Lehre der Stoiker anlehnt. Diese wurde um 300 v. Chr. von dem aus Zypern stammenden Philosophen Zenon von Kition begründet und fordert vom Menschen, »einstimmig«, d. h. in Übereinstimmung mit den Gesetzen der in uns angelegten Vernunft zu leben, die Teil der großen kosmischen Weltvernunft ist. Voraussetzung dafür ist die Fähigkeit, zwischen den Dingen zu unterscheiden, die man beeinflussen kann, und denjenigen, über die man keine Gewalt hat. Die stoische Lebenskunst fordert, sich von allem innerlich unabhängig zu machen, was nicht in unserer Hand liegt.

Entsprechend lautet gleich der erste Satz des *Handbüchleins*: »Eins steht in unserer Gewalt, ein anderes nicht.« Zu den letzteren gehören die äußeren Umstände unseres Lebens – z. B. unsere gesellschaftliche Stellung, aber auch alle sogenannten Schicksalsschläge, wie Krankheit und Unglücksfälle sowie der unvermeidbare Tod. In unserer Gewalt dagegen liegt die Deutung, die wir diesen Erfahrungen geben, die Haltung, die wir ihnen gegenüber entwickeln, und die Folgerungen, die wir in unserem Handeln daraus ziehen. »Nicht die Dinge selbst beunruhigen den Menschen«, schreibt Epiktet, »sondern die Vorstellungen von den Dingen.« An zahlreichen Beispielen versucht er dem Leser zu verdeutlichen, dass alle äußerlichen Umstände und Güter die Autonomie der eigenen Vernunft nicht berühren. Auch die physische Existenz ist nichts anderes als fremdes Eigentum, das wir nur ausgeliehen haben und irgendwann einmal zurückgeben müssen.

Die Veränderungen, die Epiktet fordert, beziehen sich also nicht auf die äußere Welt und die Ordnung der Dinge, sondern auf den Menschen selbst. Aus dem Glauben an die Vernunftordnung des Kosmos ergibt sich die Folgerung, dass das Leiden an der Welt seine Ursache in einer falschen und vernunftwidrigen Einstellung des Menschen hat. Das, was Zenon als »einstimmig leben« bezeichnete, heißt bei Epiktet »naturgemäße Haltung«, eine Lebenseinstellung, die zu allem in der Welt quasi einen Sicherheitsabstand hält. Die von allen Stoikern geforderte Kontrolle der Leidenschaften durch die Vernunft erfordert bei Epiktet eine immer wieder eingeübte Aufmerksamkeit, die sich in jeder Situation den Unterschied zwischen dem, was mich betrifft, und dem, was mir im Grunde äußerlich ist, gegenwärtig hält. Genau einer solchen Einübung dienen die »Diatriben«, die kurzen Prosastücke des *Handbüchleins*.

In Epiktets *Handbüchlein* bleibt uns, wie nirgendwo sonst, die Essenz der stoischen Lehre wie in einer Nussschale erhalten. Der schmale Umfang hat ebenso wie ihre Alltagsbezogenheit und Verständlichkeit von der Spätantike bis heute die Schrift zu einem äußerst populären philosophischen Lebensbegleiter gemacht.

# Marc Aurel
121–180

**Selbstbetrachtungen** (Τὰ εἰς ἑαυτόν, Ta eis heautón)
Entst. zwischen 172 und 180

Die Aufzeichnungen des römischen Kaisers Marc Aurel gehören, wie das *Handbüchlein* des Epiktet, zu den wenigen vollständig erhaltenen Büchern der späten stoischen Schule. Der griechische Originaltitel *Ta eis heautón* (»An sich selbst«) gibt einen wichtigen Aufschluss über den Charakter der Schrift: Es handelt sich um ein Brevier aus Merksätzen und kurzen Abschnitten, die der Autor zum eigenen Gebrauch und zur eigenen philosophischen Lebenshilfe verfasste. Wie in den meisten philosophischen Büchern der Spätantike stehen ethische und lebenspraktische Fragen im Vordergrund.

Kern der stoischen Lehre ist die Forderung ihres Begründers, des Zyprioten Zenon, »einstimmig«, d.h. in Übereinstimmung mit seinen Vernunftanlagen und der allumfassenden kosmischen Vernunft zu leben. So kommt der Mensch zu sich selbst und erlangt die »apathía«, den Seelenfrieden. Es ist der Zustand, in dem die Leidenschaften unter der Kontrolle der Vernunft und damit frei von »páthos«, d.h. von störenden Affekten, sind. Der stoische Weise widmete sein Leben der Aufgabe, diese Kontrolle im praktischen Leben zu erwerben, indem er sich von allen Dingen innerlich unabhängig machte, die er nicht beeinflussen konnte – wie Krankheit, aber auch Ruhm und Erfolg – und seine Selbsterziehung ganz auf die Herstellung eines inneren Gleichgewichts konzentrierte. Diesem Ziel dienen auch die *Selbstbetrachtungen*. Sie sind in Form kurzer Merksätze geschrieben, die für sich wiederholt, eingeprägt und täglich umgesetzt werden sollen.

Marc Aurel übernimmt die in der griechischen Philosophie traditionelle Einteilung der menschlichen Natur in Körper, Seele und Geist/Vernunft. Aufgabe des Menschen ist es, die Herrschaft der Vernunft über körperliche und seelische Regungen zu sichern. Nur die Vernunft darf im Menschen herrschen und kann die Übereinstimmung des Menschen mit sich selbst und der kosmischen Vernunft sichern.

Der Kosmos wird dabei, nach stoischer Vorstellung, nicht als Ergebnis einer Schöpfung, sondern als ein ewiger gesetzmäßiger Zusammenhang gedacht, als eine beseelte, lebende, vernunftbeherrschte Materie, an der alle Wesen teilhaben. Die Stoiker teilten die Philosophie in Physik (Naturphilosophie), Ethik (Theorie des menschlichen Handelns) und Logik (Theorie der Argumentation) ein. Daran anknüpfend fordert Marc Aurel, in jeder Situation einen physikalischen, ethischen und logischen Blickwinkel anzulegen. Dies bedeutet, unter naturphilosophischem Aspekt, zu berücksichtigen, dass alle Wesen einer gemeinsamen »göttlichen« Natur angehören, unter ethischem Aspekt, dass jene Gemeinsamkeit mich dazu verpflichtet, mich den anderen Menschen zuzuwenden, und unter logischem Aspekt, dass ich meine Urteile und Vorstellungen nach den wahren natürlichen Zusammenhängen ausrichten muss.

Marc Aurel fordert uns also auf, an jeder Stelle einen »kosmischen« Standpunkt einzunehmen, einen Standpunkt, der verhindert, dass ich mich als Individuum isoliert vom großen Ganzen betrachte. Dies gilt z.B. für eines der ganz großen Themen der antiken Philosophie, den Tod. Als Teil des kosmischen Zusammenhangs ist der Mensch in den Zyklus von Werden und Vergehen einbezogen. Es besteht nach Marc Aurel kein Anlass, den Tod zu dramatisieren: Er bedeutet nichts anderes als eine Rückkehr in den Schoß der Natur, eine Auflösung in die Elemente, aus denen wir ursprünglich entstanden sind.

Die *Selbstbetrachtungen* gehören, auch wegen ihrer aphoristischen Struktur, zu den am leichtesten lesbaren Werken der Philosophiegeschichte. Sie haben die akademische Philosophie allerdings wenig beschäftigt, dafür aber immer in eine breite Öffentlichkeit hineingewirkt. Sie sind, wie im Falle Friedrichs des Großen, zu einem bevorzugten philosophischen Lebensbegleiter für viele geworden, die ihr öffentliches Engagement durch eine philosophische Selbstvergewisserung ergänzen wollten.

# Plotin

Um 205 – um 270

## Enneaden (Ἐννεάδες, Enneádes)

Entst. zwischen 230 und 270

Die auf die klassische Periode der griechischen Philosophie folgende römisch-hellenistische Philosophie wurde von den großen Philosophenschulen der Stoiker, Epikureer, Peripatetiker und Platoniker beherrscht und widmete sich vor allem dem Problem des »guten« oder auch »naturgemäßen« Lebens. Erst im 3. Jahrhundert n. Chr. treten die Fragen der Metaphysik nach den letzten Prinzipien der Wirklichkeit wieder in den Vordergrund. Am bedeutendsten wurden dabei die sogenannten Neuplatoniker, die sich zwar in der Tradition der klassischen Philosophie Platons sahen, aber auch neue, vor allem religiöse Einflüsse in ihr Denken aufnahmen.

Ihr wichtigster Vertreter, Plotin, und sein großes Werk, die *Enneaden*, sind bis heute von der Aura des Geheimnisvollen umgeben. Von Plotin wissen wir nicht viel mehr, als dass er aus dem ägyptischen Alexandria stammt, am Feldzug des Kaisers Gordian III. gegen die Perser teilgenommen hat und die letzten 26 Jahre seines Lebens als hoch geachteter Weisheitslehrer in Rom verbrachte. Man sagt ihm mehrere einschneidende mystische Erfahrungen sowie die Absicht nach, eine Idealstadt namens Platonopolis zu gründen – in Erinnerung an den von ihm verehrten Platon. Die *Enneaden* selbst sind erst nach seinem Tod von seinem Schüler Porphyrios zusammengestellt worden. Der Name »*Enneaden*« (»ennéa« = griech. »neun«) leitet sich aus den neun Abhandlungen her, die jeder der nach Sachproblemen zusammengestellten sechs Bände des Werks enthält.

Die in den *Enneaden* formulierte Lehre verbindet Philosophie und Religion, rationale Erkenntnisbemühung und

Mystik. Aus Platons »Idee des Guten«, dem höchsten geistigen, ewigen und unveränderlichen Wirklichkeitsprinzip,
wird bei Plotin das »Eine«. Die Wirklichkeit wird in Form
einer Pyramide geordnet – oben an der Spitze das »Eine«
und unten, als niedrigste Form der Wirklichkeit, die materielle Welt. Das »Eine« als Quell aller Wirklichkeit durchdringt alles, was existiert. Um diese Durchdringung zu verdeutlichen, wählt Plotin das Bild des »Überströmens«
(»Emanation«): Der Wirklichkeitsgehalt »strömt«, vom Einen ausgehend, mit abnehmender Intensität die Pyramide
hinab. Je tiefer man hinabsteigt, d.h. je materieller die Welt
wird, umso mehr verliert sie an Wirklichkeitsgehalt.

Wie Platon verbindet Plotin diese metaphysische Deutung der Wirklichkeit mit einer ethischen und ästhetischen
Deutung: Das Eine wird gleichzeitig mit dem absolut Schönen und mit dem ethisch Guten identifiziert. Dies bedeutet,
dass die geistige Welt eng mit dem Guten und die materielle
Welt eng mit dem Bösen verbunden ist. Da aber die Materie
nur einen sehr geringen Wirklichkeitsgehalt hat, führt dies
zu der charakteristischen neuplatonischen Interpretation
des absolut Bösen als etwas, das im Grunde gesehen nicht
wirklich ist. Das Böse ist nichts Positives, sondern ein Mangel – ein Nicht-Sein.

Ziel des Menschen muss es nach Plotin sein, das »Eine«
zu erkennen. Dem »Abstieg« des Einen in die niederen
Wirklichkeitssphären korrespondiert der »Aufstieg« des
Menschen von der rein sinnlichen Erfahrung zur Erkenntnis
des rein Geistigen und Übersinnlichen. Es ist ein mystischer
Stufenweg, an dessen Ende keine rational fassbare Erkenntnis, sondern eine mystische Vision steht, die sich nicht mehr
in Begriffen oder Bildern ausdrücken lässt. Plotin fasst diesen Weg als eine Art Rückkehr des Menschen in eine ursprüngliche Einheit auf, aus der er hervorgegangen ist.

Die Nähe des neuplatonischen Denkens zu den zeitgleich

im Orient und Mittelmeerraum verbreiteten religiösen, esoterischen oder mystischen Lehren, die auf eine Erleuchtung jenseits der Rationalität zielen, ist offensichtlich. Auch das frühe Christentum hat das neuplatonische Denken aufgegriffen und das Eine mit Gott identifiziert. So haben die *Enneaden*, die in Form verständlicher Lehrschriften formuliert sind, das gesamte Denken des frühen Mittelalters, von Augustinus bis Johannes Scotus Eriugena, bestimmt. Ihr Einfluss reicht aber, über Meister Eckhardt und Nikolaus von Kues, noch bis zur Philosophie des Absoluten bei Hegel und Schelling.

## Aurelius Augustinus
354–430

### Bekenntnisse (Confessiones)
Um 400

Für die Christen ist Augustinus ein Heiliger und der bedeutendste unter den frühen Kirchenvätern. Doch vielen ist der verschlungene geistige Weg unbekannt, den Augustinus vor seiner Bekehrung zum Christentum gegangen ist, vom jungen Wilden und Lebemann zum Karriereakademiker und schließlich zum einflussreichen Theologen. Augustinus hat sich dazu in seinen *Bekenntnissen* geäußert, der ersten philosophischen Autobiographie in der Geschichte der westlichen Kultur. Dass sich ein Autor mit seinem eigenen Werdegang in den Mittelpunkt einer Schrift stellt, war in der antiken Philosophie unüblich. Dennoch handelt es sich nicht um eine Autobiographie im modernen Sinn, sondern um eine spirituelle Auseinandersetzung, bei der sich der Autor immer wieder unmittelbar an Gott wendet.

Doch das Buch zählt noch aus ganz anderen Gründen zu den Klassikern der Philosophiegeschichte. Die *Bekenntnisse* schaffen die Grundlage für das frühe christliche Denken des Mittelalters, indem sie antikes Denken und christliche Offenbarung verknüpfen und das Verhältnis zwischen dem Menschen und dem Kosmos, zwischen dem Zeitlichen und Ewigen neu bestimmen.

Der lateinische Originaltitel, *Confessiones*, kann sowohl »Sündenbeichte«, »Glaubensbekenntnis« oder »Gotteslob« bedeuten. Alle drei Bedeutungen hat Augustinus im Sinn: Er will Rechenschaft über sein vorchristliches Leben geben, sich zum christlichen Glauben bekennen, und er will den christlichen Gott theologisch und philosophisch ins richtige Licht rücken.

Augustinus fasst als erster das Verhältnis zwischen dem vergänglichen Menschen und dem Ewigen nicht mehr als ein durch die Gesetze des Kosmos bestimmtes, sondern als ein persönliches Verhältnis: Das Ewige ist der persönliche Gott, zu dem jeder Mensch eine eigene Beziehung hat. Die Seele, in der griechischen Philosophie der Ort der Lebenskraft und Willensregungen, wird bei Augustinus zur Antenne zu Gott. Mit der Auffassung, dass das Verhältnis der Seele zu Gott prädestiniert, d.h. vorherbestimmt und von göttlicher Gnade abhängig ist, schließt sich Augustinus den frühchristlichen Lehrbriefen des Apostels Paulus an.

Entsprechend deutet er auch seinen eigenen Bekehrungsweg: Nicht durch Verdienst, sondern durch Gnade sei ihm der Weg zum Christentum möglich geworden. Geprägt von der Erbsünde, also der bösen Natur des Menschen, stellt er sich als einen Mann dar, dessen Handeln von Trieben bestimmt und dessen Geist von Unruhe geprägt war. Mit Augustinus beginnt das christliche Denken, Sexualität mit dem Bösen zu verbinden.

Die Schilderung der Bekehrungsszene im 9. Buch bildet den literarischen Höhepunkt der *Bekenntnisse*. In dramatischer Zuspitzung erzählt Augustinus sein Erleuchtungserlebnis, das ihn im Jahr 386 traf, als er in der Nähe von Mailand, wo er als Dozent arbeitete, bei der Lektüre eines Paulusbriefes im Innersten getroffen und zur radikalen Änderung seines bisherigen weltlichen Lebensstils veranlasst wurde.

Ab dem 10. Buch der *Bekenntnisse* verlagert sich der Schwerpunkt der Darstellung auf theologische und philosophische Auseinandersetzungen. Im Mittelpunkt stehen dabei die Deutung der Phänomene der Erinnerung und der Zeit. Im Gedächtnis sieht Augustinus die Fähigkeit des Menschen, Bilder der Außenwelt zu konservieren und für das Bewusstsein verfügbar zu halten. Im Innern, in der Seele und im Bewusstsein, liegt für Augustinus deshalb die Fähigkeit begründet, in Kontakt mit der ewigen Wirklichkeit Gottes zu treten. Auch die Zeit wird als ein typisch menschliches Phänomen gesehen, denn Gott steht außerhalb der Zeit. Er ist hier wie bei Plotin, dem wichtigsten Vertreter des Neuplatonismus, das ewige »Eine«, das alles umfassende geistige Prinzip.

Mit diesen Analysen wurde Augustinus zum Vorläufer der modernen Bewusstseinstheorie und übte noch auf Denker wie Bergson, Husserl oder Heidegger großen Einfluss aus. Die erzählende Form des Buchs macht die *Bekenntnisse* ansonsten zu einer idealen Einführung in ein Denken, das nicht nur das gesamte frühe Mittelalter prägte, sondern die christliche Theologie und Philosophie bis zum heutigen Tag beeinflusst.

**Vom Gottesstaat** (De civitate Dei)

Entst. zwischen 413 und 426

Für die Bürger des Römischen Reiches hatte das Wort »civitas« einen vertrauten Klang: Es bezeichnete den römischen Staat als Gemeinwesen und gleichzeitig das römische Bürgerrecht, das seinem Träger die Rechte und den Schutz des größten Imperiums der damaligen Zeit gewährte. Als Aurelius Augustinus, einer der prominentesten christlichen Bischöfe und zugleich einer der brillantesten Theologen seiner Zeit, seine Schrift *De civitate Dei*, übersetzt *Vom Gottesstaat*, schrieb, spielte er bewusst auf diese vertraute Bedeutung an. In einer Zeit, in der das römische Weltreich akut in Gefahr war, von den Völkern des Nordens und Ostens überrannt und zerstört zu werden, stand der Bestand der überlieferten Civitas in Frage. Nicht wenige machten für diese Tatsache das Christentum verantwortlich, das inzwischen zur Staatsreligion aufgestiegen war. Die Christen hatten nämlich zum weltlichen Staat ein eher distanziertes Verhältnis: Sie deuteten die allgemeine Weltuntergangsstimmung positiv und sahen in den politischen Umbrüchen Anzeichen für die baldige Ankunft des Messias.

Der *Gottesstaat* des Augustinus unternimmt es, den Begriff »civitas« aus christlicher Sicht neu zu bestimmen. Er erhält nun eine spirituelle, religiöse Bedeutung: Der traditionellen, weltlichen »civitas« wird nun die wahre Civitas, das jenseitige Reich Gottes, gegenübergestellt. Diese Neubestimmung wird verbunden mit der Frage nach dem Sinn von Geschichte, die nun nicht mehr, wie in der Antike vorher üblich, als ewiger Kreislauf verstanden wird, sondern als eine zielgerichtete Entwicklung, die auf ein Ende und eine Erfüllung hin zuläuft.

Das umfangreiche Werk besteht aus 22 Büchern (d. h. Kapiteln), von denen die ersten zehn die Christen gegen den

Vorwurf der Mitschuld am Verfall des Römischen Reiches verteidigen. Für Augustinus liegen die Ursachen dieses Verfalls demgegenüber im moralischen Niedergang der Menschen und im weltlichen Verständnis von »civitas«, in der Unfähigkeit, weltliche Macht und weltlichen Ruhm als zweitrangig und vergänglich zu erkennen. Die Rettung liegt aber keineswegs in der Rückwendung zu den – in den Augen des Augustinus ohnmächtigen – alten Göttern, sondern in der Hinwendung zu dem einen christlichen Gott und der Erkenntnis, dass der Mensch ganz von dessen Macht und Gnade abhängig ist, eine These, die Augustinus bereits in seinem Frühwerk *Bekenntnisse* vertreten hatte.

In den letzten 12 Büchern wird versucht, die zeitgenössischen politischen Erfahrungen in einen größeren geschichtlichen Zusammenhang einzubetten. Für Augustinus gibt es vom Anfang der Geschichte an einen Kampf zwischen dem »Gottesstaat« (civitas Dei) und dem »irdischen Staat« (civitas terrena). Beide Reiche existieren in der Geschichte nebeneinander. Sie sind jedoch keine sichtbaren Mächte, sondern repräsentieren die Gemeinschaft der Gläubigen und moralisch Guten einerseits und der weltlich orientierten moralisch Bösen andererseits. Das moralisch Böse ist dabei für Augustinus, wie für die spätantiken Neuplatoniker, keine eigenständige Kraft, sondern ein Mangel, eine Abwesenheit des Guten und der Gnade.

Die Interessen des Gottesstaates auf Erden werden von der Kirche, die des weltlichen Staates aber von den real existierenden politischen Mächten vertreten. Im dem Konflikt zwischen beiden gibt es jedoch einen Fortschritt und damit ein voraussagbares Ende: Beim Jüngsten Gericht, am Ende aller zeitlichen Entwicklung, wird das Reich Gottes siegen, und die beiden Reiche werden endgültig geschieden: Die Guten erlangen ewige Seligkeit, die Bösen ewige Verdammnis.

Wenn auch die umfangreichen theologischen und historischen Erörterungen des Werks für manchen heutigen Leser etwas mühsam sind, so sollte man nicht die ungeheure Wirkung unterschätzen, die von dem Buch ausging: *Vom Gottesstaat* steht am Anfang der westlichen Geschichtsphilosophie, die geprägt ist von der Auffassung, dass die Geschichte einen zielgerichteten Fortschrittsprozess durchläuft. Auch die Idee der zwei Reiche hat das metaphysische Denken bis in die Gegenwart beeinflusst.

## Boëthius
Zwischen 475 und 480 – zwischen 524 und 526

**Trost der Philosophie** (Consolatio Philosophiae)
Entst. um 524

*Trost der Philosophie* gilt als das letzte bedeutende philosophische Werk der Antike. Sein Verfasser, der aus altem römischen Adel stammende Christ Boëthius, war unter dem damals in Rom herrschenden Ostgotenkönig Theoderich in Ungnade gefallen und zum Tode verurteilt worden. Er schrieb das Buch im Gefängnis, im letzten Jahr vor seiner Hinrichtung. Boëthius zeigt sich hierbei als Eklektiker, also als jemand, der verschiedene (antike) Denktraditionen zusammenfasst und miteinander verknüpft.

Das Werk bedient sich des literarischen Mittels der Traumvision: Der im Gefängnis liegende Autor wird von einer bejahrten und dennoch jugendlich wirkenden Frau besucht, die mit ihm in einen Dialog tritt und ihn auffordert, eine philosophische, d.h. vernunftgemäße Haltung gegenüber seiner misslichen Lage einzunehmen. Diese Frauenfigur ist die personifizierte Philosophie. Ihre Funktion im

Buch ist die der Lebenshilfe und des Erkenntnisführers. Im Laufe des Dialogs wird der Autor, von seiner persönlichen Situation ausgehend, immer tiefer in theoretische Erörterungen hineingeführt.

Im Geist der spätantiken Philosophenschulen, insbesondere der Stoiker, soll er zunächst eine Neubewertung äußerer Güter und Ereignisse vornehmen. Dauerhaftes Glück ist demnach nur auf der Grundlage der Selbsterkenntnis und durch die Ausrichtung der eigenen Vernunftanlagen auf die Gesetze der kosmischen Weltvernunft möglich. Das Streben nach äußeren Gütern wie Macht und Reichtum gilt als vernunftwidrig.

Von hier aus führt die Philosophie ihren Schützling zum letzten Maßstab eines vernunftbestimmten Lebens, zu Gott als dem Inbegriff von Glück und Wahrheit. Boëthius' Ausführungen über Gott sind stark vom Neuplatonismus und ihrem Begründer Plotin beeinflusst. Danach ist Gott, der hier wie bei Plotin das »Eine« genannt wird, geistiger Grund und Inbegriff aller Wirklichkeit. Alles, was wir wirklich nennen, bezieht seine Wirklichkeit durch eine »Teilhabe« an diesem göttlichen Prinzip. Der positiven Bewertung alles Geistigen entspricht die Abwertung alles Materiellen. Mit dem zunehmenden Grad des Materiellen nimmt nicht nur der Wirklichkeitsgrad, sondern auch das moralisch Gute ab. Dies führt zu der typisch neuplatonischen, von Boëthius geteilten Auffassung des Bösen: Das Böse hat keine selbständige Existenz und ist keine positive Kraft, sondern ist Ausdruck eines Mangels an Wirklichkeit.

Von dieser Position aus löst sich auch das heute als »Theodizee-Problem« bezeichnete Dilemma, wie die Allmacht Gottes mit dem Bösen in der Welt zu vereinbaren ist. Da das Böse für Boëthius lediglich eine Art »Nicht-Sein« ist, kommt es mit der göttlichen Wirklichkeit auch nie in Konflikt, weswegen »alles, was ist, offenbar auch gut ist«.

Die These von der Allmacht und Allwissenheit Gottes führt zu einem weiteren brisanten Problem: Wie verträgt sich die göttliche Allwissenheit über alles das, was kommen wird, mit der menschlichen Freiheit? Boëthius antwortet hier mit einer »Zwei-Welten-Theorie«: Die göttliche Welt steht jenseits der Zeit. Für sie gibt es kein Vorher oder Nachher, sondern nur Gegenwart. Deshalb gibt es, im strengen Sinne, auch keine »Vorherbestimmung« von Ereignissen durch Gott. Die göttliche Wirklichkeit bleibt dem in Raum und Zeit lebenden Menschen immer verborgen.

*Trost der Philosophie* ist eine schmale Schrift, die sich gut als Einführung in die Denkweise und Probleme der antiken Philosophie lesen lässt. Sie wurde aber auch zu einem Grundlagentext der frühmittelalterlichen Philosophie und hat wesentlich dazu beigetragen, den neuplatonischen Gottesbegriff in der christlichen Theologie zu verankern. Die von Boëthius angesprochenen Probleme, etwa der Theodizee und der Willensfreiheit, haben darüber hinaus die Diskussionen der Metaphysik bis heute bestimmt.

## Anselm von Canterbury

1033–1109

### Proslogion

1077/1078

Unter dem Einfluss des Augustinus hatte sich die frühchristliche Theologie entschieden gegen die antike Vernunftphilosophie abgegrenzt: Der Weg zu Gott und damit zur wahren Erkenntnis, so Augustinus, führe nur über den Glauben und die göttliche Gnade. Der Vernunft bleibe nur die Aufgabe, ihre Ohnmacht und Grenzen zu erkennen.

Auch Anselm von Canterbury hielt am Vorrang des Glaubens vor der Vernunft fest. Dennoch bedeuten seine Schriften einen Einschnitt: Mit Anselm beginnt, 700 Jahre nach Augustinus, nicht nur die Philosophie der Scholastik, die das Hochmittelalter prägte, sondern eine generelle Wiederaufwertung rationaler Erkenntnisbemühungen. Am sichtbarsten ist dies in seinem Hauptwerk *Proslogion*, wörtl. »Anrede«, das sich zwar der Form des Gebets bedient, aber einen rein auf logische Überlegungen gründenden Gottesbeweis entwickelt.

Die Schrift entstand zu einem Zeitpunkt, als Anselm noch Prior im Kloster Bec in der Normandie war – einige Jahre, bevor er zum Bischof von Canterbury berufen wurde. In seinem ein Jahr zuvor geschriebenen *Monologion* (»Selbstgespräch«) hatte er dargelegt, dass die Idee Gottes eine notwendige Konsequenz unseres Erfahrungswissens sei: So müssen wir aus der Erfahrung, dass alles Geschehen eine Ursache habe, auf Gott als absolut erste Ursache schließen. Nun forderten ihn seine Mitbrüder auf, einen Gottesbeweis »sola ratione« vorzulegen, also einen Weg zu Gott aufzuzeigen, der ausschließlich vom reinen Denken ausgeht. Auch Anselm glaubte, dass man der herausragenden Stellung Gottes nicht gerecht würde, wenn man seine Existenz nur aus dem Geschehen der endlichen Welt ableitet.

Sein Hauptargument entwickelt Anselm in den Kapiteln 2–4: Jeder, der vom christlichen Gott spricht, denkt sich dabei ein Wesen, über das hinaus nichts Größeres gedacht werden kann. Wenn man nun aber behauptet, es sei keineswegs sicher, ob ein solches Wesen auch in der Wirklichkeit existiert, ist man ein Narr und verwickelt sich in einen logischen Widerspruch. Denn wenn ein solcher Gott nur im Denken und nicht in der Wirklichkeit existieren würde, wäre er eben nicht das Wesen, über das hinaus nichts Größeres gedacht werden kann. Das Wesen, über das hinaus wirklich nichts Größeres gedacht werden kann, muss im Verstand und in der Wirklichkeit zugleich existieren. So also ist, nach Anselm, »wahrhaft etwas, über das hinaus nichts Größeres gedacht werden kann, derart, dass man nicht einmal denken kann, es sei nicht«. Mit anderen Worten: Die Existenz Gottes folgt zwingend aus dem Begriff, den wir von Gott haben. Für diese Schlussfolgerung vom »Sein«, also der Art, wie wir Gott denken, auf die Wirklichkeit seiner Existenz, hat sich in der Philosophie der Name »ontologischer Gottesbeweis« (von griech. »on« = das Seiende) eingebürgert. Aus der Existenz dieses Gottes leitet Anselm nun auch alle maßgeblichen Eigenschaften wie Allmacht oder absolute Güte ab, die Gott in der theologischen Tradition zugesprochen werden.

Im Kapitel 15 seiner Schrift führt Anselm den Leser jedoch noch einmal einen Schritt weiter. Gott ist danach nicht nur das, über das hinaus nichts Größeres gedacht werden kann, sondern auch größer als alles, was überhaupt gedacht werden kann. Wollen wir Gott denken, so werden wir schließlich an die Grenzen des Denkens und über diese Grenzen hinaus geführt. Ist Anselm mit seinem ontologischen Gottesbeweis einer der Väter einer rationalen Theologie, so führt dieser nicht mehr näher charakterisierbare Gott zur sogenannten negativen Theologie, einer Theologie, die Gott als das Unsagbare begreift.

Dieser »undenkbare« Gott findet sich u. a. bei den christlichen Mystikern und auch im Werk des Nikolaus von Kues wieder. Der ontologische Gottesbeweis wiederum hat die gesamte Philosophiegeschichte beschäftigt. Descartes und Spinoza übernahmen ihn, Kant bestritt seine Gültigkeit (aus einem Begriff könne nicht auf die Existenz des Benannten geschlossen werden).

Anselms scharfsinnige und zugleich sprachlich klare Schrift ist deshalb nicht nur eine ideale Einleitung in die

scholastische Philosophie, sondern der Beginn einer Jahrhunderte andauernden Debatte um die Frage, ob und wie der
christliche Gott als rational einsichtiger Gott, als »Gott der
Philosophen« verstanden werden kann.

## Thomas von Aquin

1224–1274

### Das Seiende und das Wesen (De ente et essentia)

Entst. 1252–1256

Das Frühwerk *De ente et essentia*, wörtl. »Vom Sein und
vom Wesen«, gehört zu den kleineren, aber dennoch bedeutendsten Schriften des Thomas von Aquin. Sie entstand, als
er als junger Dozent des Dominikanerordens im Pariser
Konvent St. Jacques seine ersten Lehrerfahrungen sammel-
te. Thomas setzt das seit Anselm von Canterbury im
11. Jahrhundert nachweisbare Bemühen der mittelalterlichen Scholastik fort, den christlichen Glauben mit Hilfe
von Vernunftargumenten zu stützen. Nach seinem Lehrer
Albertus Magnus gehört er zu den ersten Theologen, die
sich dabei auf die Philosophie des Aristoteles stützten, die
für viele seiner Ordensbrüder allerdings noch neu und un-
verständlich war. Diese forderten ihn deshalb auf, wichtige
aristotelische Grundbegriffe schriftlich zu erläutern.

*Das Seiende und das Wesen* ist aber keineswegs eine reine Wiederholung aristotelischer Lehren. Thomas stand
nämlich vor der Herausforderung, spezifisch christliche
Vorstellungen wie die eines persönlichen Gottes als Schöpfer der Welt oder der einer individuellen, unsterblichen Seele des Menschen mit dem Weltbild des Aristoteles zu verbinden, das von einem unpersönlichen Vernunftgott, einer

Ewigkeit der Welt und einer unlöslichen Verbindung zwischen Seele und Körper ausging.

In der *Metaphysik* des Aristoteles, den Thomas schlicht den »Philosophen« nennt, liegt das »Wesen« (griech. »ousía«) eines Dings in der Entfaltung und Entwicklung eines in ihm angelegten, eigentümlichen Zwecks – ähnlich wie sich die Gestalt eines Baums durch Abruf der genetischen Codierung aus einem Baumsamen entwickelt. In diesem Prozess wird aus bloßer Möglichkeit Wirklichkeit, aus Materie geformter Stoff. Aus dieser Vereinigung von Materie und Form geht ein selbständig existierendes, von anderen Dingen unterschiedenes Ding hervor, das Aristoteles »Substanz« nennt. Die Substanz ist für Aristoteles das eigentlich Seiende, eben weil in ihr das Wesen eines Dings verwirklicht ist.

Mit Hilfe des Begriffs »Substanz« versucht Thomas nun, die christliche Seinsordnung philosophisch zu begründen. Anders als bei Aristoteles gibt es für ihn jedoch mehrere Arten von Substanzen, die verschiedenen Wirklichkeitsstufen angehören: Ganz oben steht die einzige einfache, rein geistige Substanz, nämlich Gott. Alle anderen Substanzen sind von dieser geschaffen und nicht einfach, sondern zusammengesetzt. Die Wirklichkeitsstufe unterhalb Gottes nehmen ebenfalls rein geistige Substanzen ein, die der göttlichen Existenz nahekommen, aber weniger vollkommen sind. Gemeint sind damit die zwischen Gott und den Menschen vermittelnden Engel, deren Existenz für Thomas außer Frage stand. Schließlich gibt es die aus Materie und Geist zusammengesetzten Substanzen. Dazu gehören die Menschen und alle irdischen Dinge.

Mit der Substanz ist für Thomas wie für Aristoteles das Wesen eines Dings gegeben. Doch das eigentliche Sein, dasjenige also, in dem Möglichkeit und Wirklichkeit zur vollen Deckung gebracht sind, gibt es nur bei Gott. Nur in Gott als der einfachen Substanz fallen Wesen und Sein zusammen. Gott ist »das schlechthin vollendete Sein«, er ist alles, was möglich ist. Bei den zusammengesetzten Substanzen fallen Wesen und Sein auseinander. Der Mensch hat gegenüber allen anderen irdischen Dingen die Besonderheit, dass er eine individuelle, rein geistige Seele hat, die zwar mit dem Körper entsteht und verbunden ist, aber nicht mit ihm vergeht.

Mit *Das Seiende und das Wesen* hat Thomas mit Hilfe des Aristoteles das Verhältnis zwischen christlichem Gott und der Wirklichkeit neu gedeutet und gleichzeitig die Grundlage für sein eigenes System gelegt, wie er es z. B. in der *Summe der Theologie* entwickelt hat. Die schmale, aber außerordentlich dichte Schrift eignet sich aber auch hervorragend als Einführung in das gesamte Denken des Hochmittelalters.

## Summe der Theologie (Summa theologiae)

Entst. 1266–1273

*Die Summe der Theologie* ist nicht nur ein Buch für Theologen, sondern eines der wichtigsten philosophischen Werke des Mittelalters. Während im Frühmittelalter der Gegensatz zwischen Glaube und Vernunft betont wurde und der Zugang zu Gott nur durch eine Überwindung und Abkehr von rationaler Erkenntnis möglich schien, wertete die Scholastik, die Schulphilosophie des Hochmittelalters, die Leistungen der Vernunft wieder auf und bemühte sich darum, der christlichen Offenbarungslehre eine philosophische Grundlage zu geben. Für den noch jungen Bettel- und Lehrorden der Dominikaner, dem Thomas angehörte, spielte dabei die Philosophie des Aristoteles eine besondere Rolle. Sie war über die Kommentare islamischer Philosophen in den Westen gelangt und lag erstmals in vollständiger lateinischer Übersetzung vor.

Die dreibändige *Summe der Theologie* bildet den Höhepunkt der Versuche, Aristotelismus und Christentum miteinander in Einklang zu bringen. Grundlage der Lehre des Thomas ist die These, dass die durch den Glauben und die durch das »natürliche Licht« der Vernunft gewonnene Erkenntnis sich ergänzen. Die christliche Offenbarungslehre baut auf der natürlichen Vernunft auf.

Daher gibt es auch rationale Wege, die zu Gott führen. Die Idee Gottes ergibt sich als notwendige Konsequenz, wenn wir die Erkenntnis der Gesetzmäßigkeit der Welt zu ihrem logischen Ende führen. Aus der Einsicht, dass Ereignisse durch eine Kette von Ursache und Wirkung miteinander verbunden sind, oder die, dass alle Dinge als Teil einer Ordnung von Zwecken begriffen werden können, schließt Thomas auf Gott als erste Ursache und Endzweck aller Dinge. Wie bei Aristoteles ist Gott für Thomas das einzige notwendige und vollkommene Wesen.

Der Glaube ist es jedoch, der allein in die letzten Tiefen des göttlichen Geheimnisses vordringt: Dazu gehören die göttliche Dreieinigkeit als Vater, Sohn und Heiliger Geist sowie die Erlösung des Menschen durch die Menschwerdung Gottes in Jesus Christus. Sie sind rational ebenso wenig begreifbar wie die Schöpfung der Welt aus dem Nichts.

Ähnlich wie Aristoteles entwirft Thomas das Bild eines hierarchisch und nach Vernunftgesetzen gegliederten Universums, das von der anorganischen Natur bis zur reinen geistigen Wirklichkeit Gottes aufsteigt und in der die geistige aktive Form die passive Materie durchdringt. Dabei ist der Mensch das Scharnier zwischen der niederen materiellen und der höheren geistigen Welt. Er ist eine leib-seelische Einheit, wobei die individuelle unsterbliche Seele es ist, die ihn als Menschen formt und mit der Wirklichkeit Gottes verbindet. Diese »Geistseele«, die aus einem rationalen, empfindenden und rein vegetativen Teil besteht, macht ihn zum Vernunftwesen.

Thomas folgt Aristoteles auch darin, dass er Glück als das natürliche Handlungsziel des Menschen ansieht. Es wird erreicht, indem der Mensch den rationalen Seelenteil zum beherrschenden macht und die Tugenden ausprägt, die seinem vernünftigen Wesen entsprechen: Von Platon übernimmt Thomas die vier Kardinaltugenden Maß, Gerechtigkeit, Tapferkeit und Klugheit, die er »Angeltugenden« nennt. Sie genügen jedoch nicht und bedürfen der Ergänzung durch die religiösen Tugenden Glaube, Liebe und Hoffnung. Wahres Glück erfüllt sich erst in der kontemplativen Schau Gottes. An der Willensfreiheit hält Thomas fest: Der Mensch kann sich auch gegen seine Natur und gegen Gott entscheiden.

Die *Summe* ist Fragment geblieben und hat dennoch einen riesigen, für den normalen Leser kaum zu bewältigenden Textumfang. Sie ist das vielleicht wichtigste Zeugnis einer Verbindung von griechischem und christlichem Denken geblieben. Der Verfasser wurde heilig gesprochen und der »Thomismus« zur offiziellen Philosophie der katholischen Kirche erklärt. Das Werk regte aber auch eine über Jahrhunderte während Diskussion an: Themen wie die Beweisbarkeit Gottes, die Unsterblichkeit der Seele und die Willensfreiheit standen noch bis Kant im Mittelpunkt der neuzeitlichen Metaphysik.

# Duns Scotus
1266–1308

**Abhandlung über das erste Prinzip** (Tractatus de primo principio)

Entst. um 1305, ersch. 1497 in Venedig

Duns Scotus, der vermutlich aus dem Städtchen Duns stammende schottische Franziskanermönch, trug seinen Beinamen »doctor subtilis« (der scharfsinnige Doktor) nicht ohne Grund. Duns Scotus war Meister einer logisch dichten und komplexen Argumentationsweise, die sich an mathematischen Beweisführungen orientiert. Dies gilt auch für seine *Abhandlung über das erste Prinzip*, eine Schrift, die aus Vorlesungen und Kommentaren entstand und in der er in gedrängter Form seine Beweise für die Existenz Gottes darlegt.

Die Beweisbarkeit der christlichen Glaubensinhalte war das alles beherrschende Thema der gesamten mittelalterlichen Philosophie. Thomas von Aquin hatte, etwa 30 Jahre vor Duns Scotus, in seiner *Summe der Theologie* im Universum eine rational strukturierte und rational begreifbare Ordnung gesehen, die in Gott ihre Krönung und ihre Erklärung fand. Deshalb spielt für ihn die Vernunft als Stütze des Glaubens und die Theologie als eine rationale Erkenntniswissenschaft eine große Rolle. Duns Scotus glaubt, dass uns zwar die Vernunft zur Gewissheit der Existenz Gottes führen, jedoch das Wirken und das Wesen Gottes nicht erklären kann. Er betont die unbegrenzte schöpferische Freiheit Gottes: Gottes Wille wäre frei gewesen, sich auch für die Schaffung einer anderen Welt zu entscheiden.

Wie sein Gegenspieler Thomas stützt sich Duns Scotus in seiner Argumentation nicht nur auf christliche Quellen, sondern auch auf die philosophische Tradition, insbesondere auf die im Mittelalter höchst einflussreiche Metaphysik des Aristoteles. Ausgangspunkt für seinen Versuch, die Existenz Gottes zu beweisen, ist jedoch die Bezeichnung, die Gott sich in der Bibel selbst gibt: »Ich bin, der ich bin.« In die Sprache der Metaphysik übersetzt bedeutet dies: Gott ist das schlechthin »Seiende«, das, was unsere Wirklichkeit erst wirklich macht. Er ist das »erste Prinzip«, das Grundprinzip aller Prinzipien, die wir zur Erklärung der Wirklichkeit zugrunde legen.

Drei dieser Prinzipien spielen dabei für Duns Scotus eine herausragende Rolle: die Einteilung der Dinge in vollkommenere und weniger vollkommene, die Erklärung von Vorgängen nach kausalen, also »Wirkursachen«, und ihre Erklärung nach teleologischen, also »Ziel- oder Zweckursachen«. Wirk- und Zielursache waren zwei der von Aristoteles herausgestellten vier Ursachenformen (vgl. hier S. 31). Ich kann z. B. die Nässe einer Pflanze durch den Regen erklären (Wirkursache), aber auch damit, dass es der Blüte und dem Wachstum dient (Zweckursache).

Ähnlich wie Thomas gelangt auch Duns Scotus zum Begriff Gottes, also dem ersten Prinzip, indem er diese drei Erklärungsprinzipien – oder »Ordnungen«, wie er sagt – jeweils konsequent zu Ende denkt: Gott ist das Vollkommene, das nicht mehr überboten werden kann, und er ist die erste Wirk- und Zweckursache. Er ist gleichermaßen Grundprinzip für alle drei Prinzipien, die sich damit auf ein einziges »erstes Prinzip« zurückführen lassen. Duns Scotus vertritt somit in seiner *Abhandlung* nicht nur den sogenannten kosmologischen Gottesbeweis, der uns von der Ursachenkette zu Gott als erster Ursache führt, sondern auch den von Anselm von Canterbury stammenden ontologischen Gottesbeweis, der die Existenz Gottes aus dem Begriff eines vollkommenen Wesens erschließt. Denn existierte dieses Wesen nicht, wäre es nicht vollkommen, da ihm die Existenz fehlt.

Doch alle weiteren Versuche, bestimmte Eigenschaften Gottes wie Allmacht, Unermesslichkeit, Allgegenwärtigkeit, Gerechtigkeit oder Barmherzigkeit mit Hilfe der Vernunft nachzuweisen, lehnt Duns Scotus ab. Damit überschreiten wir die Grenzen der Vernunft und gelangen in den Bereich des Glaubens. Im Gegensatz zu Thomas betont Duns Scotus nicht die Verbindung von Vernunft und Glaube, sondern die Kluft, die sie trennt.

Die *Abhandlung über das erste Prinzip* gehört zu jenen Büchern, die vom Leser hohe Konzentration und eine genaue Zeile-für-Zeile-Lektüre fordern. Die von Duns Scotus propagierte Selbstbegrenzung der Vernunft hat als Projekt in der Philosophiegeschichte Schule gemacht. Sie führte schließlich dazu, dass auch die Existenz Gottes für unbeweisbar gehalten wurde – so bereits bei seinem Ordensbruder William von Ockham, und später besonders bei dem Aufklärer Immanuel Kant, der alle theologischen Glaubensinhalte aus der Metaphysik ausschloss.

## William von Ockham
1295–1349

**System der gesamten Logik** (Summa totius logicae)
Entst. 1324, ersch. 1508 in Venedig

In der mittelalterlichen Philosophie war der christliche Glaube Bezugspunkt für alle philosophischen Erörterungen. Selbst die scheinbar abgelegensten philosophischen Probleme hatten eine theologische Bedeutung. Dies gilt auch für die Logik, deren Grundlagen von dem griechischen Philosophen Aristoteles gelegt worden waren. Die Frage nach dem Wesen sprachlicher Begriffe und den Regeln sprachlicher Argumentation war im Mittelalter eng mit der Frage verknüpft, ob sich in unserer Sprache die jenseitige Welt und insbesondere die Wirklichkeit Gottes widerspiegelt. Umstritten war besonders die Frage, ob Allgemeinbegriffe (»Universalien«) wie »Menschheit« oder »Röte« auf eigenständige Wesenheiten verweisen, die nicht nur unabhängig von konkreten Menschen oder roten Einzeldingen existieren, sondern in ihrer geistigen Existenzform auch näher an Gott und damit wirklicher als die konkreten Einzeldinge sind. Dieser sogenannte Universalienstreit wurde auf dem Schlachtfeld der Logik, aber im Dienst der Theologie geführt.

Der englische Franziskanermönch William von Ockham trat für eine strikte Trennung von Logik und Theologie, von rationaler Argumentation und Glauben ein. Ebenso plädierte er auf der Ebene der Politik für eine Trennung zwischen kirchlicher und weltlicher Macht, was ihn schon früh in Konflikt mit dem Papst brachte. Die Existenz Gottes war für ihn alleiniger Gegenstand des Glaubens und mit Hilfe von Logik und Vernunft nicht beweisbar. Sein methodischer Grundsatz, die Vernunft solle sich nur auf so viele Erklärungsprinzipien wie unbedingt nötig stützen und auf überflüssige theologische Hilfestellungen verzichten, wurde als »Ockhams Rasiermesser« bekannt. Diesem Grundsatz folgt auch sein *System der gesamten Logik*. Mit ihr wollte Ockham zeigen, dass man die Bedeutung von Allgemeinbegriffen auch ohne die Annahme abstrakter und geistiger, wie auch immer gearteter Wesenheiten erklären kann.

Das Buch umfasst drei Teile: eine Lehre vom Begriff, eine Lehre von der Verknüpfung von Begriffen in Sätzen und eine Lehre von der Verknüpfung von Sätzen in verschiedenen Arten von Schlussfolgerungen. Besonders interessant für die Philosophie war immer der erste Teil, die

Lehre von den Begriffen, oder, wie Ockham sagt, von den »Termini« und ihrer Bedeutung. Ockham formuliert hier seine Position im »Universalienstreit« und trifft Unterscheidungen, die auch noch für die moderne Sprachphilosophie wichtig sind.

So unterscheidet Ockham zwischen Begriffen »erster Intention«, die sich, wie der Begriff »Schuh«, auf normale Dinge beziehen können, und Begriffen »zweiter Intention«, die sich, wie der Begriff »Terminus«, selbst wieder auf Begriffe beziehen – eine Unterscheidung, die man heute mit den Begriffen »Objektsprache« und »Metasprache« ausdrückt.

Aber auch in der Verwendungsweise des gleichen Begriffs findet sich diese Unterscheidung wieder. Ganz modern begreift Ockham die Sprache als ein von Menschen vielfach verwendbares System von Zeichen. So gibt es drei Arten, in denen ein Begriff Bedeutung haben kann. Ockham nennt sie »Suppositionen«, also Arten, in denen Begriffe für etwas anderes stehen können. Der Begriff »Schuh« kann für ein Einzelding, einen konkreten Schuh stehen, er kann sich auf die abstrakte Begriffsbedeutung von »Schuh« beziehen (geschlossene Fußbekleidung), oder er kann sich auf die einfache Wortgestalt von »Schuh« (fünf Buchstaben) beziehen. Nur im ersten Fall, in der Bezeichnung von Einzeldingen, beziehen sich die Begriffe für Ockham auf etwas Wirkliches. Allgemeinbegriffe jedoch, also Universalien, haben Bedeutung nur im zweiten Sinne: Sie beziehen sich auf etwas Abstraktes, das nicht mit einem wirklichen Ding verwechselt werden darf.

Die theologischen Folgerungen aus diesen Analysen sind klar: Sprache und Logik sind keine Brücke, um die »Wirklichkeit« Gottes oder anderer rein geistiger Wesenheiten beweisen zu können. Ockham hat damit einer von der Theologie unabhängigen Philosophie den Weg geebnet. Er hat ihr aber auch durch seine umfassende logische Sprachanalyse Instrumente geliefert, die dann vor allem in der modernen sprachanalytischen Philosophie aufgegriffen und weiterentwickelt wurden.

## Nikolaus von Kues
1401–1464

**Die belehrte Unwissenheit** (De docta ignorantia)

Entst. 1440

Auf einer Reise zwischen zwei Welten kam ihm die Intuition: Als der junge päpstliche Gesandte Nikolaus von Kues, unter seinen Glaubensbrüdern als Nicolai de Cusa bekannt, den byzantinischen Kaiser samt Gefolge auf der Überfahrt von Konstantinopel nach Venedig begleitete, fand er die Lösung eines Problems, das ihn schon lange beschäftigte: das Problem der Einheit, der Einheit Gottes in Anbetracht der widerstreitenden Meinungen, in denen unsere Verstandeslogik befangen bleibt und die sich auch in den Auseinandersetzungen zwischen Ost- und Westkirche manifestierten. In Gott, so der aus dem Moseldorf Kues stammende Nikolaus, fallen die Gegensätze zusammen, allerdings auf einer Ebene, die der Verstand nicht mehr erreicht. Er muss sich gegenüber dieser »coincidentia oppositorum«, dieser »Vereinigung der Gegensätze«, mit einem Nichtwissen bescheiden. Über dieses Nichtwissen aufzuklären ist Ziel seines frühen Hauptwerks *De docta ignorantia*, dt. *Die belehrte Unwissenheit*.

Während im frühen Mittelalter die rationale, philosophische Erkenntnis zugunsten des Glaubens abgewertet wurde, gab die hochmittelalterliche Scholastik dem »natür-

lichen Licht der Vernunft« als Stütze des Glaubens wieder
einen höheren Stellenwert. Nikolaus knüpfte einerseits an
das Frühmittelalter an. Für ihn setzte der Glaube der philosophischen Gotteserkenntnis enge Grenzen. Gott liegt jenseits aller rationalen Erkenntnismöglichkeiten. Gleichzeitig
jedoch öffnet er der Welterkenntnis neue Räume. Im Geist
des Humanismus und der neu entstehenden empirischen
Wissenschaften weist er auf die Unerforschtheit eines Universums hin, dessen Grenzen wir noch gar nicht absehen
können. *Die belehrte Unwissenheit* ist ein Werk der Zeiten-
wende: Ihre Theologie verweist auf die mystische Tradition
des im Mittelalter einflussreichen Neuplatonismus, ihre
Offenheit gegenüber dem neuzeitlichen Weltbild auf die
Renaissance.

Große Bedeutung für die Beweisführung der Schrift hat
die Mathematik, die schon in der Platonischen Philosophie
eine wichtige Rolle gespielt hatte und in der Renaissance zu
einer Schlüsseldisziplin wurde. Erkenntnis der Welt bedeutete nun vor allem Messbarkeit und Quantifizierbarkeit.
Aus der Sprache der Mathematik wählte Nikolaus seine Beispiele und Analogien. Sowohl Gott als auch die Welt können
jeweils als ein Maximum aufgefasst werden. Die Welt ist das
Maximum aller Dinge. Gegen die mittelalterliche Auffassung, das Universum sei begrenzt, behauptet Nikolaus ihre
Unendlichkeit. Bereits hundert Jahre vor Kopernikus vertritt er die These, dass die Erde sich bewegt und Kugelgestalt
hat. Sie befindet sich in einem Universum, das kein Zentrum
und damit auch keine Peripherie mehr hat.

Dieses Universum ohne Zentrum und Peripherie ist
Sinnbild Gottes, den Nikolaus mit einer Kugel oder einem
unendlichen Kreis vergleicht. Welt und Gott sind beide unendlich, aber in unterschiedlicher Weise. Die Welt ist unendlich in dem Sinn, dass unsere Erfahrung nie über sie hinaus-
gelangen wird. Gott aber ist in einem noch höheren, in

einem absoluten Sinn unendlich: Er ist das Maximum in dem Sinne, dass er »alles ist, was sein kann«. Während wir alle Dinge dadurch erkennen, dass wir sie von anderen unterscheiden, dass wir also Gegensätze und Verschiedenheiten voneinander abheben, ist Gott alles zugleich, weil er alle Gegensätze in sich vereinigt. Auch der Satz des Widerspruchs, dass etwas nicht zugleich sein und nicht sein kann, hat in Bezug auf Gott keine Gültigkeit. Deshalb ist Nikolaus Anhänger einer »negativen Theologie«, die leugnet, dass man Gott mit Mitteln der Sprache und Logik beschreiben oder benennen kann. Wir können immer nur auf die Grenze einer Wirklichkeit hinweisen, die für uns rational nicht greifbar ist. Nur im intuitiven »Aufleuchten« als einer Form der mystischen Erkenntnis wird Gott für den Menschen zugänglich.

*Die belehrte Unwissenheit* zeichnet sich nicht nur durch große sprachliche Klarheit, sondern auch, bedingt durch die zahlreichen mathematischen Analogien, durch Anschaulichkeit aus. Die These von der Unendlichkeit der Welt wurde von Giordano Bruno übernommen, die Denkfigur einer Einheit als Vereinigung der Gegensätze findet sich bei Kant und in der dialektischen Methode Hegels und Marx' wieder.

## Niccolō Machiavelli
1469–1527

### Der Fürst (Il principe)
Entst. 1513, ersch. 1532 in Rom

Das Buch mit dem vielleicht schlechtesten Ruf in der gesamten Philosophiegeschichte verdankt seine Entstehung keinem lang gehegten Plan, sondern einer Zwangspause im politischen Leben seines Autors. Über viele Jahre hatte Machiavelli seiner Heimatstadt Florenz als Diplomat gedient und dabei jene praktischen Erfahrungen in der politischen Praxis gesammelt, die seinem Werk zunutze kommen sollten. Krieg und Machtwechsel in Florenz brachten für Machiavelli 1512 den Verlust seiner politischen Ämter, aber auch die Muße, sich dem Schreiben zu widmen. Antrieb war für ihn die Unfähigkeit der zeitgenössischen italienischen Herrscher, sich im Konzert der Großmächte Frankreich, Habsburg und Spanien zu behaupten. Das Ergebnis, *Il principe*, dt. *Der Fürst*, stellt die politische Philosophie auf eine völlig neue Grundlage. Es enthält keineswegs ein Plädoyer für eine skrupellose Machtpolitik, sondern eine politische Klugheitslehre, die sich auf Erfahrung stützt und auf theologische und metaphysische Grundlagen verzichtet. Machiavelli ist der erste, der den Bereich der Politik als einen ausschließlich von Menschen gestalteten, eigenständigen Handlungsbereich wahrnimmt und versucht, für diesen Bereich eigene Regeln zu entwickeln.

Formal lehnt sich das Buch an die Tradition der sogenannten Fürstenspiegel an, einer im Mittelalter und der frühen Neuzeit verbreiteten Gattung, in der das Bild eines idealen, tugendhaften Herrschers zu Erziehungszwecken gezeichnet wurde. Ein bekanntes Beispiel dafür ist die Schrift *Über die Herrschaft des Fürsten* des mittelalterlichen Scholastikers Thomas von Aquin. Nach Machiavelli ist jedoch weder die antike noch die christliche Tugendlehre ein geeigneter Maßstab für politisches Handeln. Der politisch Handelnde darf sich nicht mehr an einer theologischen Deutung der Welt oder an abstrakten Regeln orientieren, sondern er muss sich den Realitäten stellen. Er muss akzeptieren, dass der Mensch kein Vernunftwesen ist, sondern von Leidenschaften beherrscht wird. Entsprechend wird auch die politische Welt von Machtinteressen und Intrigen bestimmt. Wer in dieser Welt bestehen will, braucht eine ganz neue, eine politische Tugendlehre.

Die wichtigsten Begriffe dieser neuen Lehre, »virtù« (urspr. Männlichkeit, später Tugend) und »fortuna« (Glück, Schicksal), übernimmt Machiavelli aus der antiken und mittelalterlichen Philosophie, doch er füllt sie mit neuen Inhalten. »Fortuna« als »weibliches« Prinzip umfasst für ihn die Umstände und Möglichkeiten, die sich dem Herrscher bieten. »Virtù« als ein »männliches« Handlungsprinzip ist wiederum jene strategische Urteilsfähigkeit, mit der man diese Umstände richtig deuten und nutzen kann. Die Kunst des Herrschers besteht, bildlich gesprochen, in der Eroberung der »fortuna« durch die »virtù«.

Der Herrscher ist für Machiavelli also ein Stratege, ein Mann des nüchternen Kalküls. Was Aristoteles in seiner *Nikomachischen Ethik* für das kluge Handeln im Dienst des Glücks fordert, nämlich den richtigen Mittelweg, das fordert Machiavelli auch für die politische Klugheit. So bewahrt der kluge Herrscher gegenüber dem Volk genau den – nicht zu großen und nicht zu kleinen – Abstand, mit dem er einem falschen Populismus ebenso wie der Tyrannei entgeht. Seine Herrschaft orientiert sich einerseits an guten Gesetzen, ist aber auch dafür gerüstet, die politische Ordnung mit Waffengewalt zu verteidigen.

Machiavellis politischer Herrscher wird damit zu einer durch und durch modernen Figur, die Politik als bewusste und rationale Inszenierung betreibt, aber in ihr auch eine erlernbare, nicht mehr durch Gottes Gnade verliehene Fähigkeit sieht. Damit wird Machiavelli zum Wegbereiter eines säkularen, von Hobbes im 17. Jahrhundert endgültig durchgesetzten Politikverständnisses.

In den Augen der Nachwelt wurde der schmale, sehr verständlich und klar geschriebene Text jedoch zum Manifest des »Machiavellismus«, einer bewusst antimoralischen Haltung, die dem Herrscher alles erlaube, wenn es nur seiner Macht diente. Beispiel für diese Sicht ist der 1739 erschienene *Antimachiavell* Friedrichs des Großen. Erst in jüngster Zeit hat sich die Bewertung Machiavellis positiv verändert.

## Michel de Montaigne

1533−1592

### Essais

Bordeaux/Paris 1580−1588

Michel de Montaigne wäre wahrscheinlich sehr verwundert gewesen, hätte man ihm prophezeit, den Ruhm eines philosophischen Klassikers zu erwerben. Der Landadlige aus dem Südwesten Frankreichs, der sich mit 38 Jahren aus dem öffentlichen Leben zurückzog, um sich dem Umgang mit seinen geliebten Büchern zu widmen, betrachtete seine über viele Jahre entstandenen *Essais* (wörtlich »Versuche«) mehr als Erprobungen in eigener Sache, um seine Lektüre- und Lebenserfahrungen zu verarbeiten.

Die in den beiden letzten Lebensjahrzehnten des Autors entstandenen und schließlich in drei Bänden veröffentlichten *Essais* widmen sich allen nur denkbaren Themen (die Essaytitel geben dabei keinen verlässlichen Hinweis auf den Inhalt). Montaigne schreibt keine Traktate, sondern folgt assoziierenden, umherschweifenden Reflexionen. Doch gerade seine Abkehr vom akademischen Schrifttum und sein enger Bezug zu eigenen Beobachtungen und Lebenserfahrungen machen ihn zu einem Pionier der neuzeitlichen Philosophie. Mit seinen subjektiv geprägten, unsystematischen »Essais« schuf er nicht nur eine neue literarische Ausdrucksform, sondern stellte auch, einige Jahrzehnte vor Descartes, erstmals das erkennende und handelnde Subjekt in den Mittelpunkt des Philosophierens. Montaigne betont die Autonomie des Individuums gegenüber Autoritäten, gleichzeitig jedoch auch die Abhängigkeit des Menschen von seiner natürlichen und sozialen Umwelt.

Inspiriert wurde Montaigne dabei nicht mehr vom theologisch geprägten Mittelalter, sondern von Schriftstellern und Philosophen der Spätantike, die, wie Seneca und Plutarch, eine diesseitige Lebensorientierung suchten. Den hellenistischen Philosophenschulen entnahm er die ihn prägende philosophische Haltung der Skepsis, des gemäßigten Hedonismus (also des Strebens nach einem vernünftig begrenzten Lebensgenuss) und einer harmonischen Beziehung zur Natur. Wie die Skeptiker zweifelte er daran, dass der Mensch letzte Erkenntnisgewissheit erlangen könne, und wie die Epikureer vertrat er eine Hinwendung zu einer sinnlichen, den natürlichen Bedürfnissen angepassten Lebensfreude. Montaigne sieht den Menschen nicht mehr in erster Linie als Vernunftwesen, sondern als ein von Leiblichkeit geprägtes Naturwesen. Natur ist für ihn der große, alles verknüpfende Zusammenhang. Wie die Stoiker fordert er den Menschen auf, in Übereinstimmung mit der Natur und damit in Übereinstimmung mit sich selbst zu leben. Lebenskunst heißt für den Menschen, sich in den biologischen und sozialen Gegebenheiten zu akzeptieren und seine Grenzen zu erkennen. Dazu gehört vor allem die Endlichkeit des Lebens. In einem seiner bekanntesten Essays, »Leben heißt Sterben lernen« geht es darum, den Gedanken an die eigene Vergänglichkeit bewusst ins Leben zu integrieren und dem Tod so seine Unheimlichkeit zu nehmen.

In einer Zeit bitterer Religionskriege tritt Montaigne wie die späteren Aufklärer für religiöse Toleranz und den Respekt vor anderen, auch außereuropäischen Kulturen ein. Dies ist verbunden mit einem pragmatischen Verhältnis zu

Religion und Politik: Da keine religiöse und politische Überzeugung letztgültige Wahrheit beanspruchen kann, plädiert Montaigne dafür, die Meinungen und Sitten der Zeit zu übernehmen – sowohl aus dem Grund, um den äußeren Frieden zu wahren, als auch, um sich den Schutzraum der inneren Freiheit zu sichern.

Die *Essais* demonstrieren Montaignes Liebe zum Detail und seine Neugier gegenüber allem, was er an Erzählungen, Beobachtungen und Fakten in Erfahrung bringen kann – von Methoden der Kindererziehung bis zu den Sitten brasilianischer Urwaldindianer. In seiner Abkehr vom reinen Bücherwissen und seiner Hinwendung zur Welt spiegelt sich der Forschungsdrang der entstehenden empirischen Wissenschaften. Montaignes *Essais* gehören deshalb nicht nur zu den verständlichsten, sondern auch zu den literarisch genussvollsten Schriften der Philosophiegeschichte. Von der akademischen Philosophie immer vernachlässigt, fanden sie unter Gebildeten, Selbstdenkern und Künstlern eine breite Leserschaft. Sie begründeten die Menschenbeobachtung der Moralistik, beeinflussten Nietzsches Kulturkritik und haben in der modernen Lebenskunstphilosophie wieder eine enorme Aufwertung erfahren.

## Giordano Bruno
1548–1600

### Von der Unendlichkeit des Weltalls und der Welten
(De l'infinito, universo e mondi)
Venedig 1584

*Von der Unendlichkeit des Weltalls und der Welten* entstand 1583 in England, eine der vielen Stationen, die der ehemalige Dominikanermönch Bruno im Laufe seines Lebens auf der Flucht vor der kirchlichen Zensur aufsuchte. Bereits der Titel der Schrift lässt ahnen, warum Brunos Lehren als Gefahr für die Kirche empfunden wurden: In seiner Kosmologie hatte die Erde längst aufgehört, Mittelpunkt des Weltalls zu sein, sein nicht mehr heliozentrisches Weltbild (also mit der Sonne als Zentrum) stand den neuen wissenschaftlichen Theorien von den Himmelskörpern, wie sie Jahrzehnte zuvor von Nikolaus Kopernikus vertreten worden waren, näher als dem alten geozentrischen Weltbild, in dem die Erde als Lebensort des von Gott geschaffenen Menschen im Zentrum stand. Mit dem neuen Weltbild wurden die Schöpfungsgeschichte und die Autorität der Heiligen Schriften in Frage gestellt. Brunos Schriften reflektieren ein neues Zeitalter, in dem Wissenschaftler und Entdeckungsreisende den Erfahrungshorizont des Menschen öffneten und das Denken auf diese Herausforderung reagieren musste.

Für Bruno war das neue heliozentrische Weltbild zwar eine wichtige Inspiration, aber doch nur eine Etappe in seinem Denken. Er nahm sie zum Anlass, über die metaphysischen Grundfragen, die Beziehung zwischen Gott und Welt, Einheit und Vielheit, Unendlichkeit und Endlichkeit, ganz neu nachzudenken, und ging dabei auch über das neue Weltbild hinaus.

Das Universum ist für ihn eine organische Einheit unendlich vieler Einzelwelten in einem unendlich großen Raum. Es gibt, anders als bei Kopernikus, keine begrenzende Sphärenwelt von Fixsternen mehr, sondern ein All mit zahllosen Planetensystemen. Nach Bruno kann die Welt nicht begrenzt sein, denn wäre sie es, würde sie an einen unendlich leeren Raum grenzen. Ein leerer Raum wiederum würde der Idee widersprechen, dass die Welt ein Abbild Gottes ist. Die Welt ist für Bruno gerade deshalb unendlich und ewig, weil sich in ihr die Unendlichkeit und Ewigkeit Gottes spiegelt. Analog dazu spiegelt sich das Universum in den zahllosen kleinen Einzelwelten, aus denen es zusammengesetzt ist. In jedem Mikrokosmos spiegelt sich der Makrokosmos.

Großen Einfluss auf Brunos Denken übten dabei die Spekulationen des Nikolaus von Kues aus, der 150 Jahre zuvor bereits die Unendlichkeit der Welt behauptet hatte. Wie dieser unterscheidet Bruno zwischen einer absoluten, nicht fassbaren Unendlichkeit Gottes und einer relativen Unendlichkeit der Welt, die darin besteht, dass wir niemals die Grenzen des Universums fixieren können (vgl. hier S. 68). Ebenso wie für Nikolaus ist Gott für Bruno die Vereinigung aller Gegensätze, die Verbindung des Größten mit dem Kleinsten, der Möglichkeit mit der Wirklichkeit. Gott findet sich in jedem Mikrokosmos, aber er umfasst auch das Universum als Ganzes. Für Bruno ist Gott ein kosmisches Prinzip, das nicht außerhalb der Welt steht, sondern in ihr als immerzu schaffende Kraft wirkt. An die Stelle eines transzendenten, persönlichen Schöpfergottes tritt eine pantheistische Gottesvorstellung, bei der Gott identisch wird mit dem Universum. Dieses Universum ist lebendig, ein nie endender Prozess, in dem sich Materie und Form auf immer neue Art durchdringen.

Bruno gehört zu den Philosophendichtern: Wie andere seiner Hauptwerke ist auch *Von der Unendlichkeit des Weltalls und der Welten* in der für den Leser eingängigen und attraktiven Dialogform verfasst. Dennoch war die Schrift für die Kirche eine Provokation: Am 17. Februar 1600 verbrannte man Bruno öffentlich auf dem Campo dei fiori in Rom wegen Ketzerei. Doch seine Philosophie verstummte damit nicht. Attraktiv war vor allem seine Theorie von der Einheit von Gott und Welt als einem belebten, von Vernunftgesetzen beherrschten Prozess, der im 17. Jahrhundert Spinoza und Anfang des 19. Jahrhunderts die Spekulationen Schellings und Hegels beeinflusst hat.

# Francis Bacon
1561–1626

## Das Neue Organon (Novum Organon)
London 1620

Bacons *Neues Organon* knüpft bewusst an ein großes Vorgängerwerk an und grenzt sich gleichzeitig dagegen ab. *Organon*, d. h. »Werkzeug«, war der Titel des Werkes, in dem im Mittelalter die Schriften des Aristoteles zur Logik und zur wissenschaftlichen Methode zusammengefasst wurden. Für Aristoteles beginnt Wissenschaft »induktiv«, d. h. mit Beobachtungen, die zu gesetzmäßigen Aussagen verallgemeinert werden. Wir gelangen zu ersten grundlegenden Prinzipien, von denen wir dann wiederum nach den Regeln der deduktiven Logik auf Einzelaussagen schließen, die über die ursprünglichen Beobachtungen hinausgehen und mit deren Hilfe wir unsere Erkenntnisse zu einem System zusammenfassen. Das Universum ist für Aristoteles nach Zwecken geordnet: Jedes Ding hat seinen natürlichen Ort und seine natürliche Form, in der es sich verwirklicht.

Für die mittelalterlichen Anhänger des Aristoteles stand jedoch das deduktive Vorgehen im Vordergrund. Die Natur als eine von Zwecken bestimmte Ordnung war ein Abbild Gottes und hatte in diesem gleichzeitig ihren Anfangs- und Zielpunkt. Die Begriffe unserer Sprache spiegelten dabei die Ordnung der Welt wider. Indem man, ausgehend von allgemeinen Gattungsbegriffen, auf einzelne Dinge und Vorgänge schloss, ordnete man sie in diese vorgegebene Ordnung ein.

Für Bacon gehörte die Ansicht, die Natur wirke nach Zwecken, zu jenen Vorurteilen, die er »Idole« (nach dem Griechischen wörtlich: falsche Bilder) nannte und die es zu beseitigen galt. Er verfolgte das ehrgeizige Ziel, nicht nur das vom Mittelalter propagierte aristotelische Weltbild durch eine neue Auffassung von Natur zu ersetzen, sondern damit auch die gesamte Methode der Naturforschung zu revolutionieren. Zu diesem Zweck plante er ein groß angelegtes Werk mit dem Titel *Große Erneuerung*, das einen Reformplan für die gesamte Wissenschaft entwickeln wollte, aber Fragment blieb. Überliefert ist uns unter dem Titel *Das Neue Organon* der zweite Teil des geplanten Werks. Er enthält eine neue, bahnbrechende Wissenschaftstheorie, lange bevor es dieses Wort im philosophischen Sprachschatz gab.

Für Bacon ist die Natur kein Reich von Zwecken, sondern ein Zusammenhang von Ursachen und Wirkungen. Die Deduktion, die ihre Erkenntnisse durch Schlussfolgerungen aus bereits Bekanntem gewinnt, kann diesen Zusammenhang nicht aufdecken. Um wirklich Erkenntnisse über die Natur zu gewinnen, müssen wir sie durch Experimente zwingen, uns ihre Geheimnisse preiszugeben.

Der Gedanke der experimentellen Naturforschung steht im Zentrum der induktiven Methode, die Bacon als eigentlich wissenschaftliche Vorgehensweise vertritt. Danach kann der Weg der Wissenschaft nur über methodisch, d.h. experimentell gewonnene Einzelbeobachtungen führen, die zusammengefasst und zu Gesetzmäßigkeiten verallgemeinert werden. Damit ebnet Bacon den Weg für den modernen Begriff von Wissenschaft als einem erfahrungsorientierten und experimentell betriebenen Forschungsprojekt.

Die wissenschaftlich gewonnenen Erkenntnisse sind aber nach Bacon nicht rein theoretischer Natur. Sie dienen vielmehr dazu, dem Menschen Verfügungsgewalt über seine Umwelt zu geben. Der Anwendungs- und Nutzungsaspekt der Wissenschaft wird in Bacons berühmter Wendung »Wissen ist Macht« ausgedrückt, ein Satz, der die gesamte westliche wissenschaftlich-technische Zivilisation geprägt hat. Für Bacon selbst bedeutete er vor allem die Forderung, Ergebnisse der Wissenschaft zur Verbesserung der menschlichen Lebensverhältnisse einzusetzen.

Bacon, ein literarisch versierter Essayist, ist ein gut lesbarer Autor. Selbst kein aktiver Naturforscher, leitete er doch mit seiner neuen Wissenschaftstheorie sowohl in der Geschichte der Wissenschaften als auch in der Erkenntnistheorie eine neue Epoche ein. Die gesamte empiristische Tradition, von Isaac Newton über Locke bis zum Wiener Kreis, kann sich auf ihn berufen. Doch auch *Das Neue Organon* blieb nicht unumstritten: Die Geltung der Induktion als wissenschaftlicher Methode wurde u. a. von David Hume wie auch im 20. Jahrhundert von Karl Popper bestritten.

## Renē Descartes
1596–1650

### Abhandlung über die Methode (Discours de la méthode)
Leiden 1637

Die 1637 erschienene *Abhandlung über die Methode* ist Descartes' erste publizierte Schrift, doch er war zum Zeitpunkt der Veröffentlichung beileibe kein Anfänger mehr. In seinem niederländischen Exil hatte er in den Jahren 1630 bis 1635 ein umfangreiches naturwissenschaftliches Manuskript mit dem Titel *Die Welt* verfasst, das er aber, aus Furcht vor Verfolgung, nie veröffentlichte: Wie Galileo Galilei, der 1633 von der Kirche verurteilt worden war, vertrat er darin das neue heliozentrische Weltbild, in dem nicht mehr die Erde, sondern die Sonne im Mittelpunkt des Universums stand.

Dagegen ist die schmale, essayistisch angelegte *Abhandlung* eine Art Forschungsprogramm, das sich auf die Erläuterung weniger methodischer Grundsätze und ihrer

Konsequenzen beschränkt: Es ist der Versuch, den Leser
davon zu überzeugen, dass die Philosophie nur dann sichere Erkenntnisse gewinnen kann, wenn sie sich an den Methoden der neuen mathematisch-empirischen Wissenschaften orientiert und sich selbst als Forum einer universalen
wissenschaftlichen Methode versteht. Mit Descartes wird
die Philosophie vor allem Erkenntnis- und Wissenschaftstheorie.

Dabei spielt die Mathematik eine Schlüsselrolle. Ähnlich
wie sie wollte Descartes ein Erkenntnisgebäude errichten,
das sich aus logisch abgeleiteten Sätzen zusammensetzt, die
sich aus unmittelbar einsichtigen Axiomen, d. h. Grundprinzipien herleiten lassen. Das Vorbild der Mathematik machte
Descartes zum Begründer des neuzeitlichen Rationalismus,
der sich an der Frage entzündete: Wie gelange ich zu Prinzipien, die genauso evident wie mathematische Wahrheiten
sind, gleichzeitig aber die Grundlage unserer Wirklichkeits-
erkenntnis abgeben?

Um zu solchen Prinzipien hinzuführen, wählt Descartes in der *Abhandlung* einen autobiographischen Weg:
Aus seinem eigenen philosophischen Werdegang, insbesondere aus seiner Unzufriedenheit mit der von der mittelalterlichen Scholastik geprägten Bildung, entwickelt er
seine Forderung nach einer grundlegenden Reform wissenschaftlicher Erkenntnisgewinnung, die sich an vier me-
thodischen Regeln orientieren soll: Nichts darf akzeptiert
werden, was nicht als unmittelbar evident wahr erscheint
(Klarheit und Deutlichkeit der Erkenntnis); jedes Problem
soll in lösbare Teilprobleme zerlegt werden (Analyse); von
einfachen Erkenntnissen soll systematisch zu komplexeren Erkenntnissen fortgeschritten werden (Deduktion),
und schließlich sollen alle Erkenntnisse vollständig aufge-
zählt und im Überblick zugänglich gemacht werden (Klas-
sifikation).

In Anwendung dieser Regeln auf das eigene Denken gelangt Descartes zum sicheren Fundament jeder Erkenntnis: Das Gebot des radikalen Zweifels muss beim Akt des Zweifelns, also des Denkens haltmachen: »Ich denke, also bin ich« ist der erste unbezweifelbare und absolut gewisse Grundsatz und Eckstein der Descartesschen Philosophie. Aus ihm leitet Descartes nun Erkenntnisse über den Menschen und über Gott ab. Der Mensch ist vor allem ein denkendes, von einer unsterblichen Geistseele bestimmtes Wesen, während seine materielle Natur sekundär und davon grundsätzlich verschieden ist. Im Denken findet sich auch die Vorstellung Gottes als eines vollkommenen Wesens, eine unausrottbare Vorstellung, die nicht aus der Erfahrung gewonnen werden kann.

Wie die neue Methode in der wissenschaftlichen Praxis aussieht, hat Descartes an drei Essays über Optik, Meteorologie und Geometrie exemplifiziert, die er der ursprünglichen Ausgabe der *Abhandlung* anhängte. Sein Weg, das Gebäude der Erkenntnis auf der Grundlage unbezweifelbarer Vernunftwahrheiten zu begründen, wurde zum charakteristischen Merkmal des neuzeitlichen Rationalismus. Er wurde von Leibniz und Spinoza aufgenommen, und auch Descartes beschritt ihn in seinen 1641 erschienenen *Meditationen* weiter.

Für den Leser ist dieser sprachlich sehr klare und teilweise erzählende Text nicht nur die beste Einführung in die Philosophie Descartes', sondern auch ein idealer Einstieg in die neuzeitliche Erkenntnistheorie.

**Meditationen über die Erste Philosophie, in welcher die Existenz Gottes und die Unsterblichkeit der Seele bewiesen werden** (Meditationes de prima philosophia, in qua Dei existentia et animae immortalitas demonstratur) Paris 1641

Descartes' vollständiger Titel, *Meditationen über die Erste Philosophie, in der die Existenz Gottes und die Unsterblichkeit der Seele bewiesen werden*, bereitete die Leser nicht auf die revolutionäre Richtungsveränderung vor, die der Autor der westlichen Philosophie geben sollte. Als »Erste Philosophie« galt seit Aristoteles die Metaphysik, die Lehre von den Grundprinzipien der Wirklichkeit, die sich im Mittelalter mit den christlichen Glaubensinhalten verband. Mit seiner Absicht, diesen Inhalten eine sichere Erkenntnisgrundlage zu geben, schien sich Descartes in den traditionellen Bahnen der Philosophie zu bewegen.

Doch im Mittelpunkt seines Buches steht nicht der Kosmos oder das Jenseits, sondern das Erkenntnissubjekt selbst. Die *Meditationen* führen in einer Art Innensicht oder Introspektion den Leser in das Innere des menschlichen Bewusstseins. Hier soll der Ort gefunden werden, von dem aus die Verlässlichkeit unserer Welterkenntnis begründet werden kann. Damit tritt die Erkenntnistheorie an die Stelle der Metaphysik als »Erste Philosophie«.

Die *Meditationen* knüpfen an die vier Jahre zuvor erschienene *Abhandlung über die Methode* an. Das Werkzeug, mit dem sich Descartes den Weg zu sicherer Erkenntnis bahnt, ist auch hier nun der radikale Zweifel, der alle unsere Überzeugungen einer kritischen Prüfung unterzieht. Dieser Prüfung hält nur eine einzige Überzeugung stand: Die Existenz des denkenden Ich, die in jedem Akt des Urteilens und Aussagens vorausgesetzt werden muss, kann nicht

bezweifelt werden. Descartes formuliert den unbezweifelbaren Ausgangspunkt jeder sicheren Erkenntnis mit dem Satz
»Ich bin, ich existiere«. In einer späteren Form: »Cogito ergo
sum« – »Ich denke, also bin ich« erlangte er in der Philosophiegeschichte Berühmtheit.

Descartes gab eine höchst einflussreiche Antwort auf die
alte philosophische Frage nach dem Verhältnis von Leib und
Seele. Er unterschied streng zwischen einem geistigen und
einem materiellen Bereich der Wirklichkeit und damit auch
zwischen menschlichem Geist und menschlichem Körper.
Das charakteristische Merkmal des Geistes ist Denken, das
der Materie Ausdehnung. Es ist der Geist, der den Menschen vom Tier unterscheidet. Da die Seele dem Bereich des
Geistes zugehört, ist sie – im Gegensatz zum Körper – un-
veränderbar, unzerstörbar und damit auch unsterblich.
Probleme, wie diese streng voneinander getrennten Bereiche sich aufeinander beziehen könnten (ich gebe gedanklich
meinem Arm den Befehl, sich zu bewegen, und er tut es –
aber warum?), beschäftigen in der Folgezeit die Philosophen
unter dem Stichwort »Substanzendualismus«.

Zu Erkenntnissen gelangt man nach Descartes nur durch
»deutliche und klare« Vorstellungen, die allein der Verstand,
nicht aber die sinnliche Wahrnehmung erzeugen kann.
Manche dieser Vorstellungen können nicht aus der Erfahrung gewonnen werden, sondern sind angeboren. Zu diesen
angeborenen Ideen gehört die Vorstellung eines vollkommenen Gottes. In Gott fallen »Existenz« und »Wesen« zusammen, d.h. die Vorstellung eines vollkommenen Wesens
beinhaltet, dass es auch existiert. Ein Gott, der nicht existiert, wäre nicht vollkommen (so lautet Descartes' Version
des ontologischen Gottesbeweises).

Das »Ich denke, ich existiere« hatte zunächst nur Gewissheit darüber gegeben, dass ich als *geistiges* Wesen existiere.
Die Vollkommenheit Gottes, die jede Täuschungsabsicht

ausschließt, ist aber auch ein Garant dafür, dass der von ihm geschaffene Verstand zu wahren Aussagen über materielle Dinge fähig ist.

Descartes, ein leidenschaftlicher Anhänger der Mathematik, hat seine Schrift logisch klar strukturiert und seine Thesen auf ungefähr 80 Seiten Raum verständlich formuliert. Deshalb sind seine *Meditationen,* ebenso wie seine *Abhandlung über die Methode,* eine der klassischen Schriften, die auch dem philosophischen Anfänger einen Einstieg in wichtige Probleme der Philosophie ermöglichen.

Mit seiner Lehre von den angeborenen Ideen wurde Descartes zum Begründer des Rationalismus, der an die Existenz erfahrungsunabhängiger Vernunftwahrheiten glaubte und in Spinoza und Leibniz seine Fortsetzer fand. Der Cartesianismus mit seinem Glauben an die Kraft der Rationalität wurde geradezu zum Synonym für westliches Denken. Aber auch seine Kritiker folgten den Spuren des Meisters, indem sie das Verhältnis von Erkenntnissubjekt und Erkenntnisobjekt, von Vernunft und Erfahrung sowie Geist und Materie in den Mittelpunkt ihrer Philosophie rückten.

## Thomas Hobbes
1588–1679

**Leviathan oder Stoff, Form und Gewalt eines kirchlichen und bürgerlichen Staates** (Leviathan or the Matter, Form and Power of a Commonwealth Ecclesiastical and Civil)
London 1651

Unter Zeitgenossen war es ein unbeliebtes und bis heute ist es ein umstrittenes Buch geblieben: Die Lehre vom starken Staat, dessen Souverän, dem biblischen Meeresungeheuer

Leviathan gleich, alle Macht in sich konzentriert, stieß sowohl Reformer als auch Konservative ab. Ersteren war es eine Rechtfertigung der ungeliebten absoluten Monarchie, letzteren fehlte der Bezug zu Gott als Legitimationsquelle politischer Herrschaft.

Für die politische Philosophie der Neuzeit jedoch bedeutete Hobbes' *Leviathan* einen gewaltigen Quantensprung. Zwar hatte Niccolò Machiavelli schon im 16. Jahrhundert die Politik als einen von theologischen Bezügen unabhängigen Bereich des Handelns beschrieben. Nun wurde aber zum ersten Mal der gesellschaftliche Zusammenschluss von Menschen in einem Staat durch einen Vertrag begründet, der zwischen Freien und Gleichen abgeschlossen worden sei. Dies war eine politische Theorie, die sich von ihrem Ansatz sowohl von der feudalen Standesgesellschaft als auch von einer Herrschaft von Gottes Gnaden verabschiedete. Mit Hobbes wurde Souveränität erstmals durch den Willen des Volkes begründet.

Hobbes war Zeuge des im 17. Jahrhundert in England tobenden Bürgerkriegs, in dem sich königstreue Anhänger der anglikanischen Hochkirche und puritanische Gefolgsleute Oliver Cromwells gegenüberstanden. Er erlebte diesen Konflikt als Rückfall in anarchische Zustände und die Hinrichtung des Stuart-Königs Charles I. 1649 als politischen Sündenfall. Nichts schien notwendiger als eine stabile politische Ordnung auf einem neuen, stabilen theoretischen Fundament.

Anstöße erhielt Hobbes dabei nicht nur von der Politik, sondern auch von mathematisch-naturwissenschaftlichen Erklärungsmodellen. Eines davon war die Euklidische Mathematik, ein anderes das neue, auf den Gesetzen der Mechanik beruhende Weltbild Galileis. Wie Euklid wollte Hobbes seine Theorie auf der Grundlage unbezweifelbarer Axiome errichten. Dabei sollten Galileis Gesetze der Me-

chanik auf die soziale Welt übertragen werden. Bereits in
der 1642 erschienenen Schrift *Vom Bürger* hatte sich
Hobbes dieser Ansätze für seine politische Philosophie bedient. Für ihn ist der Mensch von Natur aus kein soziales
Wesen, sondern ein Einzelkämpfer. Er befindet sich im sozialen Raum zunächst wie ein isoliertes Atom, das sich gegenüber den anderen Atomen in einem Kampf um Selbsterhal-
tung behaupten muss. Dieser sogenannte Naturzustand, der
Zustand also, bevor sich die Menschen zu einem Staat zusammenschließen, ist gekennzeichnet durch einen »Krieg
aller gegen alle«. Gerade die Notwendigkeit der Selbsterhal-
tung zwingt die Menschen aber dazu, bestimmte »Naturgesetze« anzuerkennen, in denen die Forderung nach gesell-
schaftlichem Frieden und die gegenseitige Anerkennung
von gleichen Rechten festgeschrieben wird.

Doch ein echter Friedenszustand wird erst in einem Zustand erreicht, in dem es eine Macht gibt, die die Einhaltung
der Gesetze erzwingen kann. Deshalb ist ein »Gesellschaftsvertrag« notwendig, in dem sich alle Vertragschließenden
zu einer großen gesellschaftlichen »Person«, dem »Souverän«, zusammenschließen und ihre Rechte an diesen Souverän delegieren. Dieser wiederum garantiert Schutz und
Unversehrtheit aller Staatsbürger. Da der Souverän die Gesamtheit der Bürger nicht nur repräsentiert, sondern verkörpert, gilt jeder Widerstand gegen seine Herrschaft als
vertragswidrig. Er bündelt in seiner Hand sowohl weltliche
als auch geistliche Macht. Institutionen, die ihn kontrollieren, gibt es nicht. Als »sterblicher Gott« ist er nur dem wahren »unsterblichen« Gott untertan. Allerdings hat Hobbes
auch die Möglichkeit vorgesehen, dass eine Volksversamm-
lung und nicht nur ein einzelner die Rolle des Souveräns
ausfüllt.

Der *Leviathan* hat in der Folge sowohl totalitäre als auch
demokratische Denkansätze inspiriert. Carl Schmitt, Kron-

jurist der deutschen Nationalsozialisten, berief sich auf
Hobbes, um das Recht auf die Macht des Führers zu gründen. Andererseits wurde die von Hobbes begründete Vertragstheorie zu einer der wichtigsten Grundlagen der Demokratietheorie: In der Aufklärung von Locke, Rousseau
und Kant weiterentwickelt, erlebte sie auch noch im 20. Jahrhundert durch John Rawls eine Neufassung.

## Blaise Pascal
1623–1662

**Herrn Pascals Gedanken über die Religion und über einige
andere Themen** (Pensées de M. Pascal sur la religion et sur
quelques autres sujets)

Paris 1669/1670

Pascals *Gedanken über die Religion und über einige andere
Themen,* wie der vollständige Titel lautet, stellt den Leser
vor einige Probleme. Es handelt sich nicht um ein fertig aus-
gearbeitetes Werk, sondern enthält Fragmente und Entwür-
fe zu einer geplanten größeren Schrift. Erst postum wurden
die Texte von den Herausgebern in eine Ordnung gebracht,
die bis heute entsprechend umstritten ist. Pascal hatte ein
konservatives Anliegen, nämlich die Verteidigung des
Christentums. Doch die rational und zugleich radikal subjektive Art, in der der Autor seine Fragen über die Natur des
Menschen und seine Stellung gegenüber Gott und dem Kosmos formuliert, geben dem Buch eine geradezu moderne
existentialistische Färbung.

Pascal hatte, bevor er zu einem gläubigen Menschen
wurde, mehrere Lebensphasen durchlaufen: Er glänzte zunächst als Mathematiker und Naturwissenschaftler, der
Zeugnis für die ungeheure Leistungsfähigkeit der menschli-

chen Vernunft ablegte. Er führte zeitweise aber auch das Leben eines stadtbekannten Pariser Salonlöwen, bis er sich
schließlich, nach einem einschneidenden Erleuchtungserlebnis im Jahr 1654, dem Leben eines religiösen Asketen zu-
wandte und in enge Verbindung zum Kloster Port Royal
trat, dem Zentrum der französischen Jansenisten – eine
Richtung innerhalb des Katholizismus, die wegen ihrer radikalen Gnadenlehre und ihrer moralischen Strenge sowohl
von den Jesuiten als auch von der Monarchie bekämpft wurde. Pascals *Gedanken* wurden zum wichtigsten philosophischen Zeugnis des jansenistischen Geistes.

Das Buch zeichnet eine Weltordnung, in der sich Mensch,
Natur und Gott nicht mehr harmonisch zusammenführen.
Geprägt von den neuen naturwissenschaftlichen Erkenntnissen über die Größe des Universums, sieht Pascal den
Menschen als ein Wesen, das verloren und ohne Sinnorientierung einem unendlichen Kosmos gegenübersteht. Unfä-
hig, mit sich allein zu sein, sucht er rastlos nach Zerstreu-
ung, um seine innere Leere zu übertünchen. Die Diagnose
der Verlorenheit des Menschen verbindet Pascal mit der biblischen Lehre von der Erbsünde. Andererseits besitzt der
Mensch Geist, der ihn doch wieder über die Natur heraus-
hebt. Für diesen dem Menschen eigentümlichen Zwiespalt
zwischen Elend und Größe prägt Pascal das Bild vom »denkenden Schilfrohr«.

Der Weg zur Sinnorientierung, und damit zur Verständigung des Menschen mit sich selbst, führt für Pascal nur
über Gott. Doch dieser Gott ist nicht mehr der durch die
Vernunft erkennbare »Gott der Philosophen«. Der »Logik
der Vernunft« setzt Pascal die »Logik des Herzens« entgegen, eine Fähigkeit zur intuitiven, nicht-rationalen Erkenntnis, die tiefer reicht und der wir auch die wichtigsten
wissenschaftlichen Intuitionen verdanken. Nur über sie ist
Gott zu erfassen. Diese Herzenserkenntnis Gottes, die für

Pascal mit der christlichen Liebe identisch ist, kann nicht erworben oder gelernt werden. Sie ist, in Einklang mit der Lehre des Jansenismus, eine Gnade, die dem Menschen geschenkt wird.

Stellt die Logik des Herzens den Königsweg zu Gott dar, schlägt Pascal auch dem zweifelnden Weltmann und rationalen Skeptiker eine Brücke zum christlichen Glauben. Er fordert den Zweifelnden zu einer »Wette« auf: Da wir nicht wissen, ob Gott existiert oder nicht, stehen die Chancen für seine Existenz 50:50. Setze ich auf die Existenz Gottes, kann ich nicht verlieren. Gibt es ihn, habe ich mir die ewige Seligkeit erworben, gibt es ihn nicht, bleibt dies folgenlos. Setze ich aber auf die Nichtexistenz und Gott existiert, habe ich mir ewige Verdammnis eingehandelt. Nicht zuletzt wegen ihres rational argumentierenden Charakters ist Pascals berühmte Wette die bis heute meistdiskutierte Stelle seines Buches geblieben.

Pascals *Gedanken* werden bis heute als religiöse Bekennerschrift, aber auch als ein aufregend modernes Buch gelesen, das Gläubige, Gottsucher und Zweifler gleichermaßen anspricht. Als einflussreiche Kritik an dem von René Descartes begründeten Rationalismus und Zeugnis eines Denkens, das die subjektive Entscheidung in den Mittelpunkt rückt, stehen sie in erkennbarer Nähe zum Denken Sören Kierkegaards und zum Existentialismus des 20. Jahrhunderts.

# Baruch de Spinoza
1632–1677

## Ethik, nach geometrischer Methode dargelegt (Ethica, ordine geometrico demonstrata)

Amsterdam 1677

Der Titel sollte niemanden irreführen: Spinozas Hauptwerk beschäftigt sich keineswegs nur mit Fragen der Ethik im Sinne einer Moralphilosophie. Es handelt sich vielmehr um ein klassisches Werk der Metaphysik, in dessen Mittelpunkt Gott und dessen Verhältnis zur Welt stehen. Dieser Gott ist jedoch kein persönlicher, außerhalb der Welt stehender Schöpfergott, sondern unpersönliche, rationale Grundlage der Welt. »Deus sive natura«: »Gott oder die Welt« – ist die grundlegende Aussage des Werks. Wer die Welt und ihre Gesetzmäßigkeiten verstehen will, stößt nach Spinoza auf Gott: Gott und die Welt sind im Grunde gesehen miteinander identisch.

Der Nachfahre aus Portugal vertriebener und in die Niederlande emigrierter Juden löste sich früh vom orthodoxen Judentum und wurde deshalb aus der jüdischen Gemeinde Amsterdams ausgestoßen. Großen Einfluss auf seine Entwicklung übte die antike Naturphilosophie, das neue, an den Gesetzen der Mechanik orientierte Weltbild eines Kopernikus und Galilei und der Rationalismus René Descartes' aus. Vor allem Descartes mit seiner Überzeugung, man könne die Prinzipien der Welterkenntnis aus der Selbsterforschung der Vernunft gewinnen und, darauf aufbauend, nach dem Vorbild der Mathematik ein System wahrer Folgesätze über die Welt ableiten, beeinflusste Spinozas Denken. So schrieb er auch die *Ethik* »more geometrico«, also nach »Art der Geometrie«, als eine streng logisch nach Begriffsbestim-

mungen, Lehrsätzen, Folgesätzen und Erläuterungen ge-
gliederte Konstruktion.

Dieser logische Aufbau der Schrift korrespondiert nach
Spinoza mit der rationalen Ordnung der Welt, die durch
Gott verbürgt wird. Im Unterschied zu Descartes, der die
Welt in zwei unterschiedliche Substanzen, nämlich eine
ausgedehnte, die Materie, und eine denkende, den Geist,
aufgeteilt hatte, sind Materie und Geist bei Spinoza nur
noch Attribute einer einzigen, ewigen und unendlichen
Substanz, nämlich Gott. Geistige und körperliche Vorgänge
laufen parallel und sind nur scheinbar gegensätzlich: In der
Wirklichkeit Gottes sind sie vereint.

Spinoza erneuert den im frühen Mittelalter von Anselm
von Canterbury vertretenen Gottesbeweis, nach dem Gott
existiert, weil im Begriff »Gott« die Idee der Vollkommenheit und damit auch der Existenz schon enthalten ist (vgl.
hier S. 56). Von der Existenz Gottes hängt die Existenz aller
anderen Dinge in der Welt ab. Gott ist die Wirklichkeit, die
alles in der Welt durchdringt. Gegenüber den notwendig in
einer Kette von Ursachen und Wirkungen verknüpften Vorgängen der Welt ist er zugleich erste Ursache und »causa
sui«, also Ursache seiner selbst. Gott ist auch das einzig freie
Wesen, während alles Geschehen ansonsten dem Ursache-
Wirkung-Mechanismus unterworfen ist und diesen nicht
durchbrechen kann. Auch das menschliche Handeln ist Teil
dieser Ursache-Wirkung-Kette. Die Freiheit des Menschen
besteht in der »Einsicht in die Notwendigkeit«.

Gegenüber der vollendeten Wirklichkeit Gottes haben
alle anderen Wesen nur eine eingeschränkte Wirklichkeit.
Dies gilt auch für den Menschen. Dieser kann jedoch an der
göttlichen Wirklichkeit teilhaben, indem er das Universum
unter einer kosmischen Perspektive, oder, wie Spinoza sagt,
»sub specie aeternitatis« betrachtet, unter dem »Blickwinkel
der Ewigkeit«. Damit ist eine intuitive, über das Begriffsden-

ken hinausgehende Schau gemeint, in der sich Vernunft und Affekte, Weltfrömmigkeit und Liebe zu Gott vereinigen.

Die *Ethik* erfordert eine schrittweise, Satz für Satz sich vortastende Lektüre, die aber durch den Eindruck eines einheitlichen, in sich stimmigen Weltbildes belohnt wird. Spinozas von den Kirchen lange heftig bekämpftes und als »atheistisch« denunziertes Werk übte großen Einfluss auf die klassische Literatur und Philosophie, insbesondere auf Lessing, Herder, Goethe und Hegel aus. Spinozas Einheitsphilosophie, also die These von der Einheit von Materie und Geist, findet sich auch in modernen physikalischen Weltbildern wieder.

## Isaac Newton

1643 – 1727

### Die mathematischen Grundlagen der Naturphilosophie

(Philosophiae Naturalis Principia Mathematica)

London 1687

Newtons *Mathematische Grundlage der Naturwissenschaften* ist ein Meilenstein der Wissenschaftsgeschichte. Kern der Schrift ist eine Theorie der Gesetzmäßigkeiten, nach denen sich Körper im Raum bewegen. Sie enthält aber auch eine Auffassung wissenschaftlicher Gesetzmäßigkeiten, die für die philosophische Wissenschafts- und Erkenntnistheorie höchst bedeutsam war: Newtons These, dass das gesamte Universum von den gleichen Naturgesetzlichkeiten beherrscht wird, dass wir die Bewegung der Planeten auf die gleiche Weise erklären können wie die Tatsache, dass ein Stein auf den Boden fällt, wenn wir ihn aus der Hand gleiten lassen, prägt bis heute unser Verständnis von Wissenschaft.

Newton lebte am Ende des 17. Jahrhunderts, in dem das von der Philosophie des Aristoteles geprägte mittelalterliche Weltbild zunehmend zurückgedrängt worden war. Die Natur galt nicht mehr als ein Reich vorbestimmter Zwecke. An ihre Stelle traten die Gesetze der Mechanik. Wissenschaftler wie Kopernikus, Kepler und Galilei gelangten mit Hilfe dieser Gesetze zu revolutionären Erkenntnissen, so etwa zu der, dass die Erde nicht mehr im Mittelpunkt des Universums steht. Formuliert wurden die neuen Erkenntnisse in der Sprache der Mathematik, d.h. mit Hilfe quantitativer Größen. Für Galilei war die Mathematik die Sprache der Natur. Für einen der philosophischen Pioniere dieser Auffassung, René Descartes, war die physische Welt Materie im Sinne einer »res extensa«, einer räumlich ausgedehnten Sache, in der alles durch die Wirkung erklärt werden konnte, die bestimmte Körper durch Druck und Stoß auf andere Körper ausüben.

Damit einhergehend hatten sich die Konturen einer neuen Wissenschaftsauffassung entwickelt: Newtons Landsmann Francis Bacon vertrat gegen Aristoteles die Auffassung, dass die Wissenschaft ihre Gesetze induktiv, d.h. durch Verallgemeinerung von Einzelbeobachtungen, bilden müsse, die aus Experimenten gewonnen werden. In *Die mathematischen Grundlagen der Naturphilosophie* vollendet Newton diesen Prozess und stellt dieses mechanistische Weltbild auf eine neue Grundlage. Dabei geht er von den Grundsätzen aus, dass alle Erkenntnis in der Erfahrung gründet, auf gleiche Ursachen auch gleiche Wirkungen folgen müssen und dass sich die Wissenschaft zur Erklärung auf eine möglichst geringe Anzahl von Ursachen beschränken muss.

Für Newton gibt es einen absoluten Raum und eine absolute Zeit. In ihnen gelten für alle Körper drei grundlegende Bewegungsgesetze, die gleichzeitig die Fundamente der

neuen Newtonschen Mechanik sind: Nach dem Trägheitsge-
setz beharrt erstens jeder Körper im Zustand der Ruhe,
wenn er nicht durch einwirkende Kräfte dazu gezwungen
wird, seinen Zustand zu ändern. Zweitens ist eine Bewe-
gungsänderung der Einwirkung der bewegenden Kraft pro-
portional und geht in der Richtung der Linie, nach welcher
die Kraft wirkt. Drittens sind die Wirkungen zweier Körper
aufeinander stets gleich und von der Richtung her gesehen
einander entgegengesetzt.

Eine zentrale Rolle spielt bei Newton die Gravitation,
d. h. die wechselseitige Anziehungskraft, die beliebige Körper aufgrund ihrer Masse aufeinander ausüben. Nach dem
Gravitationsgesetz ist die Anziehung zwischen zwei Massen
umso größer, je geringer der Abstand zwischen ihnen ist.
Das bedeutet, dass Körper nicht mehr nur durch Druck und
Stoß, sondern auch aus der Ferne aufeinander einwirken.
Damit werden Bewegungen von Planeten ebenso erklärt wie
z. B. die Gezeitenveränderungen der Meere. Das Gravitationsgesetz, das als Newtons größte Leistung gilt, bedeutete
eine Revision der alten Mechanik und gleichzeitig den
Nachweis einer gesetzmäßig erklärbaren Einheit der Natur,
ein Gedanke, der entscheidend auf die Aufklärung des
18. Jahrhunderts wirkte und die noch auf Aristoteles grün-
dende Trennung zwischen einer Welt »über und unter dem
Monde« endgültig aufhob.

Newtons *Mathematische Grundlagen der Naturphilosophie* ist eines der letzten europäischen Werke, in dem
Wissenschaft und Philosophie zu einer gegenseitig befruch-
tenden Einheit finden. Als Bibel eines neuen wissenschaftlichen Weltbildes wurde die Schrift, von Locke über Kant bis
Einstein, zum Bezugspunkt aller Bemühungen, Philosophie
auf eine wissenschaftliche Grundlage zu stellen.

# John Locke

1632–1704

**Versuch über den menschlichen Verstand** (An Essay
Concerning Human Understanding)

London 1690

Haben wir irgendwelche gesicherten Erkenntnisse über die
Welt, ohne in sinnlichen Kontakt mit ihr zu treten, ohne
wahrzunehmen, zu schauen, zu riechen, zu schmecken? Dies
war eine der wichtigsten Fragen, um die es in dem Streit zwischen Rationalisten und Empiristen im 17. und 18. Jahrhundert ging. Der Vater des neuzeitlichen Rationalismus, René
Descartes, hatte behauptet, dass es solche Erkenntnisse gibt
und dass es sich bei Vorstellungen wie die der Existenz Gottes oder der Unsterblichkeit der Seele um »angeborene«
Ideen handelt, die wir vor jeder Erfahrung besitzen.

John Locke bestritt demgegenüber die Existenz angeborener Ideen energisch. Sein erkenntnistheoretisches Hauptwerk, der *Versuch über den menschlichen Verstand*, gilt als
Hauptwerk des neuzeitlichen Empirismus und folgt einem
Grundsatz, auf den sich bereits einer der Begründer der modernen Naturwissenschaften, Isaac Newton, gestützt hatte:
Alle Erkenntnis hat ihren Ursprung in der Erfahrung.

Nachdem Locke im ersten der vier Teile seines Werks
nachweist, dass wir zur Erklärung dessen, was Erkenntnis ist,
der These von den angeborenen Ideen nicht bedürfen, widmet er sich in den drei übrigen Teilen der Frage, wie aus sinnlichen Eindrücken Erkenntnisse entstehen. Das menschliche
Bewusstsein ist für Locke zunächst eine »tabula rasa«, d. h.
eine leere Tafel bzw. ein unbeschriebenes Blatt. Beschrieben
wird es erst durch den sinnlichen Kontakt mit der Welt. Der
Verstand kann sich in seiner Tätigkeit also nur auf das
stützen, was vorher durch die Sinne aufgenommen wurde.

Die elementarsten Eindrücke, die wir aus der Sinneswahrnehmung erhalten, nennt Locke »einfache Vorstellungen« (»simple ideas«). Er unterscheidet dabei zwischen einer
Sinneswahrnehmung, die von Gegenständen der Außenwelt ausgeht (»sensation«), und einer Wahrnehmung der
inneren Regungen des Menschen (»reflection«). Bei letzterer handelt es sich also um einen inneren Sinn der Selbstbeobachtung, mit dem wir Vorgänge wie »Wollen« oder »Denken« an uns wahrnehmen. Aus einfachen Vorstellungen wie
z. B. der Vorstellung der Festigkeit, die im Kontakt mit Materialien wie Fels, Holz usw. entsteht, entwickelt das Bewusstsein komplexe Vorstellungen (»complex ideas«), in
denen Eigenschaften wie »Festigkeit« und »längliche Gestalt« zusammengefasst werden. Das, was wir normalerweise als »Gegenstand« wahrnehmen – wie z. B. ein Baumstamm –, ist also das Ergebnis einer Kombination aus
Bewusstseinstätigkeit und Aufnahme von sinnlichen Eindrücken. Dabei unterscheidet Locke noch zwischen zwei Arten von Eigenschaften, die wir einem Gegenstand zusprechen, nämlich den sogenannten »primären« und den
»sekundären« Qualitäten. Primäre Qualitäten – wie Gestalt,
Härte und Bewegung – sind solche, die realen Eigenschaften
der Dinge entsprechen. Sekundäre Qualitäten wie Farbe,
Geruch und Geschmack dagegen werden von uns, aufgrund
bestimmter Sinneseindrücke, den Gegenständen zugesprochen, ohne dass man sagen könnte, »Braunsein« sei eine objektive Eigenschaft des Baumstamms.

Aufbauend auf dieser von sinnlichen Wahrnehmungen
ausgehenden Erkenntnistheorie entwickelt Locke eine
durchaus moderne Auffassung von Sprache. Sie ist für ihn
ein Werkzeug, um unsere Wahrnehmungen zu ordnen und
uns auf Vorstellungen, insbesondere auf komplexe Vorstellungen, zu beziehen. Aus Ähnlichkeiten der Qualitäten, die
wir den Gegenständen zusprechen, formen wir unsere

sprachlichen Begriffe. So kommen wir dazu, verschiedene, harte, länglich geformte und braune Gegenstände »Baumstamm« zu nennen. Welche Begriffe wir dabei für bestimmte Vorstellungen wählen, beruht für Locke auf Konvention.

Lockes *Versuch* trägt sprachliche Züge eines Essays, der nicht für Spezialisten, sondern für eine breite Leserschaft geschrieben ist. Sein Plädoyer für die Autorität bzw. Priorität empirischer Daten fand ein geteiltes Echo: Die Ablehnung angeborener Ideen war eine Herausforderung für ein theologisch orientiertes Weltbild und bewog Vertreter des Rationalismus wie Leibniz zu Erwiderungen. In der Wissenschaft, besonders in der Aufklärung, fiel sein Ansatz auf fruchtbaren Boden, und Philosophen wie Berkeley und Hume knüpften im 18. Jahrhundert unmittelbar an Locke an.

## Zwei Abhandlungen über die Regierung (Two Treatises on Government)

London 1690

Unser heutiges westliches Verständnis von einem Rechtsstaat, in dem Gesetze für alle gelten, der Bürger Grundrechte einfordern kann, Regierung und Parlament voneinander unabhängig sind und sich gegenseitig kontrollieren, geht zu wesentlichen Teilen auf John Lockes staatstheoretisches Hauptwerk, *Zwei Abhandlungen über die Regierung*, zurück. Entstanden ist die Schrift in einer Zeit politischer Unruhen, in der die absolutistische Macht des Königs zunehmend in Frage gestellt wurde. 1649 war der Stuart-König Charles I. durch die Puritaner Oliver Cromwells hingerichtet worden. 1651 hatte Thomas Hobbes mit seinem *Levia-*

*than* versucht, der absoluten Macht des Souveräns durch die Idee eines von allen Bürgern vereinbarten Gesellschaftsvertrags eine neue, rationale Grundlage zu geben. Als 1660 die Stuarts wieder auf den englischen Thron zurückkehrten, entbrannte die Frage neu, woraus politische Herrschaft – für die Zeitgenossen war dies die Herrschaft des Königs – ihre Legitimität, d. h. ihre Rechtfertigung bezieht.

Robert Filmer, ein Parteigänger der konservativen Tories, rechtfertigte 1680 in seinem Buch *Patriarcha* die absolutistische Monarchie damit, dass jede Herrschaft, vom biblischen Adam an, auf die von Gott verliehene Herrschaftsgewalt des Familienvaters zurückgeführt werden kann. Locke, der zum liberalen Lager der Whigs gehörte, schrieb die erste seiner *Zwei Abhandlungen* als Erwiderung auf Filmer. Die Auffassung, dass bestimmte Menschen von Natur aus Herrscher oder Untertanen sind, lehnt er ab. Stattdessen greift er in der zweiten Abhandlung die von Hobbes entwickelte Vertragstheorie auf, nach der politische Herrschaft das Ergebnis einer Vereinbarung zwischen freien und gleichen Bürgern ist, die damit aus dem »Naturzustand« in einen staatlich organisierten Zustand übertreten.

Doch anders als Hobbes nutzt Locke die Vertragstheorie nicht zur Rechtfertigung, sondern zur Widerlegung des Absolutismus. Für ihn bedeutet der Naturzustand keinen egoistischen Kampf aller gegen alle. Vielmehr entsteht hier bereits das Gerüst einer Rechtsordnung, in der sich der Mensch auf drei grundlegende Rechte berufen kann, nämlich auf das Recht auf Leben, auf Freiheit und auf Besitz. Ansprüche auf Privateigentum werden in einer ersten Phase des Naturzustands durch Arbeit und elementare Lebensbedürfnisse begründet. In einer zweiten Phase gerät diese Grundordnung in Fluss, da durch die Einführung des Geldes Werte schneller, in größerem, aber auch in sehr unterschiedlichem Umfang angehäuft werden. Daraus entstehen Ungleichheiten zwischen den Menschen.

Genau hier ergibt sich für Locke die Notwendigkeit, eine staatliche Ordnung zu errichten, die sowohl die Grundrechte als auch die erworbenen Besitzansprüche schützt. Eine solche Ordnung beruht auf einem Vertrag, der Freiheit, Leben und Besitz des Bürgers garantiert. Dieser überträgt seine Souveränität nicht, wie bei Hobbes, auf einen absoluten Herrscher, sondern treuhänderisch auf die Institution des Parlaments. Das Parlament, die Legislative, ernennt die Richter und kontrolliert die Macht und die Finanzen der Exekutive. Übergeht der Herrscher das Parlament oder verletzt er die Grundrechte des Bürgers, hat dieser ein Recht auf Widerstand.

Lockes *Zwei Abhandlungen* erschienen kurz nach der »Glorreichen Revolution« von 1688/89, in der eine neue, von der Kontrolle des Parlaments abhängige Form der Monarchie eingeführt wurde, die im Kern den Vorstellungen Lockes entsprach. Das Werk wurde deshalb auch als philosophische Rechtfertigung dieser neuen politischen Ordnung gelesen. Mit ihm beginnt aber auch die politische Philosophie der Aufklärung. Das von Locke propagierte Prinzip der Gewaltenteilung zwischen Exekutive und Legislative wurde durch Montesquieus Forderung nach einer unabhängigen Justiz ergänzt. Lockes Vertragstheorie und seine Kritik am Absolutismus wurden von Rousseau, Kant und den Vätern der amerikanischen Verfassung übernommen. Die These, dass der Bürger gegenüber dem Staat unverlierbare Grundrechte hat, machte das Buch zur philosophischen Gründungsurkunde des Liberalismus.

## George Berkeley
1685–1753

### Abhandlung über die Prinzipien der menschlichen Erkenntnis (A Treatise Concerning the Principles of Human Knowledge)
Dublin 1710

Dass es eine unabhängig von uns existierende Außenwelt gibt, die auch dann weiter existiert, wenn wir sie nicht mehr wahrnehmen können, scheint eine selbstverständliche Erkenntnis unserer Alltagserfahrung zu sein. Doch gerade das scheinbar Selbstverständliche wird in der Philosophie oft in Frage gestellt. Nur wenige Philosophen sind so weit gegangen, die Existenz einer Welt außerhalb unseres Bewusstseins zu leugnen. Der bekannteste unter ihnen war der Ire George Berkeley. Seine Erkenntnistheorie, die er in seiner *Abhandlung über die Prinzipien der menschlichen Erkenntnis* formulierte, lässt sich in der berühmten Formel zusammenfassen: »Esse est percipi« – »Sein ist Wahrgenommenwerden«. Darüber hinaus gibt es für Berkeley keine Realität. Die wahrgenommene Welt verbleibt ganz im Bereich der Vorstellung.

Doch Berkeley ging es nicht darum, mit einer möglichst radikalen und auffälligen These ins Rampenlicht zu rücken. Als anglikanischer Bischof im südirischen Cloyne verfolgte er vor allem die Absicht, Religionsskeptikern, Atheisten und Andersgläubigen den theoretischen Boden zu entziehen. Berkeley wollte eine Erkenntnistheorie entwerfen, in der die Existenz Gottes einen zwingend notwendigen Platz hat.

Dabei kritisierte er die einflussreichsten Theorien seiner Zeit, d. h. den Rationalismus des Franzosen René Descartes und den Empirismus John Lockes. Für Descartes bestand die Wirklichkeit aus zwei grundverschiedenen Substanzen: dem Geist und dem Bereich der räumlich ausgedehnten

Dinge, der Materie. Nur in der Selbsterforschung des Geistes, der Vernunft, gelangen wir nach Descartes zu sicherer Erkenntnis. Für Locke dagegen hat alle unsere Erkenntnis, wie für Berkeley, ihren Ursprung in der sinnlichen Wahrnehmung. Aus ihr bilden wir Vorstellungen, von denen die sogenannten einfachen Vorstellungen wie Räumlichkeit oder Festigkeit objektive, d. h. auch außerhalb unseres Bewusstseins existierende Eigenschaften von Dingen repräsentieren.

An dieser Stelle legt Berkeley jedoch Widerspruch ein. Auch er ist ein Empirist, der alle Erkenntnis aus der Erfahrung, der sinnlichen Wahrnehmung ableitet. Doch er weist darauf hin, dass auch die Eigenschaft der Dinge sich immer schon in unserem Bewusstsein befindet. Indizien für eine Existenz von Dingen außerhalb unseres Bewusstseins gibt es nach Berkeley nicht. Deshalb ist es auch sinnlos, von der Materie im Sinne einer räumlich ausgedehnten Substanz zu sprechen, wie Descartes dies getan hatte. Die einzige Substanz, die wir kennen und erfahren, ist die unseres Geistes. Durch innere Erfahrung kommen wir zur Erkenntnis unseres eigenen Selbst, unserer Identität als Subjekt. Andere Subjekte können wir auf diese Art aber nicht erkennen. Zu ihrer Erkenntnis gelangen wir nur indirekt, indem wir von einer Analogie zwischen uns und ihnen ausgehen.

Wenn aber alle Erkenntnis nur im Rahmen unseres Bewusstseins stattfindet, wie lässt sich dann zwischen wahren Vorstellungen und Fantasieprodukten unterscheiden? Hier kommt für Berkeley jene Rolle ins Spiel, die Gott in unserem Erkenntnisprozess einnimmt. Die Erfahrung, dass bestimmte Wahrnehmungen mit naturgesetzlicher Regelmäßigkeit auftreten, kann nur durch ein Bewusstsein erklärt werden, das jedes menschliche Bewusstsein überragt und den Zusammenhang aller Sinneseindrücke erzeugt. Dies ist Gott, der »allweise Geist im Innersten der Dinge«, der nach

Berkeley die Ursache unserer wahren Vorstellungen ist und der die Einheit unserer Weltwahrnehmung verbürgt. Gerade deshalb, weil wir selbst die Existenz der Welt nicht verbürgen können, brauchen wir Gott – genau auf diese Folgerung hatte der Theologe Berkeley sein Werk angelegt.

Berkeleys *Prinzipien* sind, wie die meisten Werke der englischen Philosophie, auch für den Nichtfachmann gut verständlich. Gewirkt hat das Buch jedoch nicht wegen seiner theologischen Schlussfolgerungen, sondern wegen seiner scharfsinnigen erkenntnistheoretischen Analysen. Die These, dass die wahrgenommene Welt eine bloße Vorstellung ist, hat nicht nur Hume, Kant und Schopenhauer, sondern auch moderne Empiristen wie Ernst Mach oder Bewusstseinstheoretiker wie Edmund Husserl beeinflusst.

## Gottfried Wilhelm Leibniz
1646–1716

### Neue Abhandlungen über den menschlichen Verstand
(Nouveaux essais sur l'entendement humain)

Entst. 1704, ersch. 1765 in Amsterdam/Leipzig

Wie kommt wahre Erkenntnis zustande? Wie viel tragen die Daten und Eindrücke dazu bei, die wir von der Außenwelt empfangen und bei der sinnlichen Wahrnehmung aufnehmen? Und wie viel steuern Verstand und Vernunft dazu bei? Dies war die vielleicht wichtigste und sicherlich meist diskutierte Frage in der Metaphysik und Erkenntnistheorie des 17. und 18. Jahrhunderts und heiß umstritten zwischen den sogenannten Rationalisten und Empiristen. Der Begründer des neuzeitlichen Rationalismus, René Descartes, hatte behauptet, Gott habe der menschlichen Vernunft sogenannte angeborene Ideen wie die Vorstellung von der Existenz Gottes oder der Unsterblichkeit der Seele eingepflanzt. Dem hatte sein empiristischer Gegenspieler, John Locke, geantwortet, dass nichts in unserem Verstand sein kann, was nicht vorher in den Sinnen war. Dessen *Abhandlung über den menschlichen Verstand* wies dem Verstand eine wesentlich kleinere Rolle im Erkenntnisprozess zu, als Descartes dies tat: Unser Verstand, so Locke, ist zunächst nichts anderes als eine »tabula rasa«, ein unbeschriebenes Blatt. Erst mit der Aufnahme von Sinnesdaten und nur mit ihrer Hilfe kommen wahre Erkenntnisse zustande. Angeborene Ideen gibt es für ihn nicht.

Leibniz' *Neue Abhandlungen über den menschlichen Verstand* sind eine direkte Antwort auf Locke und verteidigen den Anspruch der Vernunft, auch ohne Hilfe der Erfahrung Erkenntnisse hervorbringen zu können. Sie sind als Dialog angelegt zwischen »Philalethes«, der Lockes Position vertritt, und »Theophilus«, der, als Sprachrohr des Autors, Philalethes kritisiert.

Gegen Locke behauptet Leibniz, dass im Verstand sehr wohl etwas sei, was nicht vorher in den Sinnen war, nämlich der Verstand selbst. Dieser ist keineswegs mit einem unbeschriebenen Blatt zu vergleichen, sondern mit einer von Adern durchzogenen Marmorplatte. Sie scheint zunächst ganz glatt zu sein, doch bei näherem Hinsehen erkennen wir eine Struktur. Unser Verstand ist wie eine Matrix, auf der grundlegende Denkgesetze eingraviert sind, die aus der sinnlichen Erfahrung nicht abgeleitet werden können. Dazu gehören der Satz vom Widerspruch, nach dem ein Satz nicht zugleich wahr und falsch sein kann, und der Satz der Identität ($A = A$), nach der ein Begriff im Verlauf einer Denkoperation mit sich identisch bleibt. Für Leibniz sind dies nicht nur Grundsätze der Logik, sondern auch Sätze über die Welt: Ein Ding kann nicht zugleich sein und nicht sein, und jedes Ding bleibt mit sich identisch.

Wir sind uns zwar dieser angeborenen Wahrheiten nicht immer bewusst, machen aber von ihnen in jedem Erkenntnisprozess Gebrauch. Im Gegensatz zu diesen »Vernunftwahrheiten« stehen die sogenannten »Tatsachenwahrheiten«, die wir erst durch Erfahrung gewinnen. Sie sind in ihrer Geltung auf die Welt beschränkt, in der wir leben. Die Vernunftwahrheiten hingegen würden nach Leibniz auch in Welten gelten, die wir nicht kennen oder die noch gar nicht entstanden sind. Sie geben die ewigen Gesetze des Universums wieder. Als klassischer Rationalist glaubt Leibniz, dass Gott die Welt nach logischen Gesetzen geschaffen hat, an die er sich auch bei der Schaffung neuer Welten halten würde.

Die auf Französisch geschriebenen *Neuen Abhandlungen* wurden bereits 1704 fertiggestellt. Da Locke im gleichen Jahr starb, hielt Leibniz die Veröffentlichung aus Pietätgründen zurück. Erst mehr als 60 Jahre später wurden die *Neuen Abhandlungen* als eines der Hauptwerke des Rationalismus der Öffentlichkeit zugänglich. Die Vorstellung einer rationalen Durchdringung der Welt machte Leibniz zum Verbündeten der Aufklärung und ebnete den Weg für eine nicht-theologische Deutung der Welt. Die Idee der Vernunftwahrheiten erfuhr jedoch zunehmend Kritik, nicht zuletzt in Kants *Kritik der reinen Vernunft*.

**Monadologie** (Principes de la nature et de la grâce fondés en raison – Monadologie)

Jena 1720

Die Frage, ob es so etwas wie ein letztes, unteilbares »Ur-Teilchen« gibt, aus dem sich alles Wirkliche zusammensetzt, stand schon am Beginn der westlichen Philosophie.

Der frühgriechische Philosoph Demokrit gilt als Begründer der berühmten Lehre von den Atomen, den kleinsten materiellen Bausteinen der Welt. Eine andere, ebenso einflussreiche Lehre stammt von Aristoteles, nach der die Welt aus zahlreichen »Substanzen« besteht. Eine Substanz ist das, was an einem Ding immer identisch und unveränderlich bleibt. Diese Lehre von der Substanz wurde in der Neuzeit mehrfach aufgegriffen und verändert: Für René Descartes gab es nur noch zwei Substanzen, den Geist und die im Raum ausgedehnte Materie. Spinoza behauptete wiederum in seiner *Ethik*, die Wirklichkeit bestehe in Wahrheit nur aus einer einzigen Substanz, nämlich Gott, der mit der Natur identisch sei. Materie und Geist seien lediglich Attribute der einen Substanz.

Gottfried Wilhelm Leibniz, das Allroundgenie unter den Philosophen, ein Mann, der sich in Philosophie, Mathematik, Naturwissenschaften, Geschichte und Politik gleichermaßen sicher bewegte und überall bahnbrechende kreative Leistungen erbrachte, gab auf die Frage nach den Ur-Teilchen eine neue, originelle, aber sehr komplexe Antwort: Die letzten Einheiten der Wirklichkeit sind für ihn die sogenannten »Monaden«, abgeleitet vom griechischen »monás«, »Einheit«. Die Lehre von den Monaden, die den Kern seiner Metaphysik ausmacht, legte Leibniz in einer gerade einmal knapp über 20 Seiten langen, aus 90 kleinen Abschnitten bestehenden Schrift mit dem Titel *Monadologie* nieder.

Die Monaden sind einfache, unteilbare, von Gott geschaffene Substanzen. Sie liegen allen körperlichen Dingen zugrunde. Sie sind unendlich zahlreich wie die Atome und werden von Leibniz deshalb auch als die »wahrhaften Atome der Natur« bezeichnet. Gleichzeitig sind sie aber nichtmateriell und haben weder Ausdehnung noch Gestalt. Die wichtigste Eigenschaft einer Monade besteht darin, dass wir sie uns nicht als statische Wesen, sondern als lebendige, immer tätige und sich verändernde Energiezentren vorstellen müssen. Die Monaden sind die Seelen und damit das Lebensprinzip der körperlichen Wesen. Bereits Aristoteles hatte die These vertreten, dass in jedem Ding eine bestimmte Entwicklung angelegt ist, in der es zu seiner eigentlichen Gestalt findet. Auch die spezifische Eigenheit einer Monade liegt in dem Entwicklungsprinzip, dem sie folgt. Die ständigen Veränderungen der Monaden machen das Universum zu einem immer im Fluss befindlichen Prozess.

Die Kraft, die von einer Monade ausgeht, wirkt jedoch nicht auf andere Monaden. Jede Monade vollzieht ihre Entwicklung unabhängig von anderen und ist ein kleines Universum für sich. Sie ist, wie Leibniz sagt, »fensterlos«. Zwischen den Monaden gibt es keine physikalische, wohl aber eine »ideale« Beziehung, d.h. eine Beziehung, die nicht von ihnen selbst, sondern von Gott hergestellt wird. Sowohl die von Gott geschaffene Ordnung zwischen den Monaden als auch die Beziehung zwischen den Monaden und den ihnen zugehörigen Körpern ist eine ewige und vollkommene Ordnung.

Obwohl sich in jeder Monade auch das Universum im Ganzen spiegelt, haben nicht alle Monaden die gleiche Komplexität. Anlehnend an die von der christlichen Theologie behauptete Rangordnung der Wesen gibt es eine Hierarchie von Monaden: An der Spitze steht die göttliche Monade, es folgen die Monaden der vernunftfähigen Wesen (Menschen), die Monaden der wahrnehmungs- und empfindungsfähigen Wesen (Tiere) und schließlich die Pflanzenmonaden.

Die *Monadologie* ist in all ihrer Knappheit ein anspruchsvoller Text. Die faszinierende Mischung von hochkomplexer philosophischer Argumentation und einem

Hauch von Science-Fiction hat die Metaphysik bis in die Moderne kreativ beeinflusst (prominente Beispiele sind Edmund Husserls Phänomenologie oder Alfred N. Whiteheads Hauptwerk *Prozess und Realität*).

## Giambattista Vico
1668–1744

**Prinzipien einer neuen Wissenschaft von der gemeinschaftlichen Natur der Völker** (Principi di una scienza nuova d'intorno alla comune natura delle nazioni)
Neapel 1725

In der Philosophie der Neuzeit trugen zwischen 1600 und 1800 zahlreiche Werke den Begriff »Prinzipien« im Titel. Im Zuge der sich stürmisch entwickelnden empirischen Wissenschaften sah man sich zunehmend vor die Herausforderung gestellt, den wissenschaftlich gewonnenen Erkenntnissen eine philosophische Grundlage zu geben. Den einflussreichsten Versuch einer solchen Begründung unternahm im 17. Jahrhundert René Descartes, der in seinen Werken, darunter seinen *Meditationen* und *Prinzipien der Philosophie*, die Grundsätze allen Wissens im Bewusstsein des menschlichen Geistes von sich selbst suchte, bis er auf sein oberstes, unbezweifelbares Prinzip stieß: »Ich denke, also bin ich.« Von diesem leitete er, nach dem Vorbild mathematischer Axiome, alle anderen Grundsätze des Wissens ab. Descartes wurde zum Begründer eines Rationalismus, der nur die durch Klarheit und Deutlichkeit ausgezeichnete Verstandeserkenntnis als wahre Erkenntnis akzeptierte und sich auf jenes Wissen konzentrierte, das wir heute der Naturwissenschaft zuordnen.

Das Hauptwerk des italienischen Philosophen Giambattista Vico, *Prinzipien einer neuen Wissenschaft von der gemeinschaftlichen Natur der Völker*, kann in vielerlei Hinsicht als Gegenprojekt zu Descartes' Rationalismus gelesen werden. Vico war in die Schule des italienischen Humanismus gegangen und hatte sich mit Sprachen, Literatur, Recht und Geschichte beschäftigt, also mit Wissensgebieten, in denen nicht nur rationale, sondern auch intuitive und sinnliche Erkenntnisformen eine Rolle spielen. Dabei war er auf ein ganz anderes, unbezweifelbares Prinzip gestoßen, dass nämlich der Mensch nur das erkennen kann, was er selbst hervorgebracht hat. Dies ist aber gerade nicht die von Gott geschaffene Natur, sondern die Geschichte des Menschen und seiner Kultur. Deshalb ist die Wissenschaft von der Geschichte und nicht die Naturwissenschaft für Vico die einzig mögliche exakte Wissenschaft. Entsprechend ist es das Ziel der *Neuen Wissenschaft*, dem historischen Wissen eine philosophische Grundlage zu geben. Vico will die typischen Entwicklungsmuster rekonstruieren, denen die menschliche Kulturgeschichte folgt. Die Schrift soll, so Vico, »eine ewige ideale Geschichte darstellen«. Sie wird damit zur ersten großen Geschichts- und Kulturphilosophie der Neuzeit.

Vico stellt eine Analogie her zwischen den Stufen, die den Erkenntnisprozess des Individuums kennzeichnen – nämlich Wahrnehmung, Einbildungskraft und Vernunft – und den aufsteigenden Phasen der menschlichen Geschichte. Der Wahrnehmung entspricht das Zeitalter der Götter, ein Zustand, in dem die Menschen sich auf das Überleben konzentrieren und sich politisch in einer Theokratie organisieren. Der Einbildungskraft entspricht das Zeitalter der Heroen, in dem der Mensch poetisch-mythische Weltbilder entwirft und aristokratische Herrschaftsformen entwickelt. Der Vernunft schließlich entspricht das Zeitalter der Menschen selbst, da der Mensch hier zu einer rationalen Weltdeutung findet und sich in bürgerlichen Republiken organisiert.

Für Vicos Geschichtsauffassung ist charakteristisch, dass die entscheidenden Wahrheiten nicht im Laufe der Geschichte offenbar werden, sondern bereits an ihrem Beginn feststehen. Sie äußern sich dabei allerdings nicht in rationaler, sondern in bildlich-poetischer Form, in einer Art »kindlicher Metaphysik«. Deshalb sind für ihn die geschichtlichen Anfänge einer Kultur von besonderer Bedeutung. Entgegen dem Fortschrittsdenken der Aufklärer glaubt Vico, dass den aufsteigenden Phasen immer auch solche des Verfalls folgen, dass die Geschichte sich also zyklisch und nicht linear entwickelt. Indem er diesen zyklischen Verlauf als Ausdruck der Vorsehung Gottes begreift, gibt er seiner Geschichtsphilosophie auch eine theologische Bedeutung.

Vicos *Neue Wissenschaft* ist ein umfangreiches und materialreiches Buch, das einige Zeit für die Lektüre erfordert. Das im Gegensatz zur einflussreichen Fortschrittsphilosophie der Aufklärung und des 19. Jahrhunderts stehende Werk erfuhr erst im 20. Jahrhundert größere Aufmerksamkeit, so durch Benedetto Croce oder in Hans-Georg Gadamers Neubegründung der Hermeneutik als einer Theorie geisteswissenschaftlicher Erkenntnis.

# Charles de Montesquieu
1689–1755

**Vom Geist der Gesetze** (De l'esprit des lois)
Genf 1748

Zwanzig Jahre, so bekannte Montesquieu später, habe er an seinem Hauptwerk gearbeitet. Trotz der riesigen Menge Stoff, die aus der Rechtsgeschichte, der politischen Philosophie, der Religionsgeschichte, der Geographie und anderen Disziplinen in das Buch eingeflossen sind, ist eines der wichtigsten Werke der politischen Philosophie der Aufklärung ein Torso geblieben.

Europäische Berühmtheit erlangte *Vom Geist der Gesetze* aber vor allem durch eine kurze Passage im 6. Kapitel des 11. Buches, in der sich Montesquieu über die »Verfassung Englands« äußert. England galt seit der Einführung der konstitutionellen Monarchie in der sogenannten Glorreichen Revolution von 1688/89 als das Land mit der aufgeklärtesten politischen Kultur in Europa. Freiheit, so Montesquieu mit Blick auf die englischen Verhältnisse, gebe es nur dann, wenn die gesetzgebende Gewalt von der vollziehenden Gewalt getrennt bleibe und diese beiden wiederum von der richterlichen Gewalt geschieden würden.

Diese Forderung nach Trennung von Legislative, Exekutive und Judikative, die uns heute als Theorie der Gewaltenteilung geläufig ist, entsprach aber keineswegs der Verfassungswirklichkeit in England. Sie ging auch über John Lockes *Zweite Abhandlung über die Regierung* von 1690 hinaus, an die Montesquieu anknüpft, in der aber nur eine Trennung von Legislative und Exekutive verlangt wurde. Montesquieu hatte in Wahrheit die Fundamente eines Hauses gezeichnet, das es noch gar nicht gab, nämlich des modernen Rechtsstaats, in dem die politischen

Institutionen sich in ihrer Macht gegenseitig beschränken und kontrollieren.

Doch das Werk bietet weit mehr als eine grundsätzliche Kritik am Absolutismus. Montesquieu will nämlich einen Mittelweg finden zwischen einem Relativismus, für den keine politische Verfassung auf ein anderes Land übertragbar ist, und einem Universalismus, der die Geltung bestimmter Rechtsprinzipien für alle möglichen Verhältnisse fordert. Deshalb versucht er eine politische Theorie zu formulieren, die die Besonderheiten eines jeden Landes mit der Forderung nach Freiheit verbindet.

Montesquieu fordert die Berücksichtigung nationaler Besonderheiten. Die Bürger können sich nur dann mit dem Gemeinwesen identifizieren, wenn ihre Traditionen respektiert werden. Die aus den klimatischen Bedingungen, den rechtlichen und religiösen Traditionen sowie den Sitten und Gebräuchen hervorgehende Geisteshaltung eines Volkes nennt er »esprit général«, d.h. »Gemeingeist« oder »allgemeiner Geist«. Die politische Organisation eines Landes sollte diesem Gemeingeist entsprechend gestaltet werden. Dies geschieht jedoch vollständig nur in einer bestimmten Regierungsform, der Republik, die aber nicht überall die gleichen Chancen hat, verwirklicht zu werden.

Montesquieu unterscheidet zwischen drei Regierungsformen, die jeweils auf unterschiedlichen politischen Tugenden aufbauen und von unterschiedlichen Haltungen des Bürgers getragen werden: Er nennt die Despotie, die auf Furcht, die Monarchie, die auf der Ehre, und die Republik, die auf dem Patriotismus als zentraler politischer Tugend beruht. In den gemäßigten Klimaten des Okzidents haben die freieren Regierungsformen Monarchie und Republik bessere Chancen, während die heißen Klimate des Orients zur Einrichtung der Despotie neigen. Ideal für die Verwirklichung einer Republik sind aber nur die kleineren Stadtstaaten, während für die größeren Flächenstaaten die Monarchie geeigneter scheint.

Deshalb plädierte Montesquieu, der Länder wie Frankreich und England im Auge hatte, für eine auf dem Gemeingeist aufbauende Monarchie, in der eine gemischte Verfassung herrscht. Neben der Gewaltenteilung bedeutet dies vor allem eine Abkehr vom Zentralismus und eine Stärkung der zwischen König und Bürgertum vermittelnden Schicht der Aristokratie. Freiheit des Bürgers ergibt sich für Montesquieu aus einer Machtbalance sowohl zwischen den sozialen Schichten als auch zwischen den Institutionen.

*Vom Geist der Gesetze* bietet eine gewaltige Stofffülle. Montesquieus Lehre, dass die Verwirklichung von Freiheit sich in einer Mischung sich gegenseitig kontrollierender Institutionen abbilden muss, findet sich bei Alexis de Tocqueville wie auch in den modernen Demokratietheorien Hannah Arendts und Karl Poppers wieder.

## David Hume
1711–1776

### Untersuchung über den menschlichen Verstand
(An Enquiry Concerning Human Understanding)
London 1748

Eigentlich war es der zweite Anlauf: Einige Jahre zuvor hatte Humes *Traktat über die menschliche Natur*, in dem er bereits einige seiner wichtigsten philosophischen Thesen formuliert hatte, beim Publikum kaum Resonanz gehabt. Nun wählte er anstelle des akademischen Traktats die lockere essayistische Form und gruppierte seinen Stoff um, indem er sich auf erkenntnistheoretische und religions-philosophische Fragen konzentrierte. Das Ergebnis, die *Untersuchung über den menschlichen Verstand,* wurde zum bedeutendsten erkenntnistheoretischen Werk der britischen Aufklärung.

Hume knüpft an die von Francis Bacon, John Locke und George Berkeley begründete Tradition des britischen Empirismus an, die die Existenz reiner Vernunftwahrheiten leugnete und die daran festhielt, dass alle Erkenntnis ihren Ursprung in der Erfahrung hat. Seine eigenen Folgerungen aus dieser These waren jedoch so radikal, dass sie die Idee einer sicheren Erkenntnis und das Selbstverständnis der neuzeitlichen Naturwissenschaften insgesamt in Frage stellten. Humes Empirismus mündete schließlich in einen Skeptizismus.

Locke war in seinem *Versuch über den menschlichen Verstand* von einem leeren Bewusstsein, einer »tabula rasa«, ausgegangen, das wir durch Wahrnehmungen auffüllen. Aus ihnen bilden wir komplexe Vorstellungen. Wie schon Francis Bacon glaubte Locke an die Gültigkeit des sogenannten induktiven Schlusses, der es uns erlaubt, aus einer Reihe von Einzelbeobachtungen ein allgemeines Gesetz abzuleiten.

Auch für Hume entsteht alle Erkenntnis aus Daten, die wir aus der Außenwelt aufnehmen: Er unterscheidet zwischen zwei Arten von »Perzeptionen«, also Wahrnehmungen, nämlich den unmittelbaren, deutlichen »Eindrücken« der Sinne und den minder deutlichen »Vorstellungen«, die sich zu den Eindrücken wie ein Abbild zu seinem Urbild verhalten und die wir zu komplexen Vorstellungen verbinden können. Unsere Wirklichkeit als einheitliche Vorstellungswelt entsteht, indem wir Vorstellungen durch Assoziation miteinander verknüpfen.

Dies berechtigt uns aber nicht dazu, auf eine notwendige, also kausale Beziehung zwischen Ursache und Wirkung zu schließen. Wenn eine rollende Billardkugel wiederholt durch einen Zusammenstoß eine zweite Kugel in Bewegung setzt, so liegt hier nicht mehr als die Erfahrung einer wiederholten zeitlichen Abfolge vor. Unser gesamtes wissenschaftliches Weltbild, das uns erlaubt, von etwas, das wir als regelmäßig auftretend beobachten, auf etwas Unbeobachtetes, nämlich auf das zukünftige Auftreten des gleichen Phänomens, zu schließen, beruht nach Hume lediglich auf der Gewohnheit, mit der wir die Gleichheit der Umstände mit der Gleichheit der Folgen verbinden. So berechtigt uns die Beobachtung, dass jeden Morgen die Sonne aufgeht, nicht, auf ein Naturgesetz zu schließen, das uns erlauben würde, den morgigen Sonnenaufgang sicher vorauszusagen.

Mit dem kritischen Instrument der Widerspruchsfreiheit und dem Bezug zur Erfahrung geht Hume auch an die Religionskritik: Die Erfahrung mit dem Bösen, dem Leider und den Katastrophen in der Welt erlauben es seiner Meinung nach nicht, einen göttlichen Urheber und weisen Baumeister anzunehmen, der alles in der Welt zum Bester geordnet hat. Damit wendet sich Hume gegen den »teleologischen« (von griech. »télos« = Zweck) Gottesbeweis, der von der zweckgerichteten Weltordnung auf Gott schließt. Auch für angebliche Wunder, für Ereignisse also, die jenseits der Naturgesetze stehen, gibt es nach Hume keine glaubwürdigen Zeugen.

Humes *Untersuchung* ist einer der großen Klassiker der Philosophie und kann aufgrund ihrer großen sprachlichen Klarheit und ihrer bis heute nachwirkenden Argumente jedem als ideale philosophische Einführung empfohlen werden. Berühmt wurde die Aussage Kants, Hume habe ihn aus seinem »dogmatischen Schlummer« geweckt. Aufbauend auf Hume begründete Karl Popper im 20. Jahrhundert die moderne Wissenschaftstheorie.

# Julien Offray de La Mettrie
1709–1751

**Der Mensch als Maschine** (L'homme machine)
Leiden 1748

Den Spitznamen »Monsieur Machine« handelte sich La Mettrie bereits bei seinen Zeitgenossen ein. Die These, dass der Mensch nichts anderes als eine Maschine sei, erscheint vielen bis heute als eine Zumutung. Doch bereits 100 Jahre vor La Mettrie hatte René Descartes, Mathematiker, Naturwissenschaftler und einer der großen Erneuerer der neuzeitlichen Philosophie, komplexe organische Wesen wie Tiere als »Maschinen« bezeichnet – und damit das Selbstverständnis des neuen mechanistischen Weltbildes zum Ausdruck gebracht: Danach ist die gesamte Natur eine Ansammlung von elementaren Teilchen, die den Gesetzen der Mechanik gehorcht, d. h. durch Druck und Stoß in Bewegung gehalten und verbunden wird. Hinter diesen Gesetzen steht dabei die ordnende Hand Gottes. Eine Sonderrolle spielt für Descartes der Mensch: Er hat neben seiner körperlichen Existenz noch eine vom Körper unabhängige, unsterbliche Seele, die ihn in besonderer Weise mit Gott verbindet. Körper und Geist bleiben für Descartes zwei unterschiedliche, voneinander unabhängige Substanzen.

*Der Mensch als Maschine* entwickelt das von Descartes propagierte mechanistische Weltbild bis zur letzten Konsequenz fort. La Mettrie kommt dabei allerdings ohne Gott aus und lehnt jede Art von nicht-materieller Substanz ab. Als ausgebildeter und praktizierender Arzt hatte er einen empirisch-wissenschaftlichen Zugang zur Welt und knüpfte in seinen philosophischen Thesen eng an die Erfahrungen an, die er mit der Anatomie und dem Verhalten des menschlichen Körpers gemacht hatte. Er lehnte jede Philosophie ab, die glaubte, auf dem Weg der reinen, von Erfahrung unabhängigen Vernunft zu Erkenntnissen gelangen zu können.

Auch die menschliche Seele ist für ihn Resultat komplexer Körperfunktionen. Anhand zahlreicher Beispiele versucht er zu belegen, wie sich Temperament und seelische Zustände auf körperliche Ursachen zurückführen lassen. Es sind sinnliche, von unserer Einbildungskraft aufgenommene Vorstellungen, auf denen alle unsere geistigen Aktivitäten, inklusive die der Sprache, aufbauen. Erkenntnistheoretisch nimmt La Mettrie hier Thesen auf, wie sie Ende des 17. Jahrhunderts John Locke in seinem *Versuch über den menschlichen Verstand* entwickelt hatte.

Für La Mettrie lassen sich alle Bewusstseinsprozesse auf solche sinnliche Erfahrungen des Menschen mit seiner Umwelt zurückführen. Er glaubte, dass nur die Unkenntnis natürlicher, materieller Ursachen uns dazu verleitet, auf Konstrukte wie »Gott« oder »unsterbliche Seele« zurückzugreifen. Man braucht diese Konstrukte auch nicht, um moralische Empfindungen und Urteile zu erklären, denn solche Empfindungen gibt es nach La Mettrie auch bei den Tieren, die aber entsprechend Descartes' Meinung gar keine Seele haben. Auch sie zeigen, so La Mettrie, nach moralisch bösen Handlungen Schuld und Reue. Mensch und Tier sind somit gleichermaßen den Naturgesetzen unterworfene Maschinen. Dabei zeichnet sich die »Maschine Mensch« lediglich durch ihre etwas größere Komplexität aus. Doch gibt es bei ihnen keinen vom Körper unabhängigen Geist, der sie steuert.

Dieses materialistische und naturalistische, d. h. ausschließlich aus den Naturgesetzen erschlossene Menschenbild barg enormen Zündstoff in einer Welt, in der die Kirche noch mächtig war, Dogmen der christlichen Theologie eine große Rolle spielten und selbst erklärte Aufklärer und Kirchengegner wie Voltaire oder Diderot an dem Gedanken einer unbezweifelbaren Existenz eines Gottes festhielten. Entsprechend heftig waren die Reaktionen: La Mettrie musste sich nicht nur aus Frankreich, sondern auch aus den Niederlanden, wo sein Buch erschienen war, absetzen und wurde am Hof Friedrichs II. in Potsdam aufgenommen. Aber auch dort galt er als philosophischer Hofnarr.

In Wahrheit ist La Mettrie der wahre Vater und konsequenteste Vertreter des Materialismus in der europäischen Aufklärung. Obwohl vielfach verketzert und denunziert, hat sein lesbares, als philosophisches Pamphlet verfasstes Werk gerade in der Gegenwart neue Bedeutung bekommen. Auch die zeitgenössische Anthropologie arbeitet mit kybernetischen Regelkreislauf-Modellen, in denen menschliche Gehirne als informationsverarbeitende Maschinen und seelisch-geistige Zustände als Gehirnzustände begriffen werden.

# Voltaire

1694–1778

## Candide oder der Optimismus (Candide ou l'optimisme)

Genf 1759

Als am 1. November 1755 Lissabon durch ein verheerendes Erdbeben zerstört wurde und die für die damalige Zeit ungeheure Zahl von 30 000 Menschen umkamen, hatte dies für die Zeitgenossen eine ähnlich weit reichende Wirkung wie der Angriff auf das World Trade Center im Jahr 2001. Für Voltaire, den scharfzüngigen französischen Aufklärer und Kritiker der absolutistischen Gesellschaft, bedeutete dieses Ereignis die endgültige Abkehr von dem optimistischen Weltbild, wie es von den Rationalisten seit dem 17. Jahrhundert vertreten wurde. Diese hatten behauptet, unserer Welt liege eine von Gott geschaffene, rationale und der menschlichen Erkenntnis zugängliche Vernunftordnung zugrunde. Die populäre Formel für diesen Optimismus hatte Leibniz in seiner 1710 erschienenen *Theodizee* gegeben, als er von der »besten aller möglichen Welten« sprach. In den 1756, ein Jahr nach dem Lissabonner Unglück, verfassten Zeilen: »In diesem Schauspiel Welt, das eitel ist und bös, schwärmt kranker Narren Schar und faselt noch vom Glück«, richtete sich Voltaire bereits gegen Leibniz und diejenigen, die die Welt schönreden wollten. Dadurch fühlte sich nun auch sein Zeitgenosse und Rivale Jean-Jacques Rousseau angegriffen, der für die Schäden des Lissabonner Erdbebens die Mängel der Zivilisation verantwortlich gemacht hatte.

Doch die berühmteste und folgenreichste Abrechnung sowohl mit der heilen Naturwelt Rousseaus als auch mit dem Leibnizschen Optimismus legte Voltaire 1759 mit seiner philosophischen Erzählung *Candide* vor. Der in einem westfälischen Schloss lebende Candide tritt der Welt in dem naiven Glauben gegenüber, in ihr sei alles zum Guten bestellt. Angeleitet wird er in diesem Glauben von dem Hofmeister Pangloss, dem Lehrer der »metaphysisch-theologischen Kosmologie« und dem »tiefsten Metaphysiker Deutschlands«, wie Candide ihn nennt – einem unbeirrbaren Verkünder des Optimismus, in dem unschwer eine Verballhornung eines Rationalismus à la Leibniz erkennbar ist. Für Pangloss ist in der Welt alles zweckmäßig geordnet: Die Nasen sind dazu da, um Brillen zu tragen, und die Schweine dafür, um von den Menschen verzehrt zu werden.

Verliebt in die Tochter des Hauses, Kunigunde, und ausgestattet mit der Philosophie des Pangloss, sieht sich Candide zunächst im irdischen Paradies. Doch als man seine heimliche Liebe entdeckt, ihn aus dem Schloss jagt und er wenig später von bulgarischen Soldaten überfallen wird, beginnt seine Irrfahrt, auf der er alle Widrigkeiten des Schicksals erlebt und auch immer wieder, unter wechselnden Umständen, auf Pangloss und Kunigunde trifft.

Dabei stößt sich der gutgläubige Candide an einer Welt, die sich nicht den optimistischen Erwartungen fügt. Mehrmals entgeht er nur knapp dem Tod. Er erlebt das Erdbeben von Lissabon, flieht vor der Inquisition nach Südamerika, lernt die Sklaverei in den karibischen Zuckerrohrplantagen kennen, kommt zurück nach Europa und landet schließlich, auf dem Weg über Frankreich, England und Venedig, in Konstantinopel. Unterwegs macht er die Bekanntschaft des Gelehrten Martin, der als pessimistischer Widerpart des Pangloss glaubt, dass die Welt von einem bösen Dämon beherrscht wird. Am Ende steht das Zusammentreffen aller Hauptpersonen, die sich auf ein Landgut zurückziehen, um Candides berühmtem Schlusssatz zu folgen: »Wir müssen unseren Garten bebauen.« An der Stelle optimistischer Illusionen stehen nun Realismus, Bescheidenheit und die Arbeit als Mittel, um Langeweile, Laster und Not zu überwinden.

Voltaire, der *Candide* innerhalb von drei Tagen niederschrieb und das Buch als eine seiner Nebenarbeiten ansah, konnte nicht ahnen, dass es die populärste aller seiner Schriften werden sollte und bis heute als sein Meisterwerk gilt. Die höchst anschauliche, Erzählkunst und philosophische Reflexion verbindende Novelle, von Schopenhauer als »unsterblich« gepriesen, legt Zeugnis dafür ab, dass die Aufklärung nicht zwangsläufig mit einer optimistischen Weltsicht verbunden war.

## Jean-Jacques Rousseau

1712–1778

**Émile** (Émile)

Amsterdam/Paris 1762

Rousseaus philosophischer Erziehungsroman unternimmt den Versuch, die Devise »Zurück zur Natur« an einem pädagogischen Laborversuch zu demonstrieren. Ganz neu war der Gedanke einer »natürlichen Erziehung« nicht: Der englische Aufklärungsphilosoph John Locke hatte ihn schon in seinen 1693 erschienenen *Gedanken über die Erziehung* formuliert. Anders als Locke ging es Rousseau aber nicht mehr um die reformierte Erziehung des adligen Gentleman, sondern um den »natürlichen« Menschen jenseits der Standesschranken. »In der natürlichen Ordnung sind alle Menschen gleich; ihre gemeinsame Berufung ist: Mensch zu sein«, heißt es bereits im ersten Kapitel des *Émile*.

Wie nirgends sonst zeigt sich der aus dem calvinistischen Genf stammende Rousseau hier als Querdenker der Aufklärung: Zwar geht es um den Abbau standesgesellschaftlicher Vorurteile, aber auch um eine grundsätzliche Kritik an der Zivilisation. Rousseau verbindet, im Gegensatz zu vielen Aufklärern, ein positives Menschenbild mit einem Fortschrittspessimismus. Das, was er in seiner 1750 erschienenen *Rede über die Wissenschaft und Künste* programmatisch formuliert hatte, nämlich die Abkehr von der Sittenverderbnis, die der angebliche zivilisatorische Fortschritt über die Menschen gebracht habe, wird in der Figur des Émile anschaulich eingelöst: Der natürliche Mensch ist gut, verdorben wird er durch die Gesellschaft. Ziel der Erziehung muss es also sein, den »natürlichen« Menschen wachsen und hervortreten zu lassen und die schädlichen Einflüsse der Gesellschaft möglichst lange von ihm fernzuhalten.

Deshalb wird die Hauptfigur, der Zögling Émile, unter Leitung eines nur wenig älteren Erziehers auf einem von jedem gesellschaftlichen Einfluss abgeschotteten Landgut großgezogen. Zwischen Erzieher und Zögling besteht ein partnerschaftliches Verhältnis. Revolutionär war der Gedanke, dass vor der intellektuellen Erziehung die anschauliche, sinnliche Erziehung stehen muss, in der die eigene Erfahrung mit den Dingen im Mittelpunkt steht. Deshalb spielt auch die freie Entfaltung körperlicher Fähigkeiten eine große Rolle. Das intellektuelle Begreifen muss auf dem sinnlichen Begreifen aufbauen. Erst mit dem 15. Lebensjahr wird dem Zögling die Welt der Bücher zugänglich gemacht. Aber auch dann wird noch streng ausgewählt: Bücher dürfen nicht nur erfreuen, sie müssen lehrreich und nützlich sein.

Das Nützlichkeitsgebot fügt sich ein in die von bürgerlich-puritanischen Wertvorstellungen geprägte Ethik Rousseaus: Émile soll ein keusches und mäßiges Leben führen, jeder Luxus wird abgelehnt. Seinen Status als Bürger muss er sich mit nützlicher, werteschaffender Arbeit erarbeiten: Deshalb erlernt Émile zunächst den Tischlerberuf. Erst mit 20 Jahren macht er Bekanntschaft mit dem weiblichen Geschlecht. Seine tugendsame zukünftige Partnerin Sophie wird für ihn ausgewählt.

In das Buch eingeschoben ist Rousseaus berühmtes »Glaubensbekenntnis eines savoyischen Vikars«, in dem er für eine Vernunftreligion eintritt, die sich unabhängig von den unterschiedlichen Riten und Konfessionen an den philosophischen Kern religiöser Überzeugungen hält, d.h. an die Existenz Gottes, die Unsterblichkeit der Seele und die Willensfreiheit des Menschen.

An diesem kirchenkritischen »Glaubensbekenntnis« entzündete sich auch die politische Verfolgung, die Rousseau nach Erscheinen der Schrift erdulden musste. Für die Pädagogik jedoch bedeutete *Émile* eine Revolution: Das

Konzept einer Persönlichkeitsentwicklung als Entfaltung natürlicher Fähigkeiten prägt bis heute unsere Vorstellung von Erziehung. Von Rousseau als sein wichtigstes Buch bezeichnet, hat *Émile* über die Pädagogik hinaus auch auf die philosophische Anthropologie, Literatur und Politik gewirkt. Auch die Kritik Voltaires an den pädagogischen Ambitionen seines Rivalen, der seine Kinder tatsächlich in ein Findelhaus gesteckt hatte, tat der Wirkung des Buches keinen Abbruch. Die Anhänger der Französischen Revolution erkannten in Émile den Bürger einer Gesellschaft, die auf den Ideen der Freiheit, Gleichheit und Brüderlichkeit aufgebaut war.

## Vom Gesellschaftsvertrag oder Prinzipien des Staatsrechtes

(Du contrat social ou principes du droit politique)

Amsterdam 1762

Rousseaus *Gesellschaftsvertrag* entstand parallel zu seinem philosophischen Erziehungsroman *Émile*. Beide sind Teil der radikalen Kultur- und Zivilisationskritik Rousseaus, die in der These gipfelt, der Mensch sei von natürlicher Freiheit zu einer durch die Gesellschaft verursachten Sklaverei herabgesunken. »Der Mensch wird frei geboren, aber überall liegt er in Ketten« – so lautet der berühmte erste Satz des ersten Kapitels des *Gesellschaftsvertrags*. Während sich *Émile* mit dem Entwurf einer neuen, naturgemäßen Erziehung des Individuums beschäftigt, geht es im *Gesellschaftsvertrag* um den Entwurf einer gesellschaftlichen Ordnung, die die Freiheiten und Rechte des Menschen sichert.

Ein neues Modell, nämlich das Modell des Gesellschaftsvertrags, war im 17. Jahrhundert vom englischen Philosophen Thomas Hobbes in die neuzeitliche Philosophie eingeführt worden, um politische Macht auf rationale Art zu rechtfertigen. Danach sind aufgrund ihres Selbsterhaltungs-triebs die Menschen genötigt, aus einem anarchischen Na-turzustand herauszutreten und ihre Rechte und Freiheiten einem mit allen Machtmitteln ausgestatteten Souverän zu übertragen, da nur dieser ein friedliches Zusammenleben garantieren kann.

Bei John Locke erhielt dieses Modell eine liberale, auf-klärerische Deutung: Danach haben die Menschen bereits im Naturzustand unveräußerliche Rechte auf Leben, Frei-heit und Besitz. Aufgabe des Staates ist es für Locke, diese Rechte zu sichern, wobei der Legislative, dem Parlament, das Recht zugesprochen wird, die Exekutive, also die Regie-rungsgewalt, zu kontrollieren.

Rousseau verwendet Elemente aus beiden Konzeptio-nen. Von Hobbes übernimmt er die Idee einer umfassenden souveränen Macht. Die Bürger schließen im Naturzustand einen Urvertrag, in dem der Wille aller (»volonté de tous«) sich zu einem Gemeinwillen (»volonté générale«) vereinigt. Zwar darf im *Gesellschaftsvertrag*, anders als bei Hobbes, die Souveränität nicht vom Volk auf einen Herrscher über-tragen werden. Doch der Gemeinwille, in dem die unteilbare und unveräußerliche Souveränität, das wahre Interesse des Gemeinwesens und damit die Legitimität des Staates sich zeigt, gibt dem Staat bei Rousseau ähnlich weitreichende Machtbefugnisse wie dem Herrscher bei Hobbes. Der Ge-meinwille ist so definiert, dass er sich niemals irren kann und der Bürger sich ihm mit seinen individuellen Ansprü-chen und Interessen völlig unterwerfen muss. Wer sich ge-gen den Gemeinwillen stellt, stellt sich damit in Wahrheit gegen seine eigenen wahren Interessen und kann im Ex-tremfall sogar zum Tode verurteilt werden. »Der Gesell-schaftspakt«, so Rousseau, gibt »dem Sozialkörper absolute Macht über seine Glieder.« Wie bei Hobbes ist bei Rousseau ein berechtigter Konflikt zwischen individuellen Bürgerinteressen und den Interessen des Staates oder gar ein Widerstandsrecht gegen den Staat als Verkörperung des Gemeinwillens nicht vorgesehen.

Doch im *Gesellschaftsvertrag* sind auch, in Anlehnung an Locke, Fundamente des demokratischen Rechtsstaats sichtbar: Der Vertrag schafft einen Staat, der an Gesetze gebunden ist (für den Rousseau den Begriff »Republik« verwendet) und wie bei Locke das Gemeinwohl und die Sicherung unverlierbarer Rechte zum Ziel hat. Auch Rousseau schreibt die Gewaltenteilung zwischen Legislative (Gesetzgebung) und Exekutive (ausübende staatliche Gewalt) fest. Kirche und Staat sollen voneinander getrennt werden und die staatliche an die Stelle der kirchlichen Eheschließung treten. Allerdings schwebt Rousseau eine Art »ziviler Religion« vor, die auf Vernunftprinzipien beruht und die Moral und Staatstreue des Bürgers stärkt. Eine solche hatte er auch schon im *Émile* in dem »Glaubensbekenntnis eines savoyischen Vikars« skizziert.

Rousseaus *Gesellschaftsvertrag* vereinigt, wie einige Jahrzehnte später das *Kommunistische Manifest*, politische Pamphletistik mit philosophischer Argumentation. Mit dem Begriff des Gemeinwillens als Träger der Souveränität wird hier das Konzept der Volkssouveränität entwickelt, das in der Französischen Revolution, aber auch bei Kant, Hegel und Marx einflussreich war und in der Theorie der Demokratie bis heute eine zentrale Rolle spielt.

# Immanuel Kant

1724–1804

## Kritik der reinen Vernunft

Riga 1781

Als der Königsberger Professor Immanuel Kant 1781 sein Hauptwerk veröffentlichte, beendete er einen über ein Jahrzehnt dauernden, quälenden Problemlösungsprozess. Mehrmals hatte er das Buch angekündigt, die Fertigstellung des Manuskripts jedoch immer wieder verschoben. Als es schließlich erschien, leitete es eine der bahnbrechenden Umwälzungen im philosophischen Denken ein.

Kant war der Meinung, dass wir die Welt, so wie sie wirklich ist, niemals als solche erkennen können. Das, was wir »Erkenntnis« nennen, ist ein Prozess, an dem zwei Seiten beteiligt sind, nämlich die Eindrücke und Erfahrungen, die wir von der Außenwelt aufnehmen, und die Erkenntniswerkzeuge, die wir selbst mitbringen und mit denen wir diese Daten verarbeiten. Nur in dieser verarbeiteten Form, als »Erscheinungswelt« und nicht als »Ding an sich«, gibt es verlässliche Erkenntnis.

Damit hatte Kant einen Kompromiss in der seit dem 17. Jahrhundert geführten Debatte zwischen Rationalismus und Empirismus formuliert. Die Vertreter des Rationalismus hielten die Vernunft für fähig, aus sich heraus, also ohne aus der Erfahrung zu schöpfen, sichere Erkenntnisse hervorzubringen. Zu diesen »Vernunftwahrheiten« gehörten auch die Existenz Gottes, die Unsterblichkeit der Seele und die menschliche Willensfreiheit. Empiristen wie David Hume bestritten die Existenz solcher Vernunftwahrheiten und verwiesen auf die Erfahrungsabhängigkeit von Erkenntnis.

Kant wurde, wie er sagte, von Hume aus seinem »dogmatischen Schlummer« geweckt und entwickelte das Projekt, die »reine« Vernunft einer Kritik zu unterwerfen und die Grenzen gesicherter Erkenntnis neu zu ziehen. Er teilte die Ansicht des Empirismus, dass es ohne Erfahrung keine Erkenntnis geben könne, hielt aber an der Möglichkeit fest, die Metaphysik auf eine gesicherte, d. h. wissenschaftliche Grundlage zu stellen. Kants Vorbild für Wissenschaftlichkeit waren die Mathematik und die Newtonsche Physik. Hier fand er, was er suchte, d. h. Erkenntnisse, die für die Erfahrung Gültigkeit haben, ohne aus ihr abgeleitet zu sein.

Kants Lösung bestand in seiner Theorie der Erkenntnisformen, die uns als Werkzeuge der Erkenntniserzeugung dienen. Dabei unterschied er drei Erkenntnisvermögen voneinander, nämlich sinnliche Anschauung, Verstand und Vernunft. Die sinnliche Anschauung produziert Wahrnehmungen, die vom Verstand mit Hilfe von Begriffen strukturiert werden. Dies geschieht durch die reinen Anschauungsformen, nämlich Raum und Zeit, und die sogenannten »reinen Verstandesbegriffe« wie z. B. Ursache und Wirkung, Substanz, Qualität oder Quantität. Raum, Zeit und das Gesetz von Ursache und Wirkung sind also nicht etwas »Reales«, sondern etwas, das zu unserem Erkenntnisapparat gehört. Nur im Zusammenspiel von sinnlicher Anschauung und Verstand entstehen gesicherte, auf Erfahrung beruhende Erkenntnisse.

Das oberste Erkenntnisvermögen, die Vernunft, ist die Fähigkeit, Prinzipien zu formulieren, mit denen die begriffliche Erkenntnis des Verstandes zusammengefasst werden kann. Im Gegensatz zur sinnlichen Anschauung und zum Verstand erzeugt sie jedoch keine gesicherte Erkenntnis, sondern verwickelt sich im Gegenteil in unlösbare Widersprüche, wenn sie über die Erfahrungserkenntnis hinausgehen will. Dies gilt besonders für »Vernunftideen« wie Gott, Freiheit und Unsterblichkeit, über die es keine gesicherten

Aussagen geben kann. Deren Funktion besteht nach Kant vielmehr darin, dem Handeln als moralische Orientierung zu dienen. Philosophische Gottesbeweise hatten sich für Kant damit auch aus diesem Grund erledigt.

Die *Kritik der reinen Vernunft* ist das bedeutendste deutschsprachige philosophische Werk der Aufklärung und steht am Anfang der drei großen Kritiken Kants, zu denen auch die *Kritik der praktischen Vernunft* (Kants Ethik) und die *Kritik der Urteilskraft* (Kants Ästhetik und Naturphilosophie) gehören. Obwohl keine Anfängerlektüre, bleibt es durch seine kritische Grundhaltung und die dem Erkenntnissubjekt zugesprochene schöpferische, konstruktive Rolle wegweisend.

## Kritik der praktischen Vernunft

Riga 1788

Die *Kritik der praktischen Vernunft* ist nach der *Kritik der reinen Vernunft* Kants zweites großes Hauptwerk. Sie enthält Kants Ethik, seine Begründung dafür, warum wir moralisch handeln sollen.

Mit seiner einige Jahre zuvor erschienenen *Kritik der reinen Vernunft* hatte Kant bereits eine Revolution in der Metaphysik in Gang gesetzt: Die Existenz Gottes, die Willensfreiheit und die Unsterblichkeit der Seele, also die Lieblingsideen der traditionellen Metaphysik, beruhen nach Kant auf dem Bemühen der Vernunft, unserer Erfahrungserkenntnis eine Einheit zu geben. Sie können aber nicht beanspruchen, zu dieser Erkenntnis beizutragen. Diese »Vernunftideen«, wie Kant sie auch nennt, gehören der sogenannten »intelligiblen« Welt an, deren Existenz wir denken, aber nicht beweisen können.

Sowohl die intelligible Welt als auch die ihr zugehörigen Vernunftideen gewinnen in der *Kritik der praktischen Vernunft* wieder große Bedeutung. Nun betont Kant, dass der Mensch mit einem Bein in der intelligiblen Welt steht und deshalb im Bewusstsein eines Sittengesetzes lebt, das ihm als »Faktum der Vernunft« gegeben ist und als moralischer Maßstab für alle seine Handlungen dient. Dieses Sittengesetz, den sogenannten »kategorischen Imperativ«, hatte Kant bereits 1785 in einer kleinen Schrift, der *Grundlegung zur Metaphysik der Sitten,* formuliert: »Handle nur nach derjenigen Maxime, durch die du zugleich wollen kannst, dass sie ein allgemeines Gesetz werde.« Kategorisch ist dieser Imperativ deshalb, weil er ohne Einschränkung gilt. Er fordert von uns, von allen äußerlichen Antrieben, wie dem Streben nach Glück, abzusehen und jede Handlungsregel daraufhin zu überprüfen, ob sie für alle gelten könnte, ob sie also »verallgemeinerungsfähig« ist. In der Form: »Handle so, dass die Maxime deines Willens jederzeit zugleich als Prinzip einer allgemeinen Gesetzgebung gelten könne«, bezeichnet ihn Kant als das »Grundgesetz der reinen praktischen Vernunft«. Im Gegensatz zur gesamten Moralphilosophie von der Antike bis zu Leibniz verlangt Kant, dass nicht die Aussicht auf Glückserfüllung, sondern die Achtung vor dem Sittengesetz selbst es ist, die uns zu moralischem Handeln motivieren muss. Moralisches Handeln ist Handeln aus Pflicht, nicht aus Neigung.

Indem der Mensch von allen äußerlichen Motiven seines Handelns absehen und sich auf den Standpunkt der reinen Vernunft stellen kann, beweist er seine Autonomie, seine Fähigkeit zur Selbstgesetzgebung. Für Kant ist das Bewusstsein des Sittengesetzes deshalb ein Indiz für die Willensfreiheit, die nicht der Naturgesetzlichkeit unterworfen ist und die sich aus der Erfahrung nicht hatte beweisen lassen.

Im Interesse einer moralischen Weltordnung, einer Ordnung also, in der nicht, wie in unserer Erfahrungswelt, Tugend und Glück, Pflicht und Neigung auseinanderfallen und moralische Vollkommenheit unmöglich ist, werden wir auch wieder zu den Vernunftideen der Existenz Gottes und der Unsterblichkeit der Seele geführt. Da wir es in diesem Leben niemals schaffen, unseren Willen in vollkommene Übereinstimmung mit dem Sittengesetz zu bringen, wird die Idee einer moralischen Vervollkommnung nur dann plausibel, wenn wir annehmen, dass etwas in uns den Tod überdauert. Die Unsterblichkeit der Seele ist daher ein »Postulat«, das wir im Interesse der Moral fordern dürfen. Das gleiche gilt für die Existenz Gottes, die garantiert, dass letztlich doch noch die Tugend mit dem Glück in einem höchsten Gut zusammenfallen kann. Damit hatte Kant eine neue Brücke zwischen Ethik und Theologie geschlagen.

Der Mensch lebt nach Kant gleichermaßen im Bewusstsein zweier Welten, d.h. einer moralischen und einer von Naturgesetzen bestimmten Weltordnung. »Zwei Dinge«, so schreibt er am Ende der *Kritik der praktischen Vernunft*, »erfüllen das Gemüt mit immer neuer und zunehmender Bewunderung und Ehrfurcht [...]: der bestirnte Himmel über mir und das moralische Gesetz in mir.«

Auch wenn Kants Neigung zu einer verschachtelten Systematik die Lektüre nicht immer einfach macht, bleibt die *Kritik der praktischen Vernunft* mit ihrer revolutionären Unterscheidung zwischen Pflicht- und Nützlichkeitsethik bis in die Gegenwart eine unverzichtbare Diskussionsgrundlage.

# Jeremy Bentham

1748–1832

## Einführung in die Prinzipien der Moral und der Gesetzgebung (Introduction to the Principles of Morals and Legislation)

London 1789

Die *Einführung in die Prinzipien der Moral und der Gesetzgebung* erschien im Jahr des Ausbruchs der Französischen Revolution, also in einer Zeit tiefgreifender politischer Umbrüche. In England gehörte Bentham zu den prominentesten Befürwortern gesellschaftlicher Reformen. Seine Vorstellungen in Bezug darauf waren sehr detailliert und gingen bis zu den Entwürfen neuer, fortschrittlicher Gefängnisse. Das Ziel aller Reformen lag für Bentham auf der Hand: Es geht um das Gemeinwohl, das für ihn identisch war mit dem Glück der Gesellschaft als Ganzes. Das Streben nach Glück war für ihn in der Natur jedes einzelnen Menschen verwurzelt und konnte, wie alle unsere Empfindungen, auf körperliche Reize zurückgeführt werden. »Pleasure« und »Pain«, Lust und Schmerz, sind für Bentham die beiden »souveränen Gebieter« der menschlichen Natur.

Auf dieser Grundlage versucht die *Einführung in die Prinzipien der Moral und der Gesetzgebung* die Maßstäbe zu begründen, nach denen wir zwischen moralischen und unmoralischen Handlungen und zwischen rechtmäßigen und nicht-rechtmäßigen Handlungen unterscheiden können. Die Vorstellung, dass es so etwas wie ein überzeitliches Naturrecht oder, wie Benthams Zeitgenosse Kant annahm, ein universales Moralgesetz wie den Kategorischen Imperativ geben könnte, wird verworfen. Moralische und rechtliche Regeln sind für Bentham nicht deshalb zu befolgen, weil ein höheres Gesetz uns dies zur Pflicht macht, sondern aus dem Grunde, weil die Befolgung für uns von Nutzen ist. Der Begriff »richtig«, angewandt auf unsere Handlungen, hat für Bentham nur dann einen Sinn, wenn die nützlichen Folgen gemeint sind, die aus unseren Handlungen entstehen. Eine Handlung ist nicht deshalb moralisch gut, weil sie einer guten Absicht entspringt, sondern weil aus ihr etwas Gutes, sprich: Nützliches entsteht. Mit diesem Prinzip der Nützlichkeit wurde Bentham zum Begründer des Utilitarismus (von lat. »utilis« = nützlich), einer Richtung innerhalb der praktischen Philosophie, die sich vor allem im englischen Sprachraum verbreitete und dort großen Einfluss ausübte.

Nützlich ist aber für Bentham genau das, was unser Glück befördert. Das Glück des einzelnen Menschen bemisst sich am Verhältnis von Lust und Schmerz, die seine Handlungen zur Folge haben. Um also einschätzen zu können, ob wir »richtig« handeln oder nicht, müssen wir ein Lust-Schmerz-Kalkül (also eine Berechnung der jeweiligen Mengen) aufstellen. Dabei macht es keinen Unterschied, ob es sich um hochgeistige kulturelle Genüsse oder um gröbere Formen der Lust handelt, wie die, die wir in der Sexualität oder im Anhäufen von Reichtum erfahren. Für Bentham zählt nur die Menge, also die Quantität, und nicht die Qualität der Lust.

Doch Glück ist für Bentham auch ein gesellschaftspolitisches Ziel, das er mit der Formulierung »das größtmögliche Glück für die größtmögliche Zahl von Menschen« umschreibt. Deshalb ist es für ihn notwendig, die Gesellschaft so zu organisieren, dass die Summe der privaten Glückserfahrungen sich wirklich zum gesellschaftlichen Gesamtglück addiert. Bentham hielt es für möglich, Regeln zu formulieren und aufzustellen, deren Befolgung für alle Bürger mehr Lust bringt als deren Nichtbefolgung. Das Gemeinwohl im Sinne des Glücks der größtmöglichen Zahl war für ihn planbar.

Wie viele englische Philosophen besticht auch Bentham durch seine sprachliche Klarheit, die ihn gut lesbar macht. Als Moralphilosoph ist er zum größten Gegenspieler der Pflichtethik in der Tradition Immanuel Kants geworden. Die Grundidee des Utilitarismus, nach der man eine Handlung nach ihren Konsequenzen bewerten muss, wurde von Benthams Nachfolgern, darunter John Stuart Mill und Henry Sidgwick, aufgenommen und weiter ausgearbeitet und hat die Ethik und Rechtsphilosophie bis in die Gegenwart hinein beeinflusst.

## Immanuel Kant
1724–1804

### Kritik der Urteilskraft
Berlin 1790

Die *Kritik der Urteilskraft* ist nach der *Kritik der reinen Vernunft* und der *Kritik der praktischen Vernunft* die dritte und letzte der drei großen »Kritiken« Kants. Sie enthält sowohl Kants Ästhetik als auch seine Naturphilosophie, zwei Disziplinen, die normalerweise eher getrennt voneinander behandelt werden.

Kant jedoch verknüpft sie durch den Begriff der »Urteilskraft«, des Vermögens, den Zusammenhang zwischen einem Besonderen und einem Allgemeinen herzustellen. Dabei unterscheidet er zwischen einer »bestimmenden« und einer »reflektierenden« Urteilskraft. Mit Hilfe der ersteren kann ich das Besondere einem bekannten Allgemeinen zuordnen, z.B. kann ich ein Vergehen innerhalb des bestehenden Rechtssystems als einen »Fall« von Totschlag erkennen. Kants eigentliches Thema ist jedoch die reflektierende Urteilskraft. Hier muss ich von einem bekannten Besonderen ausgehen und das dazugehörige Allgemeine finden. Eine solche Vorgehensweise finden wir nach Kant in unserem Umgang mit der Natur und der Kunst. So beobachten wir die Bestäubung einer Pflanze und überlegen, welchen Zusammenhang wir von diesem mit anderen Vorgängen in der Natur herstellen könnten. Oder wir werden mit Kunstwerken und Eindrücken des Schönen konfrontiert und haben dabei die angenehme Empfindung, dass hier etwas irgendwie Passendes vorliegt. Wir versuchen dann zu erklären, in welcher Hinsicht und in Bezug worauf wir dieses Schöne als passend empfinden.

Den allgemeinen Zusammenhang, den wir hier mit Hilfe unserer Urteilskraft hinzudenken, ist nach Kant ein Zusammenhang von Zwecken. Kant behauptet nicht, dass wir diesen Zusammenhang wirklich nachweisen können, dass er also unserer Erkenntnis zugänglich ist – so wie wir eine Überschwemmung erklären können, indem wir ein Erdbeben als Ursache angeben. Genau dies hatte aber eine von Aristoteles beeinflusste Naturphilosophie über Jahrhunderte getan: Für sie war die Natur tatsächlich ein nach Zwecken geordneter gesetzmäßiger Zusammenhang. Kant dagegen glaubt, dass wir diesen Zusammenhang lediglich konstruieren, um dem Bedürfnis unserer Vernunft gerecht zu werden, um das, was wir wissen, logisch »zu Ende« zu denken. So betrachten wir also Natur und Kunst, *als ob* sie zweckgemäß gestaltet und organisiert wären. Während die Natur von den Wissenschaften als ein Mechanismus angesehen wird, in dem alles nach dem Gesetz von Ursache und Wirkung abläuft, lässt uns die reflektierende Urteilskraft Naturvorgänge als Teile eines organischen, sich selbst regulierenden Ganzen denken, in dem alles wechselseitig Zweck und Mittel ist.

Das Schöne ist das, was gefällt, ohne dass man es auf moralische Nützlichkeit oder auf eine bestimmte, begrifflich fassbare Erkenntnis zurückführen könnte. In diesem Sinne spricht Kant von der Erfahrung des Schönen als dem »interesselosen Wohlgefallen«. Das Passende und Zweckgemäße des Schönen besteht vielmehr darin, dass der Mensch in einen Zustand versetzt wird, in dem sich die Einbildungskraft und der Verstand in einem harmonischen und »freien Spiel der Vorstellungskräfte« befinden. Deshalb ist Geschmack, im Sinne der ästhetischen Urteilsfähigkeit, etwas, was von allen Menschen nachvollzogen werden kann.

Kant ist einer der ersten Theoretiker, der das Schöne nicht nur in der Kunst, sondern auch in der Natur findet. Das Naturschöne ist sogar Vorbild für die Kunst. Kunst ist die Schöpfung des Genies: Es ist dasjenige Schöne, das durch das Genie ohne vorher festgelegte Regeln hergestellt wird und dabei so zweckmäßig wirkt, als sei es ein Produkt der Natur.

Zu Kants Zeit unterschied man vom »Schönen« das »Erhabene« und meinte damit Eindrücke der Natur, die, wie der Eindruck riesiger Berggipfel, unsere Vorstellungskraft überwältigen. Bei Kant regt das Erhabene als das »schlechthin Große« die Urteilskraft dazu an, eine Verbindung zur Idee des Unendlichen und zur moralischen Bestimmung des Menschen herzustellen.

Die größere Wirkung hat die *Kritik der Urteilskraft* bis heute in ihrer Eigenschaft als ästhetische Theorie. Mit ihrer Definition des Genies und des Schönen wirkte sie auf die Romantik, auf Schiller und auf die gesamte moderne Ästhetik.

# Johann Gottlieb Fichte

1762–1814

## Grundlage der gesamten Wissenschaftslehre

Jena/Leipzig 1794/1795

Johann Gottlieb Fichte sah sich als radikalen Fortsetzer der Aufklärung. Der Mensch war für ihn ein freies und schöpferisches Wesen, das aktiv und gestaltend auf sich und die ihn umgebende Welt Einfluss nimmt und dabei auf dem Weg der Vervollkommnung immer weiter voranschreitet. Wie René Descartes im 17. Jahrhundert und wie Immanuel Kant ein Jahrhundert später, glaubte Fichte den Schlüssel zum Verständnis dieser schöpferischen Freiheit des Menschen in einer Analyse des menschlichen Bewusstseins zu finden. Er wollte den Ort freilegen, von dem aus alle Erfahrungen und Vorstellungen des Menschen, sowohl von sich selbst als auch von der Welt, ausgehen und in dem sie ihre Begründung und Einheit finden. Für Fichte war auch die Welt der Gegenstände außer uns erst wirklich, wenn sie als Wissen und Vorstellung Eingang in unser Bewusstsein gefunden hatte. Die Selbsterforschung des Bewusstseins galt ihm deshalb als Königsweg zur Selbst- und Welterkenntnis.

Für Descartes stand am Ende der Selbsterforschung unseres Bewusstseins die letzte und fundamentale Gewissheit: »Ich denke, also bin ich.« Auch für Immanuel Kant ging das Bewusstsein des Aktes »ich denke« allen anderen Bewusstseinsinhalten voraus und begleitete sie. Diesen Ansatz, die Analyse des Selbstbewusstseins zum Fundament der Philosophie zu machen, verfolgte Fichte in seiner *Grundlage der gesamten Wissenschaftslehre* mit einer, wie er glaubte, noch radikaleren Konsequenz als seine Vorgänger. Fichte benutzt den Begriff »Wissenschaft« hier im Sinne einer philosophischen Bewusstseinsanalyse und Erkenntnislehre, die allen

Einzelwissenschaften zugrunde gelegt werden muss. Sie war für ihn entsprechend die Mutter aller Wissenschaften.

Ähnlich wie Descartes versucht Fichte bei dieser Analyse alles beiseite zu lassen, was nicht von Anfang an und unverzichtbar mit unserem Bewusstsein verbunden ist. Dabei stößt er, als Grundlage aller Erkenntnisprozesse, auf eine »intellektuelle Anschauung«, auf eine ständig aktive, schöpferische Tätigkeit, die er »Ich« nennt. Anders, als man zunächst meinen könnte, ist dieses »Ich« kein statisches Bewusstsein von mir als Person, sondern etwas Grundlegenderes, etwas, was mein Bewusstsein von mir als Subjekt und mein Bewusstsein von der Welt der Objekte erst hervorbringt. Da nichts Ursprünglicheres gedacht werden kann, muss das Ich auch sich selbst hervorbringen. Als Akteur und Aktion zugleich ist es, so Fichte, eine »Tathandlung«. In dieser Eigenschaft des »Ich« als schöpferischen Prinzips ist für Fichte die Freiheit des Menschen begründet.

Den Vorgang der geistigen Hervorbringung, der Bewusstwerdung, nennt Fichte »Setzen«. Das absolute Ich als Ursprungsaktivität des Bewusstseins »setzt« also den Gegensatz zwischen Subjekt und Objekt, oder, wie Fichte sagt, zwischen Ich und Nicht-Ich. Es schafft sich mit dem Nicht-Ich eine Grenze, die aber immer wieder neu bestimmt wird, indem der Mensch seine Auffassung von der Welt durch Erkenntnis und Handlung immer wieder erweitert. Der schöpferische Mensch verändert seine Weltauffassung durch den Zuwachs von Erfahrungen und verändert die Welt durch seine Aktivität.

In dem Jahrzehnt zwischen 1790 und 1800 war Fichte der einflussreichste deutsche Philosoph, der mit seiner These vom schöpferischen Ich insbesondere auf die Dichter der Romantik wirkte. Als erster Philosoph des »Deutschen Idealismus« lieferte er auch seinen Nachfolgern, Schelling und Hegel, prägende Impulse. Wegen seiner außergewöhnlich schwierigen Sprache ist Fichte jedoch schwer lesbar und stellt auch Experten vor große Verständnisprobleme. Dies ist auch ein wichtiger Grund dafür, warum Fichtes Philosophie außerhalb des deutschsprachigen Raums bis heute nur wenig wahrgenommen wird.

# Georg Wilhelm Friedrich Hegel
1770–1831

## Phänomenologie des Geistes
Bamberg 1807

Hegel stellte sein erstes großes Werk, das er zunächst als Einleitung in sein System geplant hatte, unter abenteuerlichen Bedingungen fertig. Der Abschluss des Manuskripts fiel mit dem Einmarsch der napoleonischen Truppen zusammen, den er als junger Universitätsdozent in Jena unmittelbar miterlebte. Dabei sah er zwischen den revolutionären Veränderungen in Europa und seinem eigenen philosophischen Projekt durchaus Parallelen: Der Erscheinung des »Weltgeistes zu Pferde«, wie er Napoleon nannte, stellte er die Erscheinungsformen des Weltgeistes im menschlichen Bewusstsein zur Seite. Gemeint war damit ein Wissen, das die Menschheit im Lauf der Geschichte schrittweise über sich und ihr Verhältnis zur Welt erwirbt. Der »Geist«, von dem Hegel spricht, ist die in der Welt angelegte Vernunft, die sich am Ende des Erkenntnisprozesses, in Gestalt der Philosophie, selbst zur endgültigen begrifflichen Klarheit bringt. Dieses Endstadium nennt Hegel »absolutes Wissen«.

Dass der Welt eine Vernunftordnung zugrunde liegt, die der Mensch, aufgrund seiner rationalen Fähigkeiten, erkennen kann, ist eine alte These, die bereits in der griechischen Philosophie und später im neuzeitlichen Rationalismus bei Descartes, Leibniz und Spinoza vertreten wurde. Die Aufklärung ergänzte dies durch den Glauben, dass sich die Vernunft auch in der Geschichte durchsetzen wird. Hegel verbindet alle diese Elemente und verknüpft sie, als studierter protestantischer Theologe, mit der weltlich gedeuteten Denkfigur eines Gottes, der sich am Ende der Geschichte dem Menschen offenbart. Gott wird identisch mit dem Geist als der Weltvernunft.

Die *Phänomenologie* beschreibt den Weg dieses Geistes von einer naiven Form bis hin zum absoluten Wissen. Es ist eine Entwicklung, die dem Gesetz der »Dialektik« folgt. Jede Erkenntnisstufe stellt sich als vorläufig heraus, weil übersehene Unterscheidungen und Widersprüche sich geltend machen. Diese werden auf einer höheren Stufe aufgehoben, also zum Verschwinden gebracht und gleichzeitig in eine neue Einheit integriert.

Diese Denkbewegung, als Schema These – Antithese – Synthese populär geworden, beginnt mit der Analyse der elementarsten Erkenntnisform, der sinnlichen Gewissheit, führt von dort über die Wahrnehmung, den Verstand, das Selbstbewusstsein und die Vernunft bis hin zu einer Erkenntnisstufe, in der sich der Geist als »Geist« erkennt, und zwar als Grundlage jeder Realität.

Doch Hegel bleibt nicht bei einer bloß erkenntnistheoretischen Stufenentwicklung stehen. Für ihn führt dies zu einer geschichts- und kulturphilosophischen Analyse, zu einer Untersuchung der Art, wie sich die Deutung der Wirklichkeit als Geist von der Antike bis zur Gegenwart des frühen 19. Jahrhunderts entwickelt hat. So untersucht er die Formen des menschlichen Selbstverständnisses in der Moral, im Recht, der Politik, der Religion und Philosophie sowie der Kunst bzw. Literatur. Auch hier gibt es einen stetigen geschichtlichen Fortschritt: Jede Epoche und Weltdeutung überwindet die Widersprüche der vorhergehenden.

Die christliche Religion bedeutet für Hegel einen wichtigen Einschnitt: Hier ist das Bewusstsein der Menschen bereits zum eigentlichen Inhalt, dem absoluten Wissen, vorgedrungen. Der Geist, so Hegel, ist hier bereits »sich selbst wissender Geist«, er ist dies allerdings erst in bildlicher, mythologischer Form. Erst in der philosophischen Ausdeutung des Christentums, also bei Hegel selbst, wird das absolute Wissen begrifflich gefasst. Die Pointe des Buches ist nun allerdings, dass dieses Verständnis nicht in Form einer Definition vermittelt wird, sondern indem man den von Hegel beschriebenen dialektischen Prozess der Bewegung und Entwicklung des Geistes nachvollzieht. Der Geist wird begriffen, wenn man den Prozess versteht, den er durchlaufen hat.

Die als Einleitung geplante *Phänomenologie* kann als erste Darstellung des Hegelschen Systems des »absoluten Idealismus« gelten und ist als solche auch populärer geworden als seine anderen Hauptwerke. Allerdings stellt sie, wie alle Werke Hegels, den Leser vor große sprachliche Schwierigkeiten. Was für die einen reine Begriffsakrobatik ist, gilt anderen als die einzig angemessene Form, die Wirklichkeit in ihren Widersprüchen und Bewegungsgesetzen fassen zu können. Besonders einflussreich wurde das Werk im Marxismus, der den Gedanken der dialektischen Entwicklung der Wirklichkeit aufgriff und sie als ökonomische Entwicklungsgesetze deutete.

## Friedrich Wilhelm Joseph Schelling
1775–1854

### Über das Wesen der menschlichen Freiheit
Landshut 1809

Der 1775 geborene Friedrich Wilhelm Joseph Schelling gehört zusammen mit Fichte und Hegel zu den drei großen Gestalten des Deutschen Idealismus und galt Ende des 18. Jahrhunderts als Wunderkind der deutschen Philosophie. Seine frühen Hauptwerke schrieb er, als er noch nicht einmal 30 Jahre alt war. Die entscheidenden Anregungen für sein Denken kamen sowohl aus der Theologie als auch aus dem aufklärerischen Glauben an eine Weltvernunft, die sich im Laufe der Geschichte offenbart. Dabei waren Gott und die Weltvernunft für Schelling identisch. Anders als sein etwas älterer Zeitgenosse Fichte, der die geistige Tätigkeit des schöpferischen »Ich« ganz in den Vordergrund stellte, sah Schelling die Weltvernunft auch in den Gestaltungen der Natur am Werk. Beeinflusst von dem Pantheismus Spinozas, für den die Welt und Gott zwei Seiten derselben Medaille waren, entwickelte er eine »Einheitsphilosophie«, in der sowohl die Kultur als auch die Natur auf Gott als den gemeinsamen Grund aller Wirklichkeit zurückgeführt wurden.

Doch die Natur barg für Schelling auch Kräfte, die sich nicht auf eine vernünftige Weltordnung reduzieren ließen. Die Schrift *Über das Wesen der menschlichen Freiheit*, die schon einer späteren Phase seines Schaffens zugehört, beschäftigt sich mit zwei Problemen, die eng miteinander zusammenhingen und die beide mit dem Ansatz Spinozas nicht vereinbar waren, nämlich mit dem Problem der menschlichen Freiheit und dem Problem des Bösen in der Welt. Wenn die Welt im Grunde vernünftig war und alles, was existiert, mit Notwendigkeit existiert, dann gab es weder Raum für das Böse noch für die Freiheit.

Immanuel Kant hatte, nur einige Jahre vor Schelling, daran festgehalten, dass das Böse Ziel menschlichen Handelns sein kann und als reale Kraft und nicht bloß als ein Mangel zu verstehen ist. Dem schloss sich Schelling in seiner Freiheitsschrift an. Er entwickelt einen Begriff von Gott, der von Jakob Böhme, einem deutschen Mystiker des 16. Jahrhunderts, beeinflusst ist: Gott ist nicht nur reine Vernunft, sondern es gibt auch etwas in ihm, das nicht rational ist, ein chaotisches, ungeordnetes Feld von Möglichkeiten, das Schelling als »Urgrund« oder auch als »Wille des Grundes« bezeichnet. Dieser Wille ist das »Ursein«, eine Sphäre des Unbewussten und der Finsternis, die zum Licht strebt, d. h. danach trachtet, rationale Gestalt anzunehmen. Gott ist für Schelling eine ständig produktive, schöpferische, die Vernunft verwirklichende Tätigkeit, die aber auch immer einen irrationalen Rest jener unbewussten Natur umfasst. Diese »Natur in Gott« ist also jener Teil Gottes, der strenggenommen nicht wirklich göttlich, nicht »Er selbst« ist.

Die in Gott schon vorhandene Polarität zwischen chaotischer Natur und Vernunft findet sich auch in der Schöpfung wieder. Beim Menschen zeigt sich die irrationale Natur in seiner Anlage zum Egoismus und zur Eigenliebe. Die Freiheit des Menschen besteht nun darin, dass er sich dafür oder dagegen entscheiden kann, seine Triebe in eine der Gemeinschaft dienliche, vernünftige, d. h. moralische Lebensform umzuformen. Je nachdem, wie er sich entscheidet, wählt er das Gute oder das Böse. Für das Gute entscheidet er sich, wenn er seine Bedürfnisse mit denen der anderen in Einklang bringt, so wie es Kant in seinem allgemeinen Sittengesetz, dem Kategorischen Imperativ, gefordert hatte. Das Böse wählt er, wenn er den Bedürfnissen seiner egoistischen

Natur folgt und sich weigert, die Irrationalität in sich zu formen und einem moralischen Gesetz zu unterstellen.

Schellings Freiheitsschrift weist über die Philosophie des Deutschen Idealismus hinaus, indem sie sich vom Fortschritts- und Vernunftoptimismus distanziert und die skeptischeren und pessimistischen Weltdeutungen der Moderne vorbereitet. So übte die Vorstellung eines irrationalen Grundes der Wirklichkeit nicht nur große Anziehungskraft auf die Romantiker aus. Der Begriff eines irrationalen kosmischen Willens findet sich auch in der pessimistischen Metaphysik Arthur Schopenhauers und in der Philosophie Nietzsches wieder. Auch der Begriff des Unbewussten bei Freud verarbeitet Impulse Schellings.

## Georg Wilhelm Friedrich Hegel
1770–1831

### Wissenschaft der Logik
Nürnberg 1812–1816

Hegels *Wissenschaft der Logik* stellt selbst die Experten vor Erklärungsprobleme. Bis heute wird darüber gestritten, welches der eigentliche Inhalt des Buches ist. Um eine Logik im heutigen Sinne, die sich mit den »logischen« Beziehungen zwischen Begriffen und Aussagen beschäftigt, handelt es sich jedenfalls nicht. Hegel verwendet den Begriff »Logik« hier vielmehr in Anlehnung an die Aufteilung der Philosophie in Logik, Physik und Ethik, wie sie z. B. bei den antiken Stoikern üblich war. Im Gegensatz zu einer Philosophie der Natur (Physik) und einer Philosophie des menschlichen Handelns (Ethik) geht es ihm in diesem Werk um eine Lehre von den Begriffen, mit denen wir die Welt erfassen. Auch unter »Wissenschaft« versteht Hegel etwas anderes als wir heute: Wie auch für Fichte ist für ihn »Wissenschaft« identisch mit Philosophie als der Disziplin, die den Schlüssel zur Erkenntnis der Wirklichkeit in Händen hält. Hegels *Wissenschaft der Logik* ist also nichts anderes als eine Metaphysik, eine Lehre von den Grundbegriffen, mit denen wir die Wirklichkeit deuten.

Einige Jahre zuvor, in seiner *Phänomenologie des Geistes,* hatte Hegel bereits versucht, zum Begriff der richtigen philosophischen Weltdeutung, des »absoluten Wissens«, hinzuführen, indem er den Weg des menschlichen Bewusstseins von der unmittelbaren sinnlichen Wahrnehmung bis zum Standpunkt der höchsten philosophischen Reflexion verfolgte.

Von diesem Standpunkt geht nun die *Wissenschaft der Logik* aus, um die gesamte Geschichte des philosophischen Denkens zu überblicken und ihre theoretischen Errungenschaften neu einzuordnen. Die bisher aus der Philosophiegeschichte bekannten Grundbegriffe sollen wie in einer Perlenschnur miteinander in Form eines Entwicklungszusammenhangs verbunden werden. Hegels Denken ist auch hier theologisch inspiriert: Diesen Entwicklungszusammenhang von philosophischen Grundbegriffen identifiziert er mit der »Darstellung Gottes in seinem ewigen Wesen«.

Für Hegel ist die Darstellung dieses Zusammenhangs nichts anderes als eine »Selbstbewegung« dieser Begriffe, d.h. man gelangt wie von selbst von einem Begriff zum nächsten, wenn man die in ihm enthaltenen Bestimmungen und Unterscheidungen konsequent durchdenkt. Diese Bewegung erfolgt, wie in anderen Werken Hegels auch, nach dem Gesetz der »Dialektik«: Aus einem Begriff lassen sich verborgene Unterscheidungen und Widersprüche herausfiltern, die zu einem Gegenbegriff und schließlich zu einem neuen Begriff führen, der die aufgezeigten Widersprüche aufhebt, d.h. integriert und zugleich überwindet. Nach dem Schema These – Antithese – Synthese gelangt man so zu immer komplexeren Bestimmungen. Der in der üblichen Logik geltende Satz vom Widerspruch, nach dem etwas nicht zugleich sein und nicht sein kann, gilt hier nicht: Hier geht es gerade darum, Widersprüche als vorläufig zu zeigen und als Ausgangspunkt für eine neue Stufe der Erkenntnis zu verstehen.

So beginnt Hegel mit einer »Lehre vom Sein« – in Anlehnung an die Metaphysik der Antike und des Mittelalters, in der man noch glaubte, die objektiven Gesetze des »Seins«, d.h. der Wirklichkeit erkennen zu können. Am Anfang steht der Begriff des »Seins« in seiner allgemeinsten und leersten Form, wie er bei dem frühgriechischen Philosophen Parmenides verwendet wird. Dieser Begriff ist aber völlig bestimmungslos und leer, eine Erkenntnis, die uns zu dem Gegenbegriff des »Nichts« führt. Der scheinbare Widerspruch zwischen beiden löst sich im Begriff des Werdens auf, ein Begriff, den Heraklit zur Grundlage seiner Philosophie gemacht hatte. Ein Begriff führt uns also zum nächsten, indem wir die in ihm enthaltenen Bestimmungen »begreifen«. Durch eine solche Bewegung, so führt uns Hegel vor, sind auch die verschiedenen Weltdeutungen der Philosophiegeschichte vorangetrieben worden.

Indem man in der neuzeitlichen Philosophie erkannt hat, dass unsere Weltdeutung von den Erkenntnisvoraussetzungen unseres Bewusstseins abhängt, wird am Ende des ersten Teils das »Sein« zum »Schein«. So lösen, z.B. bei Kant, Kategorien unseres Bewusstseins die alten metaphysischen Begriffe ab. Für Hegel geht damit die »Lehre vom Sein« in eine »Lehre vom Wesen« über, in der er Grundbegriffe der Erkenntnistheorie wie »Erscheinung« oder »Kausalität« behandelt. Die »Lehre vom Wesen« wird schließlich in die »Lehre vom Begriff« übergeführt, in der auch zahlreiche

Gesetze und Schlussfiguren der formalen Logik neu eingeordnet und am Ende bis zu der sogenannten »absoluten Idee« fortgetrieben werden. Sie ist, als Synthese aller Widersprüche, der Schlussstein im Gebäude des metaphysischen Denkens und zugleich der Begriff, auf den die »Selbstbewegung« der Begriffe zuläuft.

Bis heute gibt es Stimmen, die Hegels *Wissenschaft der Logik* als Begriffsakrobatik kritisieren. Auch ist kaum zu bestreiten, dass das zweibändige Werk ohne Kommentar kaum zu verstehen ist. Vor allem Marxisten, darunter Lenin, haben das Buch aber hoch geschätzt, weil sie darin eine mystifizierte »idealistische« Beschreibung konkreter gesellschaftlicher Entwicklungsgesetze sahen.

## Arthur Schopenhauer
1788–1860

### Die Welt als Wille und Vorstellung

Leipzig 1819

Als der gerade dreißigjährige Arthur Schopenhauer 1819 sein frühes Hauptwerk veröffentlichte, wurde die Philosophie von Denkern wie Fichte, Schelling und Hegel beherrscht, die glaubten, dass sich die Vernunft als letztes und absolutes Prinzip in der Wirklichkeit offenbart. Dazu steht Schopenhauers Werk in unversöhnlichem Gegensatz. Auch Schopenhauer will in die Tiefen, in das letzte Geheimnis der Welterkenntnis dringen. Doch in diesen Tiefen findet er nicht die Ratio, die Vernunft, sondern eine umfassende, irrationale, kosmische Kraft, die er »Wille« nennt. Dieser Wille ist ein Wille zum Leben, der sich in allem findet, was existiert, er ist ziellos und richtet sich im Überlebenskampf auch gegen sich selbst. Der ziellose kosmische Trieb nimmt dabei

auf das einzelne Individuum keine Rücksicht. Er will immer
nur eine Fortpflanzung der Gattung.

Anders als Nietzsche nach ihm ist Schopenhauer aber
kein Irrationalist in dem Sinne, dass er das Wirken des Willens begrüßt und wertschätzt. Denn dieser ist für ihn auch
Ursprung allen Leidens in der Welt. Wie in den Weisheits-
lehren des Ostens ist Leben für Schopenhauer gleichbedeutend mit Leiden. Die Vernunft ist nur ein schwaches Werkzeug in der Hand des Willens. Daher gehört Schopenhauer
zu den großen Pessimisten der Philosophiegeschichte.

*Die Welt als Wille und Vorstellung* schöpft vor allem aus
drei Quellen: aus der Philosophie Platons, der hinter unserer
Wahrnehmungswelt eine andere, »wahre« Welt der Ideen
sah; aus der Erkenntnistheorie Kants, nach der wir die Welt
nur als »Erscheinungswelt«, d. h. durch die Brille bestimmter Erkenntnisvoraussetzungen wahrnehmen können; und
aus der altindischen Lehre der *Upanischaden,* nach der unsere Welt eine Welt der Leiden und Täuschungen ist.

Auch für Schopenhauer ist die Welt unserer normalen
Wahrnehmung, zu der auch unser wissenschaftliches Weltbild gehört, lediglich »Vorstellung«, d. h. von der Sichtweise
des Erkenntnissubjekts abhängig: Alles das, was wir erkennen, unterliegt dem Koordinatensystem von Raum und Zeit
und der Beziehung von Ursache und Wirkung. Nur in der
inneren, unmittelbaren Erfahrung unseres Körpers, insbesondere in der Sexualität, ist uns die wahre Wirklichkeit, der
Wille, zugänglich. Im Titel des Werkes, *Die Welt als Wille
und Vorstellung,* drückt sich also Schopenhauers Kernge-
danke aus: Für uns ist die Welt Vorstellung, in Wahrheit ist
sie Wille.

*Die Welt als Wille und Vorstellung* enthält aber nicht
nur eine Metaphysik und Erkenntnistheorie, sondern auch
damit eng verbunden eine Ethik und Ästhetik. Wie die *Upanischaden* und andere östliche Lehren verknüpft Schopen-

hauer das irrationale, vom Willen geprägte Leben mit dem Gedanken der Schuld. In seiner Ethik geht es darum, aus dem Zirkel der ewigen Fortzeugung von Schuld auszubrechen und Wege der Verneinung des Willens aufzuzeigen. Dies kann zum einen durch das Mitleid geschehen. Im Sinne des altindischen »Tat twam asi« (»Das bist du«) erfahre ich mich im »Mitleiden« als eins mit allen Kreaturen. Deshalb hat der Mensch auch gegenüber Tieren moralische Pflichten. Dauerhaft wird der Wille jedoch zum anderen nur durch die asketische Lebensform des Heiligen verneint, wie sie uns z. B. in einzelnen Gestalten der indischen oder christlichen Tradition entgegentritt. Hier erst »wendet« sich der Wille.

Auch in der Kunst sieht Schopenhauer eine Möglichkeit, sich zeitweise aus der Bestimmung durch den Willen zu befreien. Hier kommt nicht die Welt in Form von Raum, Zeit und Kausalität, sondern in Form reiner Ideen zur Darstellung. Die Musik als höchste Kunstform stellt sogar den Willen unmittelbar selbst dar. In der ästhetischen Kontemplation von Kunst steht das Wollen zurück.

Schopenhauer ist einer der wenigen deutschen Philosophen, die Tiefe des Gedankens mit einer klaren verständlichen Sprache verbinden. Die Wirkung der 1844 erheblich erweiterten *Welt als Wille und Vorstellung* begann spät, dauert aber bis heute an. Nietzsche, die Lebensphilosophie, vor allem aber zahlreiche Künstler und Leser, die eine umfassende, nicht-religiöse Weltdeutung suchten, sind von Schopenhauer inspiriert worden.

## Georg Wilhelm Friedrich Hegel
1770–1831

### Grundlinien der Philosophie des Rechts
Berlin 1821

Hegels Spätwerk *Grundlinien der Philosophie des Rechts*
enthält mehr als nur Rechtsphilosophie: Hegel hat hier seine gesamte praktische Philosophie entwickelt, von der Ethik
über die Staats- und Gesellschafts- bis zur Geschichtsphilosophie. Hegel versucht dabei, die verschiedenen Arten, in
denen der Mensch sein Handeln organisiert und geregelt
hat, als Einheit, aber auch als einen fortschreitenden Entwicklungsprozess zu deuten.

Kontroversen hat bis heute Hegels berühmt berüchtigter
Satz in der »Vorrede« ausgelöst: »Was vernünftig ist, das ist
wirklich; und was wirklich ist, das ist vernünftig.« Das provoziert die Frage: War Hegel ein Konservativer, der die politischen Verhältnisse seiner Zeit rechtfertigen wollte, oder
war er ein Liberaler, der forderte, die Vernunft müsse in der
Wirklichkeit durchgesetzt werden? Unbestritten ist jedenfalls, dass Hegel glaubte, Zeitgenosse einer Epoche zu sein,
in der Freiheit und Selbstbestimmung des Menschen verwirklicht werden kann.

Der Begriff der Freiheit, des freien menschlichen Willens, ist Ausgangs- und Zielpunkt der Untersuchung. Freiheit befähigt den Menschen dazu, sich mit anderen
Menschen auf Handlungsregeln und Verpflichtungen zu
verständigen. Hegel analysiert, wie dieser Begriff in den
Systemen von Moral, Recht und Politik zunehmend seine
wahre Bedeutung erhalten hat. Er rekonstruiert die Formen
der Freiheit in der Kulturgeschichte: Dabei unterscheidet er
drei große Bereiche: das abstrakte Recht, die Moralität und
die Sittlichkeit. Mit »abstraktem Recht« meint Hegel den

Bereich des Naturrechts, der elementaren Rechtsgrundsätze, wie sie in den neuzeitlichen Vertragstheorien bei Hobbes, Locke, Rousseau und Kant diskutiert werden. Der Mensch respektiert sich und die anderen als Person, d.h. als Träger von Rechten und Freiheiten, und schließt mit ihnen Verträge, in denen vor allem die gegenseitige Abgrenzung des Eigentums geregelt ist. Tragfähig werden diese Abmachungen aber erst dann, wenn es nicht mehr nur um äußere Vereinbarungen geht, sondern um innere Haltungen, die wir heute als moralische Einstellungen bezeichnen würden. In diesem Sinne hatte bereits Kant Recht und Moral voneinander unterschieden. Hegel nennt dies Moralität als den »in sich reflektierten Willen«, wie er sich in der Gesinnung und vor allem im Gewissen äußert.

Eine endgültige Verwirklichung und Sicherung findet der freie Wille jedoch erst in den großen gesellschaftlichen und politischen Organisationsformen, die Hegel mit dem Begriff »Sittlichkeit« zusammenfasst, Organisationsformen, die er wiederum in »Familie«, »bürgerliche Gesellschaft« und »Staat« einteilt. In diesem Bereich vereinigen sich für Hegel Recht und Moralität.

Mit dem Begriff der »bürgerlichen Gesellschaft« fasst Hegel erstmals die mit der frühen Industrialisierung verbundenen gesellschaftlichen Umbrüche zusammen und grenzt sie als soziale Sphäre vom Staat ab. Hierzu gehören vor allem die durch Arbeitsteilung und einen freien Markt gekennzeichneten neuen ökonomischen Beziehungen. Wegen der entstehenden sozialen Ungleichheiten und des daraus drohenden Verlusts von Sittlichkeit bedarf es aber des Daches staatlicher Institutionen. Im Staat, den er als Verfassungsstaat mit einer Gewaltenteilung zwischen Parlament und Monarch begreift, verwirklicht sich für ihn endgültig die Freiheit, d.h. die Vernunft in der Sphäre des menschlichen Handelns. Diese Entwicklung ist für Hegel unvermeidlich. Geschichte ist für ihn »Fortschritt im Bewusstsein der Freiheit«. In diesem Sinne spricht er am Ende davon, dass die Weltgeschichte das »Weltgericht« sei.

Die *Grundlinien* sind vermutlich das philosophiegeschichtlich wirkungsvollste Buch Hegels – und, im Vergleich zu seinen anderen Werken, auch das am leichtesten lesbare. Hegels folgenreiche Trennung von Staat und Gesellschaft macht ihn zum ersten modernen Sozialphilosophen. Auf dessen Begriff der bürgerlichen Gesellschaft baute Karl Marx seine Gesellschaftstheorie auf. Hegels Auffassung vom Staat als Krönung der geschichtlichen Entwicklung beförderte allerdings vor allem in Deutschland eine unkritische Staatsverehrung.

## Auguste Comte
1798–1857

**Abhandlung über die positive Philosophie** (Cours de philosophie positive)

Paris 1830–1842

Dass die Inschrift auf der brasilianischen Flagge, »ordem e progresso« (Ordnung und Fortschritt), auf Auguste Comte zurückgeht, wissen heute nur noch wenige. Als einer der einflussreichsten Philosophen des 19. Jahrhunderts war Comte nicht nur ein bedeutender Geschichts-, Kultur- und Wissenschaftstheoretiker, sondern auch ein politischer Visionär, der eine von diesen Grundprinzipien bestimmte, grundlegende Reform der Gesellschaft anstrebte. Der Denker Comte wurde früh zum Symbol: Spricht man heute vom 19. Jahrhundert als einem wissenschafts- und fortschrittsgläubigen Jahrhundert, so war Comte sein philosophischer Stichwortgeber.

Sein aus 60 Privatvorlesungen hervorgegangenes frühes Hauptwerk, die sechsbändige *Abhandlung über die positive Philosophie*, enthält ein Plädoyer für eine neue Weltanschauung, die den durch die industrielle Revolution hervorgerufenen ökonomischen, sozialen und wissenschaftlichen Umwälzungen gerecht zu werden versucht. Comte nannte sie »positiv« und meinte damit, in Anlehnung an die Bedeutung des lateinischen »positum«, eine Haltung, die sich am Tatsächlichen, Nützlichen und Exakten orientiert. Wie für die Tradition des Empirismus seit Francis Bacon, waren auch für Comte Beobachtung und Experiment Grundlage jeder Erkenntnis. Die »positive Philosophie«, mit der Comte zum Begründer des »Positivismus« wurde, beanspruchte, eine umfassende Theorie der menschlichen Kulturentwicklung zu liefern, die sich von allen theologischen und metaphysischen Spekulationen verabschiedet.

Comtes These, dass die Geschichte der menschlichen Kultur ein Fortschrittsprozess ist, der nach einem feststehenden Gesetz abläuft, war vor ihm bereits u. a. von dem französischen Aufklärer Condorcet und von Hegel vertreten worden. Comte vertritt das sogenannte »Drei-Stadien-Gesetz«, bei dem die »positive Weltanschauung« als drittes und höchstes Stadium gilt – nach dem theologischen Stadium, in dem die Welt durch das Wirken übernatürlicher Wesen, und dem metaphysischen Stadium, in dem sie durch das Wirken abstrakter Kräfte erklärt wird. Erst im »positiven Stadium« richtet sich der menschliche Geist ganz auf die Erforschung innerweltlicher Gesetzmäßigkeiten. Comte glaubte, dass es möglich sei, diese Gesetzmäßigkeiten schließlich in einem obersten wissenschaftlichen Prinzip zusammenzufassen.

Die drei Stadien findet man nach Comte auf mehreren Ebenen: Als geistige Wissensformen prägen sie nicht nur die Entwicklung der menschlichen Kulturgeschichte, sondern auch – in Analogie zu Kindheit, Jugend und Mannesalter – die Bewusstseinsentwicklung der einzelnen Menschen. Comtes politisches und pädagogisches Ziel war es, der geschichtlichen Notwendigkeit entsprechend überall innerhalb einer Gesellschaft theologische und metaphysische Einstellungen durch »positive«, d. h. aufgeklärte und wissenschaftliche Haltungen abzulösen.

Im Dienst dieses Reformziels steht auch eine fachübergreifende Gesellschaftswissenschaft, für die Comte den Namen »Soziologie« prägte. Ihr widmet er die letzten drei Bände seines Werks. Innerhalb einer Rangfolge der Wissenschaften nimmt sie für ihn den höchsten Platz ein, da sie, der Mathematik, Astronomie, Physik, Chemie und Biologie nachfolgend und auf ihnen aufbauend, die komplexeste ist. Sie hat es als »soziale Physik« mit den Gesetzmäßigkeiten des menschlichen Zusammenlebens zu tun und soll eine umfassende Planung und Steuerung der Gesellschaft ermöglichen. Comtes Motto lautete: »Wissen, um vorauszusehen, vorauszusehen, um vorzubeugen«. Ziel war es, ein Gleichgewicht zwischen der »Ordnung« als statischem und dem »Fortschritt« als dynamischem Prinzip herzustellen.

Comtes umfangreiche, aber durchaus verständliche *Abhandlung* übte großen Einfluss auf John Stuart Mill aus, der den Positivismus in England populär machte, inspirierte aber auch, angefangen vom »Neopositivismus« des Wiener Kreises, alle Versuche im 20. Jahrhundert, die Philosophie an die empirischen Wissenschaften anzuschließen.

# Alexis de Tocqueville
1805–1859

## Über die Demokratie in Amerika (De la démocratie en Amérique)

Paris 1835–1840

Das Denken des französischen Adligen Alexis de Tocqueville wurde entscheidend durch die Umwälzungen geprägt, die Frankreich in der großen Revolution von 1789 und in der Juli-Revolution von 1830 erfuhr. Mit diesen tiefgreifenden gesellschaftlichen Veränderungen sah Tocqueville nicht nur Fortschritte, sondern auch Gefahren verbunden: In der Entwicklung zur Gleichheit und zur Massendemokratie sah er die Tendenz zur Despotie eines zentralisierten, alle Lebensbereiche beherrschenden Staates. Vor allem in Frankreich seien diese Tendenzen schon im 17. Jahrhundert unter Ludwig XIV. vorbereitet und dann von den Vertretern der Revolution weiter fortgeführt worden.

1831–32 bereiste Tocqueville im Auftrag des französischen Justizministeriums die noch jungen Vereinigten Staaten von Amerika. Den offiziellen Auftrag, das amerikanische Justizwesen kennenzulernen, benutzte er zu einem intensiven Studium der gesamten amerikanischen Lebenswelt. Amerika war für ihn das Land, in dem die durch die europäischen Ereignisse angestoßenen sozialen und politischen Veränderungen am weitesten fortgeschritten waren. Hier, wie nirgends sonst, sah er »eine Gleichheit der Bedingungen« für alle Bürger verwirklicht. Die Vereinigten Staaten waren für ihn das gesellschaftliche und politische Experimentierlabor für die Zukunft. Aus dem umfangreichen gesammelten Material entstand sein zweibändiges Hauptwerk *Über die Demokratie in Amerika*, in dem er die amerikanische Gesellschaft in all ihren Institutionen analysierte und seine Theorie über die Vereinbarkeit von Demokratie und Freiheit entwickelte. Es entstand in dem Bewusstsein, dass eine neue Welt eine »neue politische Wissenschaft« braucht.

Der zentrale Wert in Tocquevilles politischer Philosophie ist Freiheit. Damit ist allerdings nicht einfach ein Freiraum des Handelns gemeint, sondern eine Lebensform, in der der Bürger aktiv Verantwortung für das Gemeinwesen übernimmt. Dies ist aber nur zu verwirklichen, wenn es solche Möglichkeiten der aktiven Verantwortungsübernahme auch im alltäglichen Leben, also schon auf lokaler Ebene gibt. In der amerikanischen Republik bestand diese Möglichkeit durch die Selbstverwaltungsformen der Gemeinden. Hier, im kommunalen zivilgesellschaftlichen Engagement, findet für Tocqueville die eigentliche Erziehung zur Demokratie, d.h. zum Erwerb einer praktischen Klugheit und politischen Urteilsfähigkeit, statt.

Gleichheit und Freiheit in einer Demokratie können für Tocqueville nur dann miteinander verbunden werden, wenn die politische Macht sich nicht allein in einer Hand konzentriert. Ansonsten besteht die Gefahr einer »Tyrannei der Mehrheit«. Die Selbstverwaltung der Gemeinden ist nur ein Beispiel für eine solche Dezentralisierung. Ebenso wichtig ist die Verteilung der Macht innerhalb der staatlichen Institutionen, eine Forderung, die schon der Frühaufklärer Montesquieu in seiner Theorie von der Gewaltenteilung erhoben hatte. In den Vereinigten Staaten wird dies durch die bundesstaatliche Verfassung gewährleistet, aber auch durch die starke Stellung, die den vom Volk gewählten Geschworenengerichten zugesprochen wird. Dass der amerikanische Präsident eine Stellung innehat, die ihn von unmittelbaren politischen Stimmungen unabhängig macht, sah Tocqueville ebenfalls positiv.

*Über die Demokratie in Amerika* wirkte weit in die Zukunft und wurde zu einer Grundschrift des politischen Liberalismus und der modernen Demokratietheorie. Mit ihrer Forderung nach praktischer Einübung der Freiheit als Lebensform übte sie u.a. großen Einfluss auf John Stuart Mill aus. Die Forderung nach Dezentralisierung und Verteilung politischer Macht wurde im 20. Jahrhundert von Raymond Aron oder Hannah Arendt aufgenommen. Als geradezu prophetisch erwies sich Tocquevilles Voraussage, Russen und Amerikaner würden die beiden dominanten Völker des 20. Jahrhunderts werden, die Amerikaner als Träger der Freiheitsidee, die Russen dagegen als Vertreter eines politischen Systems der zentralisierten Macht und Knechtschaft.

## Ludwig Feuerbach

1804–1872

### Das Wesen des Christentums

Leipzig 1841

Feuerbachs Hauptwerk ist das bedeutendste Werk der philosophischen Religionskritik im 19. Jahrhundert. Doch entgegen einer weit verbreiteten Auffassung geht es hier nicht um eine Abrechnung mit der Religion. Im Gegenteil: Feuerbach will das religiöse Gefühl des Menschen wieder auf seine wahren Wurzeln zurückführen. Diese Wurzeln liegen für ihn aber nicht im Jenseits, sondern im Diesseits, genauer gesagt: im Menschen selbst. An die Stelle der Gottfrömmigkeit tritt eine Weltfrömmigkeit, die die sinnlich erfahrbare Welt heilig spricht. »Heilig sei uns darum das Brot, heilig der Wein, aber auch heilig das Wasser!« lautet der abschließende Satz des Werks.

Ausgangspunkt des Feuerbachschen Denkens ist eine langjährige Auseinandersetzung mit G.W.F. Hegel, dem Schöpfer des letzten großen Systems des Idealismus und einflussreichsten Philosophen des frühen 19. Jahrhunderts. Hegel hatte die christliche Lehre von der göttlichen Offenbarung in der Welt rational umgedeutet in eine Selbstoffenbarung der menschlichen Vernunft, die im Verlauf der Kulturgeschichte zum »absoluten Wissen«, d.h. zur Erkenntnis des wahren, vernünftigen Wesens der Welt vordringt. Schon Hegel hatte den Gedanken eines Jenseits aus seiner Philosophie verdrängt.

Auch bei Feuerbach geht es um die Selbsterkenntnis der Vernunft, die Erkenntnis, die die menschliche Gattung über sich und ihr Verhältnis zur Welt erlangt. Wie später Karl Marx gehörte Feuerbach zu den sogenannten »Junghegelianern«, also jenen Anhängern Hegels, die der geistigen Weltvernunft Hegels eine materialistische Deutung gaben. Feuerbachs Mensch ist nicht in erster Linie ein geistig bestimmtes Wesen, sondern eine Einheit aus Sinnlichkeit und Rationalität. Wahre Selbsterkenntnis und wahre Aneignung der Welt führen immer über die sinnliche Erfahrung der Einheit von Mensch und Mensch sowie von Mensch und Natur. In der Religion wird diese Einheit wie in einem Zerrspiegel sichtbar.

Das »Wesen« des Christentums als der für Feuerbach fortgeschrittensten monotheistischen Religion ist das Wesen aller Jenseitsreligion: Es liegt in einem fehlgeleiteten menschlichen Bewusstsein. Das Bewusstsein, das der Mensch von den Möglichkeiten seiner eigenen Gattung hat, projiziert er auf einen jenseitigen Gott. *Das Wesen des Christentums* erfüllt deshalb, in den Worten des Autors, eine therapeutische Funktion: Es stellt den Versuch dar, die Theologie als eine »psychische Pathologie« zu lesen und die in ihr zum Ausdruck kommenden Fehldeutungen der menschlichen Psyche wieder auf ihre wahren menschlichen Wurzeln zurückzuführen. Die Wahrheit der Theologie liegt für Feuerbach in der Anthropologie.

Das Buch umfasst zwei große Teile: Im ersten untersucht Feuerbach die religiösen Vorstellungen des Christentums auf ihren wahren menschlichen Kern hin. In einem zweiten Teil beschäftigt er sich mit der Aufdeckung von Widersprüchen in der christlichen Lehre.

Für Feuerbach ist der religiöse Himmel nichts anderes als das im Bilde angeschaute, von allen konkreten Missständen befreite, perfekte Diesseits. Der Mensch erfährt sich als unvollkommen, hat aber ein Bewusstsein der Unendlichkeit und Vollkommenheit seiner Gattung. Dieses Bewusstsein der Vollkommenheit projiziert er auf das Bild Gottes. Weil der Mensch sich in diesem Bild aber nicht selbst erkennt, ist Religion für Feuerbach Ausdruck der menschlichen Entfremdung. Vom Bild Gottes kann man also wiederum auf das Selbstverständnis des Menschen schließen. Eine der wichtigsten Brücken zum Wesen des Menschen führt über die Vorstellung Gottes als des Inbegriffs der Liebe. Hier manifestieren sich, in entfremdeter Form, die tiefste menschliche Empfindung und das Band, das die Gattung Mensch zusammenhält.

Feuerbachs große Wirkung auf die Dichtung und Philosophie der Moderne wird bis heute von vielen nicht wahrgenommen. Er hat nicht nur unmittelbaren Einfluss auf Marx und die Entstehung des Marxismus ausgeübt, seine Projektionsthese ist auch von Freud bzw. der Psychoanalyse aufgenommen worden. Als einer der Väter eines ganzheitlichen Menschenbildes hat er aber auch die moderne Anthropologie beeinflusst.

## Sören Kierkegaard
1813–1855

**Entweder – Oder. Ein Lebensfragment, herausgegeben von Victor Eremita** (Enten – Eller. Et Livs-Fragment, udgivet af Victor Eremita)
Kopenhagen 1843

Der dänische Theologe Sören Kierkegaard entwickelte, wie viele Denker seiner Generation, seine philosophischen Anschauungen in Auseinandersetzung mit Hegel und dem Deutschen Idealismus. Kierkegaard stieß sich vor allem an dem Gedanken einer überpersönlichen, die menschlichen Geschicke lenkenden Weltvernunft. Konnte man wirklich, wie Hegel meinte, die gesamte Wirklichkeit, einschließlich der Geschichte, der Politik, Kultur, Wissenschaft und Religion, als einen gesetzmäßigen Prozess erklären, an dessen Ende sich die Vernunft dem Menschen in rationaler Form offenbart?

Kierkegaard machte wie Marx oder Feuerbach geltend, dass in dieser allumfassenden Vernunftphilosophie die konkreten Probleme des Menschen keinen Platz haben. Anders als bei Marx stand für ihn jedoch nicht die Veränderung der Gesellschaft im Mittelpunkt, sondern die Existenz und die wichtigen Lebensentscheidungen des einzelnen Menschen. Um sie geht es auch in seinem ersten großen Werk *Entweder – Oder*, das er als »Lebensfragment« bezeichnete.

Die Entscheidung für oder gegen eine Lebensform kann niemandem abgenommen werden. Den Test muss jeder in seinem eigenen Leben bestehen. Kierkegaard beschränkt sich deshalb auch darauf, Bedeutung und Konsequenzen solcher Entscheidungen vorzuführen. Zu diesem Zweck wählte er für sein Buch eine für die Philosophie ungewöhnliche literarische Form: Er versteckt sich als Autor hinter einem

Netz fiktiver Figuren. Unter dem Pseudonym Victor Eremita (»Victor der Einsiedler«) tritt ein Herausgeber auf, der behauptet, die verschiedenen Texte des Buches seien von zwei unterschiedlichen Autoren verfasst worden, die er »A« und »B« nennt. Es handelt sich dabei um Aufzeichnungen unterschiedlichster Art: Essays, Aphorismen, Tagebuchnotizen und Briefe.

»A« und »B« führen zwei gegensätzliche Lebenshaltungen vor, die als »ästhetisches« bzw. »ethisches« Stadium des Lebens bezeichnet werden. Die ästhetische Lebenshaltung des »A« zielt auf Genuss. Dabei reichen die Formen des Genusses von unmittelbarer Sinnlichkeit, wie ihn Mozart in seinem *Don Giovanni* gestaltet, bis zu dem hoch reflektierten Genuss eines planenden Strategen, wie er in dem Text »Tagebuch des Verführers« vorgeführt wird. Der Ästhetiker lebt für den Tag. Er ist weder bereit, sich auf moralische Regeln noch auf eine in die Zukunft angelegte Lebensplanung einzulassen. Da er sich nie für etwas bewusst entscheidet, nie seinem Leben einen bewussten Sinn gibt, lebt er unterschwellig im Zustand der Schwermut und Verzweiflung, die beide immer wieder durchbrechen.

»B« hingegen, der »Ethiker«, hat solche bewussten Entscheidungen getroffen. Zwar scheint sein Leben, oberflächlich betrachtet, als verheirateter und in einem bürgerlichen Beruf lebender Mann sehr viel langweiliger zu verlaufen, aber er hat seinem Leben eine dauerhafte Gestalt gegeben. Dazu gehört auch die Fähigkeit, feste Bindungen mit anderen Menschen einzugehen. Der »Ethiker« hat mit einer auf Dauer angelegten Lebensform, bei allen Wechselfällen des Lebens, also eine Identität erworben: Er wird nicht von der Zeit getrieben, sondern er ist ihr Gestalter.

»Entweder – Oder« heißt also zunächst: Entweder lebe ich ästhetisch oder ethisch. Erst in der ethischen Lebensform also verwirklicht sich der Mensch selbst, weil nur sie auf

einer bewussten Entscheidung beruht. In Hegels Begriffs-
analysen gelangte man von einem niederen zu einem höheren Stadium durch eine von vornherein angelegte »dialektische« Entwicklung, durch Überwindung und Integration
von Gegensätzen. Auf der Ebene der Existenz, zwischen dem
ästhetischen und ethischen Stadium, gibt es jedoch keinen
Übergang, sondern einen Sprung, der durch eine Wahl, eine
grundsätzliche Lebensentscheidung herbeigeführt wird. In
dieser Wahl ergreift der Mensch seine Freiheit und gibt seinem Leben eine bestimmte Gestalt.

Erst im 20. Jahrhundert entfaltete Kierkegaards Philosophie ihren Einfluss und wurde zur Inspiration moderner
Existenzphilosophen wie Heidegger, Jaspers, Sartre und Camus. *Entweder – Oder* blieb, nicht zuletzt wegen seiner
kunstvollen literarischen Form, eine der meistgelesenen
Schriften Kierkegaards, wobei besonders das »Tagebuch des
Verführers« als eigene kleine Schrift zu Berühmtheit kam.


## Max Stirner

1806–1856

### Der Einzige und sein Eigentum

Leipzig 1845

Unter den Philosophen des frühen 19. Jahrhunderts, die in
die Schule der Hegelschen Philosophie gegangen waren,
diese aber zum Gegenstand der Kritik machten, war Max
Stirner der radikalste. Seine einzige größere Schrift, *Der
Einzige und sein Eigentum*, ist ein mit viel rhetorischer Leidenschaft verfasstes Plädoyer für ein befreites Ich, das sich
von allen Bindungen löst – auch von denen der Gesellschaft,
der Religion und des Staates. Der Mensch, so Stirners These,

hat sich mit allen möglichen ideologischen Gespenstern umgeben, von denen er sich lösen muss.

Stirner gehörte wie Ludwig Feuerbach, Bruno Bauer und Karl Marx zu den sogenannten »Junghegelianern«: Sie griffen Hegels Auffassung auf, dass sich die Vernunft zwangsläufig in der Geschichte durchsetzt. Doch diese Vernunft war für sie kein abstraktes »Absolutes« mehr, sondern verwies auf die Befreiung des Menschen von allen materiellen und ideologischen Zwängen. So formulierte Feuerbach in seiner Schrift *Das Wesen des Christentums* eine Religionskritik, die in den Eigenschaften Gottes die einer befreiten menschlichen Gattung sah.

Stirner gingen Feuerbachs Überlegungen nicht weit genug. Er warf ihm vor, die menschliche Gattung zu einem neuen Gott gemacht und damit einen neuen Altar aufgestellt zu haben. Er hingegen richtete seine Kritik gegen die Unterwerfung unter jedwede »Sache«, sei es auch die Unterwerfung unter die Idee der Humanität. Sein eigenes Motto, mit dem er seine Schrift einleitet, lautet deshalb: »Ich hab' mein Sach' auf Nichts gestellt!« (nach Goethes berühmtem gleichnamigen Gedicht über den Krieg).

Wie Feuerbach teilt auch Stirner sein Werk in zwei große Teile ein. Doch jetzt geht es nicht mehr um »Gott« und »Mensch«, sondern um »Mensch« und »Ich«. Den ersten Teil widmet Stirner der Auseinandersetzung mit all jenen Theorien, in denen der Mensch noch in den Dienst einer Ideologie gestellt wird. Im Mittelpunkt des zweiten Teils steht der befreite Mensch. Zu den Ideologien, die Stirner kritisiert, gehört nicht nur das traditionelle Christentum, sondern auch die neuen Befreiungsprogramme, die er unter dem Namen »Liberalismus« zusammenfasst. Darunter versteht er nicht nur die von der Französischen Revolution inspirierten bürgerlichen Emanzipationsbewegungen, sondern auch die neuen Theorien des Sozialismus und Kommunismus, die er als »sozialen Liberalismus« bezeichnet. Gerade hier droht nach Stirner eine neue Versklavung, nämlich die völlige Unterordnung des Menschen unter die Interessen der Gesellschaft.

Der »Eigner« dagegen, also der wirklich befreite Mensch, weiß: »Mir geht nichts über Mich!« Er gelangt zu seinem »Eigentum«, d. h. zur absoluten Verfügungsgewalt über sein Ich, nicht durch eine politische oder soziale Revolution, sondern durch die individuelle Weigerung, sich einem fremden Willen und einer fremden Sache zu unterstellen. »Meinen Willen kann niemand binden«, so Stirner, »und mein Widerwille bleibt frei.« Egoismus ist für Stirner also kein Schimpfwort, sondern die natürliche Haltung des befreiten Ich, das seinem Selbstgenuss lebt.

Wie können aber solche »Eigner« zusammen in einer Gesellschaft leben? Da Stirner jede feste politische Organisationsform ablehnt, befürwortet er eine freie, lockere Assoziation von Individuen, die durch gegenseitige Sympathie, durch »Liebe«, zusammengehalten wird. Da diese Liebe für den Einzelnen mit einem befriedigenden Lebensgefühl verbunden ist, lässt sie sich auch mit dem Egoismus vereinbaren.

Stirner, mit richtigem Namen Johann Caspar Schmidt, blieb einer der großen Außenseiter der Philosophiegeschichte. Bereits von seinen Zeitgenossen beschimpft und geschmäht, verstarb er verarmt in Berlin. Auch Karl Marx, der von Stirner wichtige Anregungen für seine Kritik des philosophischen Idealismus erhielt, denunzierte ihn als »hohlsten und dürftigsten Schädel unter den Philosophen«. Dennoch blieb *Der Einzige und sein Eigentum* auf provokative Weise fruchtbar und beeinflusste nicht nur den modernen Anarchismus, sondern auch Nietzsche, Dostojewski und experimentelle Künstler wie Max Ernst.

# Karl Marx / Friedrich Engels

1818–1883 / 1820–1895

## Manifest der Kommunistischen Partei

London 1848

Das als »Kommunistisches Manifest« berühmt gewordene *Manifest der Kommunistischen Partei* ist der seltene Fall einer Mischung aus philosophischer Theorie und politischem Pamphlet. Ein Grund dafür liegt in der Entstehungsgeschichte der Schrift: Die beiden knapp dreißigjährigen Autoren, Karl Marx und Friedrich Engels, waren Gründungsmitglieder des »Bundes der Kommunisten«, einer Vereinigung radikaler Sozialisten, und wurden von diesem Bund beauftragt, ein Parteiprogramm zu verfassen. Deshalb nimmt auch die Abgrenzung gegenüber rivalisierenden Strömungen und Fragen der politischen Strategie in der Schrift einen verhältnismäßig großen Raum ein. Ein zweiter Grund liegt in dem philosophischen Selbstverständnis der beiden Autoren, für die Philosophie und Politik eine Einheit bildeten. Marx hatte dies vier Jahre zuvor in seiner später berühmt gewordenen Notiz bzw. seiner 11. Feuerbachthese (»Die Philosophen haben die Welt nur verschieden *interpretiert*, es kömmt darauf an, sie zu *verändern*«) zu der Forderung zugespitzt, Philosophie müsse in politische Praxis einmünden.

Für die Philosophiegeschichte erlangten vor allem die ersten beiden der vier Teile umfassenden Schrift Bedeutung, »Bourgeois und Proletarier« und »Proletarier und Kommunisten«. In diesen entwickeln Marx und Engels ihre neue materialistische Deutung der Geschichte. Als ehemalige Schüler Hegels übernahmen sie dessen Deutung der Geschichte als einer schrittweisen Offenbarung der Vernunft. Nach Hegel ist die Geschichte ein Fortschrittsprozess, der

nach dem Gesetz der Dialektik verläuft: Auf jeder Stufe bilden sich Gegensätze heraus, die auf einer höheren Stufe
überwunden werden.

Auch für Marx und Engels ist die Geschichte ein solcher Prozess. Doch seine treibenden Kräfte liegen nicht in
geistig-kulturellen Entwicklungen, sondern in ökonomischen Bedingungen und Verteilungskämpfen. Eine der zentralen Thesen ihres »historischen Materialismus« lautet:
»Die Geschichte aller bisherigen Gesellschaft ist die Geschichte von Klassenkämpfen.« Auf jeder Stufe der geschichtlichen Entwicklung kommt es zum Kampf zwischen
der Klasse der Herrschenden und der Klasse der Unterdrückten, zwischen freiem Bürger und Sklave, zwischen
Feudalherrn und Leibeigenem – bis hin zum gegenwärtigen Klassenkampf zwischen der Bourgeoisie und der neu-
en Industriearbeiterschaft, dem Proletariat. In jeder Gesell-
schaftsform entwickeln sich neue »Produktivkräfte«, die
mit den Produktionsverhältnissen in Widerspruch geraten.
Dies führt zu politischen Umwälzungen, die die ehemals
unterdrückte Klasse an die Macht bringen.

Mit der Entstehung des Proletariats hat sich jedoch etwas Entscheidendes verändert: Zum ersten Mal gibt es eine
Klasse, die nichts mehr besitzt außer der Arbeitskraft, die sie
zum Verkauf anbieten muss. Unter kapitalistischen Produktionsverhältnissen entsteht eine riesige ausgebeutete, recht-
und besitzlose Masse, die also nichts mehr zu verlieren hat.
Sie kann nur befreit werden, indem die Wurzel aller Ausbeutung, das Privateigentum an Produktionsmitteln, beseitigt wird. Mit der Befreiung des Proletariats wird deshalb
nicht nur eine bestimmte Klasse, sondern die Menschheit
insgesamt befreit.

Dies kann nur in einem gewaltsamen Umsturz geschehen, denn die Bourgeoisie wird ihre Enteignung nicht frei-
willig vollziehen. Marx und Engels prophezeien eine unaus-

weichlich bevorstehende Revolution, die unter Führung der Kommunisten, des entschiedensten und bewusstesten Teils des Proletariats, stattfinden wird. Von den Kommunisten geht deshalb der Schlachtruf aus, der wie ein Posaunenstoß am Ende der Schrift steht: »Proletarier aller Länder vereinigt euch!«

Es war gerade die Mischung aus theoretischer Analyse und politischer Rhetorik, die aus dieser Gelegenheitsarbeit eine der wichtigsten Grundschriften des Marxismus und der sozialistischen Arbeiterbewegung machte. Ihre größte Wirkung entfaltete die Schrift zwischen dem Ende des 19. und der Mitte des 20. Jahrhunderts, als der Marxismus zur philosophischen Grundlage politischer Massenbewegungen wurde.

## Sören Kierkegaard
1813–1855

**Die Krankheit zum Tode** (Anti-Climacus, Sygdommen til Døden)

Kopenhagen 1849

Wie der Mensch mit den ihm aufgegebenen Lebensentscheidungen umgehen, welche Art von Existenz er führen soll, ist das Thema aller Kierkegaardschen Schriften. *Die Krankheit zum Tode*, die wie seine übrigen philosophischen Schriften unter einem Pseudonym veröffentlicht wurde, enthält Kierkegaards Anthropologie, also seine Lehre vom Menschen, und, damit eng verknüpft, seine Theorie der Freiheit, mit der er weit bis in die Philosophie des 20. Jahrhunderts hineingewirkt hat.

Dass der Mensch »Geist« ist und dass er »frei« ist, sind für Kierkegaard synonyme Bestimmungen. Der Mensch ist fähig, über die biologischen und materiellen Bedingungen seiner Existenz hinaus seinem Leben durch einen Lebensentwurf einen Sinn zu geben. Er kann, so Kierkegaard, das zeitlich Begrenzte, das »Endliche« seines Lebens mit dem »Ewigen« und »Unendlichen«, mit einem geistigen Horizont verbinden.

Dieses wesentliche Charakteristikum des Menschen nennt Kierkegaard das »Selbst«. Das Selbst ist zunächst nur eine Anlage, eine Möglichkeit, die es erst zu verwirklichen gilt. Es ist, so Kierkegaard, ein Verhältnis, das der Mensch zu sich selbst hat und das er gestalten muss. Für den Theologen Kierkegaard liegt der Ursprung dieses Verhältnisses in Gott: Gott hat den Menschen frei geschaffen, und dieser muss die ihm gegebene Freiheit nutzen.

In der 1844 erschienenen Schrift *Der Begriff Angst* beschreibt Kierkegaard den Zustand, in dem der Mensch seiner Freiheit erst allmählich, »träumend« bewusst wird. Was Kierkegaard in *Die Krankheit zum Tode* in den Mittelpunkt stellt, ist dagegen der Umgang mit dieser Freiheit. Die »Krankheit zum Tode« ist keine körperliche oder psychische Krankheit, sondern eine Krankheit des »Geistes«, d. h. eine Haltung und Lebensweise, die der Freiheit als Bestimmung des Menschen nicht gerecht wird. Als Scheitern der Selbstverwirklichung hat diese Krankheit für Kierkegaard auch einen Namen: Verzweiflung.

Verzweiflung entsteht immer dann, wenn der Mensch das in ihm angelegte Verhältnis zwischen Endlichkeit und Unendlichkeit, Zeitlichkeit und Ewigkeit nicht realisiert. Bereits in seinem frühen Werk *Entweder – Oder* hatte Kierkegaard mit der Beschreibung einer »ästhetischen« – im Gegensatz zu einer »ethischen« – Lebenseinstellung eine Form dieser Verzweiflung genannt: Im ästhetischen Stadium verweigert sich der Mensch einer Wahl, d. h. einer bewussten Gestaltung seines Lebens. Er verwirklicht sich nicht, sondern verbleibt immer im Zustand des Experimentierens und der Möglichkeit.

Daneben kann die Verzweiflung noch vielfältige Formen annehmen: So kann man aus Trotz an einem Selbstbild festhalten, das einem überhaupt nicht entspricht. Man kann aber auch aus Schwachheit sich weigern, sein Selbst anzunehmen, und es loszuwerden versuchen.

Verzweiflung entsteht aber auch dann, wenn die eine der beiden Seiten des Selbst-Verhältnisses überbetont wird, wenn ein Mensch sich z.B. ganz in seinen Umständen einrichtet und die geistige Dimension seines Lebens nicht erkennt oder wenn er, im Gegenteil, sich in phantastischen Projekten verliert, ohne die Umstände im Auge zu behalten, in denen er lebt.

Kierkegaard macht dabei immer eine theologische Voraussetzung: Gott hat jedes Individuum in einer bestimmten Weise geschaffen, und es ist daher die Beziehung zu Gott, also der Glaube, in dem die Selbstverwirklichung erst gelingen kann. Die Verzweiflung als »Krankheit zum Tode« ist für ihn dagegen gleichbedeutend mit der Sünde. Diejenigen Philosophen des 20. Jahrhunderts, die, wie Martin Heidegger und Jean-Paul Sartre, von Kierkegaards Begriff der Freiheit und Selbstverwirklichung beeinflusst wurden, haben diese theologische Deutung allerdings nicht mehr übernommen und eine Theorie der Selbstverwirklichung ohne Gott entwickelt.

## John Stuart Mill
1806–1873

### Über die Freiheit (On Liberty)
London 1859

Wie oft Frauen den männlichen Klassikern der Philosophie die Feder geführt haben, wissen wir nicht. Im Falle John Stuart Mills und seiner Freiheitsschrift ist der Einfluss seiner Lebenspartnerin und späteren Frau Harriet Taylor jedoch gut belegt. Taylor war eine philosophisch hoch gebildete Publizistin und Reformerin, die für Toleranz gegenüber verschiedenen Lebensformen, für die Rechte der Frauen und für die Verbesserung der Lage der arbeitenden Klassen eintrat. Sie war es, die Mill zu seinem Plädoyer für individuelle Freiheit inspirierte.

Beeinflusst wurde Mill aber auch durch Lektüre von Schriften Alexis de Tocquevilles und Wilhelm von Humboldts. Ausführlich hatte er sich in einer Rezension mit Tocquevilles *Über die Demokratie in Amerika* auseinandergesetzt. Tocqueville hatte vor den Gefahren für die individuelle Freiheit gewarnt, die in der modernen Massendemokratie von einer »Tyrannei der Mehrheit« ausgeht. Aus Deutschland erreichte Mill 1854 die englische Übersetzung der *Ideen zu einem Versuch, die Grenzen der Wirksamkeit des Staates zu bestimmen*, in der Humboldt individuelle Freiheit als Grundlage der Verwirklichung des klassischen Ideals der allseitig entwickelten Persönlichkeit bezeichnet hatte.

Im Spannungsverhältnis zwischen gesellschaftlichen Ansprüchen an das Individuum und dessen Recht auf Selbstverwirklichung stellt sich Mill auf die Seite des Individuums. Die Möglichkeit, sein Leben auch gegen gesellschaftliche Mehrheitserwartungen gestalten zu können, gehört zum Kern seiner Freiheitsauffassung. Für Mill ist »die einzige Unabhängigkeit, die diesen Namen verdient, die Möglichkeit, unser eigenes Wohl auf unsere eigene Art zu erreichen, solange wir nicht versuchen, andere ihres Gutes zu berauben«. Die Grenze individueller Freiheit liegt exakt dort, wo in die Freiheit eines anderen eingegriffen wird.

Mills Kritik richtet sich nicht nur gegen offensichtliche politische Unterdrückung in einem System, das dem Einzelnen die bürgerlichen Rechte verwehrt. Ihm geht es auch um die Befreiung von dem sozialen Druck, der von der Gesellschaft in Form von Konventionen und sozialen Erwartungen ausgeht, um jene »Tyrannei der Mehrheit«, die auch unter dem Dach demokratischer Institutionen entsteht.

Mill hebt drei Arten von Freiheit hervor: die Meinungs- und Redefreiheit, dann die Freiheit, seine eigene Lebensform zu wählen, und schließlich die politische Versammlungsfreiheit. Pluralismus der Meinungen und Lebensformen ist für ihn die Bedingung dafür, dass sich eine Gesellschaft weiterentwickelt und von Missständen befreit. So dient die Möglichkeit, verschiedene Meinungen öffentlich diskutieren zu können, der Wahrheitsfindung und Lösung öffentlicher Probleme. »Experiments of living« wiederum, also das Austesten verschiedener Lebensformen, erhöhen das kreative Potential einer Gesellschaft. Das Ausmaß der Freiheit in einer Gesellschaft zeigt sich für Mill in der Freiheit, die man den Abweichlern und Außenseitern einräumt. Die Forderung nach Pluralismus und Toleranz gilt auch für die im 19. Jahrhundert stark eingeschränkten Rechte der Frau. Unter dem Einfluss Harriet Taylors wurde Mill zu einem frühen Fürsprecher weiblicher Emanzipation.

Der überschaubare Umfang und die anschauliche, verständliche Sprache machen *Über die Freiheit* zu einer der lesbarsten Schriften der Philosophie und zu einem idealen Einstiegstext für Anfänger. Mit seinem Plädoyer für die

Freiheit als politischen Grundwert wurde Mill zu einem der Begründer des politischen Liberalismus und in der englischsprachigen Welt zum bedeutendsten politischen Philosophen des 19. Jahrhunderts. Auch die Kritik am Totalitarismus im 20. Jahrhundert, wie sie u. a. Karl Popper mit seinem Begriff der »offenen Gesellschaft« geübt hat, findet ihre philosophischen Wurzeln bei Mill.

## Utilitarismus (Utilitarianism)

London 1861

Im Denken John Stuart Mills vereinigen sich mehrere philosophische Strömungen des 19. Jahrhunderts. Seine enge Anlehnung an die empirischen Wissenschaften macht ihn zu einem Positivisten in der Nachfolge Auguste Comtes. Politisch vertrat er einen Liberalismus und verteidigte, wie in seiner Schrift *Über die Freiheit*, die Persönlichkeitsrechte des Individuums gegenüber dem Staat. In *Utilitarismus*, seiner Begründung moralischen und politischen Handelns, folgte er der von Jeremy Bentham begründeten gleichnamigen Richtung, für die sich alle Handlungen an ihrem Nutzen (lat. »utilis« = nützlich) für das Gemeinwohl, das »größtmögliche Glück der größtmöglichen Zahl«, messen lassen müssen. Mill wuchs mit der Philosophie Benthams auf, da sein Vater eng mit diesem befreundet war. Wie Bentham verband auch er später politisch das Prinzip des Nutzens mit der Forderung nach radikalen gesellschaftlichen Reformen.

Doch Benthams grundlegende Schrift *Einführung in die Prinzipien der Moral und der Gesetzgebung* hatte auch viele Fragen aufgeworfen. Vor allem die These, dass das Glück in der Vermeidung von Schmerz (»pain«) und dem Herbeiführen von Lust (»pleasure«) besteht, hatte die Kritik provoziert, Bentham ziehe den Menschen auf das Niveau von Schweinen herab. Mill versuchte mit seiner Schrift, die er aus einer Reihe von vorher veröffentlichten Essays zusammenstellte, dieser Kritik entgegenzutreten und Benthams Theorie zu verbessern.

Zwar übernimmt Mill Benthams Position, nach der Lust und das Freisein von Unlust die einzigen Zustände seien, die das Wohl des Einzelnen und der Gesellschaft ausmachen, doch nach seiner Meinung kommt es nicht auf die Quantität, sondern die Qualität der Lust an. »Es ist besser«, so Mill, »ein unzufriedener Mensch zu sein als ein zufriedenes Schwein.« Der Mensch hat ein anderes Glücksniveau als ein Tier. Mag für ein Schwein das Glück in der Erfüllung sinnlicher Bedürfnisse bestehen, so muss der Mensch höher greifen. Mill nimmt eine Rang- und Wertordnung des Glücks an, die in einer Rangordnung von Bedürfnissen wurzelt: Das höherwertige menschliche Glück besteht in der Entfaltung der im Menschen angelegten schöpferischen Kräfte, zu denen vor allem geistige und kulturelle Fähigkeiten gehören. Die Frage, wie der Mensch dazu gebracht werden kann, das ihm gemäße Glück anzustreben, beantwortet Mill mit dem Verweis auf die Anlagen der menschlichen Natur: Die Grundmotivation dafür, ein höherwertiges Glück anzustreben, liegt in dem Gefühl des Menschen für seine eigene Würde.

Die Frage, wie dieses individuelle Glück mit dem Glück der Gesellschaft im ganzen zu vereinbaren ist, hatte schon Bentham beschäftigt. Anders als Bentham vertraut Mill hier aber nicht auf Druckmittel des Staates, also auf äußere Einflussnahme, sondern auf eine im Menschen angelegte moralische Instanz, nämlich auf das Gewissen. Wie viele englische Philosophen vor ihm geht auch er von einer Art »moral sense«, einer ursprünglichen moralischen Urteilsfähigkeit aus. In der Erziehung und Kultivierung des Gewissens liegt der Grundstein dafür, dass der Mensch das Nützliche seiner Handlungen mit dem Gesamtwohl der Gesellschaft identifiziert.

Kern dieses gesellschaftlichen Wohls ist für Mill Gerechtigkeit. Diese besteht einerseits in einer sozial abgewogenen Güterverteilung, vor allem aber in der Gleichheit der Bürger vor dem Gesetz und im Schutz individueller Grundfreiheiten und Grundrechte durch den Staat, wie Mill dies schon in seiner Schrift *Über die Freiheit* zwei Jahre zuvor gefordert hatte.

Wie viele Schriften Mills ist auch *Utilitarismus* von großer sprachlicher Klarheit und auch für den philosophisch nicht so Erfahrenen sehr gut lesbar. Als zweite klassische Gründungsurkunde des Utilitarismus trug sie erheblich dazu bei, dass dieser im englischen Sprachraum zur beherrschenden Richtung der Moralphilosophie wurde und eine Begründung der Moral durch Hinweis auf »ideale« oder »transzendente« Werte kaum noch eine Rolle spielte. Die von Mill aufgeworfene Frage nach der Beziehung von Nutzen und Gerechtigkeit blieb noch, z.B. bei John Rawls, bis ins 20. Jahrhundert Thema der politischen Philosophie.

## Herbert Spencer

1820–1903

**System der synthetischen Philosophie** (System of Synthetic Philosophy)

London 1862–1893

Kein englischer Philosoph war in seiner Zeit so einflussreich wie Herbert Spencer, erstaunlicherweise ein philosophischer Autodidakt, der viele Jahre als Ingenieur arbeitete. Die zehn

Bände seines Hauptwerks *System der synthetischen Philosophie* entstanden unter großen finanziellen Opfern und konnten nur verstreut in einem Zeitraum von 30 Jahren erscheinen. In einem äußerst ehrgeizigen Projekt versucht Spencer, die Ergebnisse der zeitgenössischen Wissenschaften philosophisch zu deuten und ein »synthetisches« Weltbild zu formulieren, das die Vielfalt naturwissenschaftlicher Erkenntnisse zu einer Einheit zusammenfasst.

Spencer gehört in die Nachfolge des von Auguste Comte begründeten Positivismus: Wie Comte war er ein an dem Gegebenen, den Fakten orientierter Philosoph und fest davon überzeugt, dass die menschliche Erkenntnis sich auf die beobachtbaren Gesetzmäßigkeiten zwischen den Dingen beschränken muss. Auf metaphysische Spekulationen und eine Erkenntnis des Absoluten, die über die Erfahrung hinausgeht, sollte der Mensch verzichten.

Wie Comte vertritt Spencer den Gedanken einer fortschreitenden Entwicklung: Danach kann die menschliche Kultur- und Wissenschaftsgeschichte als ein gesetzmäßig verlaufender Entwicklungsprozess verstanden werden. Entscheidend für Spencers Auffassung von Entwicklung war allerdings der Einfluss der Evolutionstheorie Charles Darwins. In dessen 1859 erschienener *Entstehung der Arten* hatte Darwin die biologische Entwicklung als einen »Kampf ums Dasein« charakterisiert, der durch das »Überleben der Tüchtigsten« entschieden wird, also desjenigen, der sich am besten an die Umwelt angepasst hat.

Für Spencer wurde diese Art der Evolution zum Vorbild für die Entwicklung in allen Wissens- und Wirklichkeitsbereichen – von den niedrigsten Formen der Materie bis hin zu hochkomplexen Organisationsformen der menschlichen Gesellschaft. Auch in den Wissensbereichen gibt es einen solchen Entwicklungszusammenhang zwischen niedriger und höherer Komplexität: Er führt von den Naturwissen-

schaften Biologie und Physik zur Soziologie und Ethik als
den Wissenschaften des menschlichen Zusammenlebens
und Handelns.

Das Grundgesetz dieser Entwicklung formuliert Spencer im ersten Band seines Werks: Danach entwickelt sich
alles aus unbestimmten und gleichartigen Zuständen zu
bestimmten, aber ungleichartigen Zuständen – also von
unstrukturierter Homogenität zu einer strukturierten He-
terogenität. Die aus einförmigen Zuständen entstandenen
Einheiten differenzieren sich zu komplexen Formen aus.
So bildet sich etwa aus einer strukturlosen Protoplasma-
masse eine Vielfalt organischer Wesen mit differenzierten
Körperfunktionen. Auch die Gesellschaft, der Spencer allein drei Bände widmet, hat eine solche Entwicklung hinter sich, eine Entwicklung von einer absolutistischen
Kriegerherrschaft, in der es fest zementierte Klassenun-
terschiede gibt und in der die Frau dem Mann unterge-
ordnet ist, zu einer hochkomplexen, auf Arbeitsteilung,
Industrie und friedlichen Handel gegründeten Gesellschaft, die demokratische Institutionen ausgebildet hat
und in der Mann und Frau gleichberechtigt sind. Für
Spencer ist England auf diesem Weg der schon am weitesten fortgeschrittene Staat.

Der Religion lässt Spencer zwar noch ein Schlupfloch
offen, da sie sich auf eine Wirklichkeit bezieht, die nie Gegenstand der Wissenschaft sein kann. Doch glaubt er, dass
die Menschen sich im Laufe ihrer Geschichte immer mehr
dem Diesseits zuwenden, so wie sich die Religion selbst
von einem primitiven Geisterglauben zum Monotheismus
entwickelt habe.

Mit diesen religionskritischen Ansichten und seiner
Nähe zu Darwins Evolutionstheorie zog Spencer sich den
Zorn der Kirche zu. Andererseits hat er maßgeblich dazu
beigetragen, dass sich die Evolutionstheorie im westlichen

Denken durchsetzte. In England ein Klassiker, wird sein Werk in Deutschland bis heute allerdings nur spärlich wahrgenommen.

# Karl Marx

1818–1883

## Das Kapital

London 1867–1894

Über die Frage, welches die grundlegende und wichtigste Disziplin der Philosophie ist, waren sich die Philosophen vor Karl Marx weitgehend einig. Es war die Metaphysik bzw. die Erkenntnistheorie, die beide in der Vernunft und im Geist die Antwort auf die Frage nach den letzten Grundlagen des Seins oder der Wirklichkeit suchten. Marx hingegen verstand sich als philosophischer Materialist: Er war der Ansicht, dass wir die Wirklichkeit nur dann verstehen, wenn wir die materiellen Bedingungen erklären können, unter denen wir arbeiten und unser gesellschaftliches Zusammenleben organisieren. Für ihn stellte die grundlegende Disziplin der Philosophie deshalb die politische Ökonomie dar. Auch den Menschen definierte er über seine Tätigkeit als Produzenten: Der Mensch ist das Wesen, das sich nur durch Arbeit, durch Bearbeitung und Austausch mit seiner natürlichen Lebensumwelt verwirklicht.

In dem mit seinem Freund Friedrich Engels verfassten *Kommunistischen Manifest* hatte Marx einen historischen Materialismus vertreten: Die Geschichte wird als eine Abfolge von Produktionsverhältnissen und den in ihnen herrschenden Klassenkämpfen gedeutet. In der modernen bürgerlichen, d.h. »kapitalistischen« Gesellschaft hat, im

Klassengegensatz zwischen Bourgeoisie und Proletariat, die Ausbeutung des Menschen ihr letztes Stadium erreicht.

In den drei Bänden seines umfangreichen Hauptwerks *Das Kapital* untersuchte Marx nun die Gesetzmäßigkeiten, auf denen die kapitalistische Produktion beruht und die dafür verantwortlich sind, dass der Mensch »entfremdete« Arbeit leisten muss und damit an seiner Selbstverwirklichung gehindert wird.

Die kapitalistische Gesellschaft erhält ihren Namen dadurch, dass die Menschen in ihr einer Macht ausgeliefert sind, die sie nicht beherrschen und steuern können: dem Kapital. Kapital ist nicht bloß angehäuftes Geld, sondern Geld, das sich im Prozess der Warenzirkulation ständig vermehrt. Die kapitalistische Gesellschaft ist eine Gesellschaft, in der alles vom Markt beherrscht und zur Ware wird. Das zügellose Wuchern des Kapitals, das ständig nach neuer »Verwertung« verlangt, ist nur deshalb möglich, weil die Ökonomie in einer ganz bestimmten Weise organisiert ist: Auf der einen Seite steht das Proletariat, die große Mehrheit der Bevölkerung, die Lohnarbeit leistet, d. h. ihre Arbeitskraft verkaufen muss. Auf der anderen Seite steht die herrschende Klasse, die Bourgeoisie, die über die Produktionsmittel verfügt und sich die Arbeitskraft der Proletarier kaufen kann.

Das Geheimnis des Kapitals und damit der kapitalistischen Gesellschaft liegt in dem sogenannten »Mehrwert«. Der Wert, den die von den Proletariern hergestellten Produkte auf dem Markt erzielen, ist höher als der dafür gezahlte Arbeitslohn, der lediglich ein Gegenwert zu der Arbeitszeit ist, die der Proletarier braucht, um seine Arbeitskraft wiederherzustellen. Im Mehrwert hat sich die Arbeit des Proletariers in den Profit des Bourgeois verwandelt. Das so entstandene Kapital kann durch Investitionen sich immer mehr Marktanteile erobern und weiter wachsen.

Marx prognostiziert den Untergang des Kapitalismus durch einen Prozess der Zentralisierung: Immer mehr Kapital wird sich in immer weniger Händen anhäufen, während auf der anderen Seite die ausgebeuteten Lohnarbeiter in ihrer Anzahl steigen und gleichzeitig verelenden werden. Dies führt schließlich an einen Punkt, wo in einer proletarischen Revolution die private Verfügungsgewalt über die Produktionsmittel abgeschafft wird und die Gesellschaft insgesamt die planmäßige Leitung der Produktion übernimmt. Erst dann ist die Selbstverwirklichung des Menschen möglich und seine Ausbeutung durch entfremdete Lohnarbeit beseitigt.

Das mit schwierigen, aber hochinteressanten ökonomischen Analysen gespickte und äußerst materialreiche Werk wurde von Marx nie fertiggestellt. Friedrich Engels brachte erst nach dem Tod des Autors Marx den zweiten und dritten Band in eine publikationswürdige Fassung. Dennoch wurde *Das Kapital* nicht nur zur Bibel der marxistischen Philosophie, sondern gilt bis heute als eines der Grundlagenwerke der Ökonomie und Gesellschaftstheorie.

## Friedrich Nietzsche

1844–1900

### Die Geburt der Tragödie aus dem Geiste der Musik

Leipzig 1872

Nietzsches *Die Geburt der Tragödie* ist der Erstling eines noch nicht dreißigjährigen Altphilologen, der einen Lehrstuhl in Basel innehatte und am Beispiel der Tragödie eine neue Sicht der altgriechischen Kultur vermitteln wollte. Doch das Buch hat eine noch sehr viel weiter reichende philosophische Dimension: Mit dem neuen Blick auf die griechische Antike enthält sie auch den Kern der vernunftkritischen Weltanschauung, die Nietzsche in seinen folgenden Schriften entwickeln sollte, und kann daher als Einleitung in dessen eigene Philosophie gelesen werden.

Das seit der deutschen Klassik vorherrschende Bild der griechischen Kultur war vor allem durch die Schriften Johann Joachim Winckelmanns geprägt. Von Winckelmann stammt die Charakterisierung, in der griechischen Kunst komme »edle Einfalt und stille Größe« zum Ausdruck. Goethe und Schiller folgten ihm in der Auffassung, dass die Antike die Kulturepoche der Harmonie und des Maßes gewesen sei und als solche Vorbildcharakter habe.

Nietzsche leugnete nicht, dass es in der griechischen Kultur diesen Aspekt des schönen Scheins gegeben habe. Er nannte diesen das »Apollinische«, nach Apoll, dem Gott des Maßes und der Helle. Doch es gab für ihn noch ein anderes Prinzip in der griechischen Kunst, in dem sich eine düstere pessimistische Weltsicht ausdrückte. Sie ans Licht zu bringen war eines der Ziele seiner Schrift, die entsprechend den Untertitel »Griechentum und Pessimismus« trägt.

Nietzsche hatte eine erste Formulierung für diese Weltsicht durch die Lektüre Arthur Schopenhauers gefunden. Nach Schopenhauer wird unsere Wirklichkeit keineswegs von der Vernunft, sondern von einem irrationalen, kosmischen und sich selbst zerfleischenden Willen bestimmt, der dafür verantwortlich ist, dass alles Leben Leiden ist. Einen wenigstens zeitweiligen Ausweg aus diesem ewigen Kreislauf des Leidens bietet die vom Willen freie Versenkung oder Kontemplation, die wir in der Betrachtung der Kunst erleben. Dieser Sicht der Wirklichkeit als Leiden, Grausamkeit und Kampf gab Nietzsche mit dem Begriff des »Dionysischen« einen Namen, der von Dionysos, dem Gott des Rausches, des Lebens und des Todes, herrührt.

Das Apollinische und das Dionysische sind also mehr als »Kunsttriebe«, wie Nietzsche sie nennt: In ihnen drücken sich Haltungen und Erfahrungen aus, die wir gegenüber der Welt entwickeln, nämlich einerseits die erschütternde Erfahrung eines dunklen Urgrundes, in dem sich jede Form und jede individuelle Gestalt in einer All-Einheit auflöst, andererseits die Möglichkeit, diesen dunklen Wirklichkeitsgrund in der ästhetischen Form, im »schönen Schein«, zu bannen. Nur als Kunst, als ästhetisches Phänomen, so Nietzsche, könne die Welt als solche gerechtfertigt werden.

In einer Gattung der griechischen Kunst ist es nach Nietzsche gelungen, den Konflikt zwischen dem Apollinischen und dem Dionysischen in einer exemplarischen und reinen Form zu einer Synthese zu bringen. Gemeint ist die frühe attische Tragödie. Sie ist aus dem »Geist der Musik« entstanden – für Schopenhauer die höchste aller Künste und für Nietzsche das ideale Medium des Dionysischen. Die Tragödie hat sich aus dem Chor entwickelt. Dieser hat wiederum seinen Ursprung im orgiastischen Dionysoskult, der reinsten Form der »dionysischen« Weltsicht bei den Griechen. In der Tragödie wird dann das Dionysische mit Hilfe der apollinischen Form zum tragischen Mythos gestaltet.

In der Zeit der griechischen Aufklärung, also in den Dramen des Euripides und besonders in der rationalen Weltsicht des Sokrates, sei das Dionysische jedoch zurückgedrängt worden und das Wesen des Tragischen abhanden gekommen. Für Nietzsche beginnt an dieser Stelle eine lange Phase der Dekadenz. Erst in seiner eigenen Zeit, mit den frühen Musikdramen Richard Wagners, sei eine erneute Verbindung des Dionysischen mit dem Apollinischen gelungen.

Bereits in seiner frühen Schrift bietet Nietzsche eine fesselnde Lektüre, die literarisch Welten von dem Stil der akademischen Philosophie entfernt ist. Mit dem Konzept des Dionysischen legte er das Fundament für die Weltdeutung und die Zivilisationskritik seiner späteren Schriften, in denen er sich allerdings vom Pessimismus Schopenhauers abwendete und die Wertschätzung Wagners in ihr Gegenteil verkehrte.

## Also sprach Zarathustra

Leipzig 1883–1885

*Also sprach Zarathustra* ist das Hauptwerk Nietzsches und einer der prominentesten philosophischen Klassiker, in denen Dichtung und Philosophie auf eine symbiotische Weise verbunden sind. Es ist im Stil eines religiösen Offenbarungsbuchs geschrieben und verkündet eine Lehre in Form von Reden, Gleichnissen, Gedichten und Aphorismen. Nietzsche fasst hier seine Kritik an der christlich geprägten europäischen Zivilisation und Philosophie zusammen, der er seine eigene Sicht der Geschichte entgegensetzt, und er prophezeit die Heraufkunft eines neuen Menschentyps.

Sprachrohr dieser philosophischen Offenbarungslehre wird die Figur des altpersischen Religionsstifters Zarathustra. Wie Jesus von Nazareth geht Zarathustra mit seiner Lehre zu den Menschen und schart Jünger um sich. Als Prophet einer neuen Weltanschauung ist er jedoch in bewusstem Gegensatz zum Menschengott des Christentums angelegt. Zarathustra, dessen historischer Namensgeber der erste große Religionsstifter war, der den absoluten Gegensatz von Gut und Böse gepredigt hat, soll nun zum Sprecher einer »Umwertung aller Werte« werden. Anstelle einer Jenseitsreligion verkündet er jetzt eine ganz dem Diesseits zugewandte Lehre.

Diese Umwertung bedeutet zum einen eine radikale Kritik an christlichen Moralvorstellungen, die den Menschen in Nietzsches Augen erniedrigen und ihm eine Demuts- und Mitleidshaltung verordnen. Sie richtet sich aber auch gegen die traditionelle Metaphysik, die den Geist höher bewertet als die Sinnlichkeit und die Existenz von »Hinterwelten« annimmt, also die wahre Wirklichkeit in einem Jenseits »hinter« der sinnlich wahrnehmbaren Welt der »Erscheinungen« postuliert. Für Nietzsche dagegen stellt das Diesseits die einzige wahre Wirklichkeit dar und ist der Leib, die sinnliche Welterfahrung, wichtiger als die geistige Erkenntnis.

Kern der neuen Diesseitsreligion Nietzsches ist die Lehre vom »Willen zur Macht« und von der »Ewigen Wiederkehr des Gleichen«. In Schopenhauers *Welt als Wille und Vorstellung* wurde, gegen die alte Vernunftmetaphysik, die These vertreten, dass die Welt von einer irrationalen kosmischen Kraft, dem »Willen«, beherrscht wird. Während Schopenhauer diesen Willen als negative, zerstörerische Kraft sah, deutet ihn Nietzsche zu einer positiven, kreativen Kraft, dem »Willen zur Macht«, um. Alles in der Natur strebt nach Macht, unterwirft das Niedere und unterwirft sich selbst dem Höheren.

Die vom »Willen zur Macht« beherrschte Welt kennt keinen Fortschritt, wie ihn die Aufklärung angenommen hatte. Nietzsche greift vielmehr mit seinem Gedanken der »Ewigen Wiederkehr des Gleichen« auf eine Geschichtsauffassung zurück, die schon in der Antike vertreten wurde: Alles bewegt sich in einem ewigen Kreislauf, die Entwicklung in die Zukunft und die Geschichte der Vergangenheit treffen sich irgendwann wieder.

Die Umwertung der Werte wird nach Nietzsche einen neuen Menschentyp hervorbringen. Der alte Mensch durchläuft dabei mehrere »Verwandlungen«, von der Unterwerfung unter die alten Moralvorstellungen (Stadium

des »Kamels«), über die Auflehnung gegen die Moral
(Stadium des »Löwen«) bis zur Haltung einer moralfrei-
en Unschuld (Stadium des »Kindes«), in der moralische
Wertungen keine Rolle mehr spielen. Mit dem Stadium
des »Kindes« erscheint der neue Mensch am Horizont,
den Nietzsche als »Sinn der Erde« bezeichnet: der sogenannte »Übermensch«. In ihm ist all das kultiviert, was
bisher unterdrückt worden war: Stärke, Rücksichtslosig-
keit, Vitalität, Kreativität. Er verkörpert selbst den »Willen zur Macht« und eine völlige Diesseitszugewandtheit:
Er sagt »Ja« zur Welt und zu ihrer Ewigkeit. In ihm
nimmt das Gestalt an, was Nietzsche in seinem Frühwerk
*Die Geburt der Tragödie* als dionysische Weltsicht beschrieben hatte.

*Also sprach Zarathustra* ist bis heute, nicht zuletzt wegen seiner rhetorischen Kunstfertigkeit, eines der meist gelesenen philosophischen Bücher geblieben und hat nicht nur
die moderne Philosophie, sondern auch Musiker wie Richard
Strauss und Künstler wie Max Beckmann maßgeblich
beeinflusst.

## Zur Genealogie der Moral

Leipzig 1887

*Zur Genealogie der Moral* gehört zu den Spätwerken Nietzsches, in denen er, wie auch in seinem Hauptwerk *Also
sprach Zarathustra* und in dem ein Jahr zuvor erschienenen
*Jenseits von Gut und Böse*, das Programm einer Umwertung
aller bisherigen Werte weiterverfolgt und sowohl mit der
Mitleidsethik seines frühen Lehrers Arthur Schopenhauer
als auch mit der damit verwandten Ethik des Christentums
abrechnet.

Eine »Genealogie«, eine Herkunftslehre, der Moral zu erstellen bedeutet für Nietzsche zunächst, zu erklären, wie sich die moralischen Werte im Laufe der Jahrhunderte in unserem Bewusstsein zivilisatorisch durchgesetzt haben. Seit Darwins Theorie des Menschen als einer durch Selektion aus der Tierwelt hervorgegangenen Entwicklungsstufe war es üblich geworden, auf die »natürlichen« Ursachen menschlichen Verhaltens zurückzugehen. Auch Nietzsche will die biologischen Wurzeln unseres Handelns aufdecken, aber er geht über diese noch hinaus: Ihm geht es auch um eine grundsätzliche Kritik, um eine Entlarvung dieser Werte und um ein Plädoyer für eine ganz andere, ursprüngliche und, wie Nietzsche glaubt, der Natur des Menschen angemessenere Moral. Die später hinzugekommenen, vom Christentum kulturell vermittelten Wertvorstellungen hält er für eine katastrophale Fehlentwicklung.

Nach eigenen Worten erhielt Nietzsche den ersten Anstoß zu seinem Buch durch die 1877 erschienene Schrift seines Freundes Paul Rée, *Der Ursprung der moralischen Empfindungen*. Rée geht von zwei unterschiedlichen Trieben des Menschen aus, die sein Handeln bestimmen: einem egoistischen und einem unegoistischen Trieb. Der Gegensatz zwischen »egoistisch« und »unegoistisch« ist für Nietzsche aber schon Produkt der Kultur und Merkmal einer Zeit, in der die ursprüngliche Bedeutung des Begriffs »gut« sich bereits verändert hatte.

Für Nietzsche bedeutete »gut« zunächst nämlich nicht notwendigerweise »unegoistisch«. Es kennzeichnete vielmehr die Handlungsweisen der Vornehmen, Durchsetzungsfähigen und Starken, deren wahre Natur die des ungezähmten Raubtiers, der von ihm so genannten »blonden Bestie«, war. Aus einem »Pathos der Vornehmheit und Distanz« grenzten sich diese Starken von dem »Schlechten« der Schwachen und Beherrschten ab. Sie folgten einer aristokratischen, kriegerischen und lebensbejahenden »Herrenmoral«.

Das, was wir heute unter »Moral« verstehen, ist für Nietzsche hingegen eine von jüdischen und später christlichen Priestern gesteuerte Reaktion gegen diese Werteordnung. Das Ressentiment der Schwachen gegen die Herrschaft der Starken wurde nun selbst kreativ, indem es das »Schlechte« zum moralisch »Guten« und das »Gute« zum moralisch »Bösen« erklärte. Es entstand eine »Sklavenmoral«, in der das Starke und Lebensbejahende unterdrückt und verleumdet und das Schwache in Form der Demut, des Mitleids und der Askese zur Tugend erhoben wurde. Der Hass gegen das Starke, der sich in dieser Moral ausdrückt, wurde in der Instanz des Gewissens verinnerlicht. Was unseren natürlichen Trieben und Instinkten entsprach, wurde nun verboten. Das moralische Schuldgefühl ist für Nietzsche also nichts anderes als eine seelische Krankheit und wie die gesamte christliche Moral ein Symptom der Dekadenz. Diese Moral schützt das degenerierende Leben und hindert den Menschen daran, sein schöpferisches Potential zu entwickeln. In dem vom Christentum propagierten Ideal der Askese drückt sich das Bedürfnis des Menschen nach einem Sinn, nach einer Richtung für seinen Willen, auf eine pervertierte Art aus: Dieser Wille, der in Wahrheit ein »Wille zur Macht« ist und sich nie unterdrücken lässt, richtet sich nun auf das Nichts, auf die Lebensverneinung.

Anders als die zuvor entstandenen Werke hat *Die Genealogie der Moral* nicht den Charakter einer philosophischen Dichtung, sondern verbleibt ganz im Rahmen eines rational argumentierenden Traktats. Die hier geäußerte Moral- und Zivilisationskritik hatte im 20. Jahrhundert eine zweischneidige Wirkung: Sie beeinflusste Freuds Psychoanalyse und die Kritik am Rationalismus, gab aber auch der Herrenmenschenideologie der Nazis eine ideologische Vorlage.

# Benedetto Croce
1866–1952

## Ästhetik als Wissenschaft vom Ausdruck und allgemeine Linguistik (Estetica come scienza dell'espressione e linguistica generale)
Bari 1902

Im 19. Jahrhundert hatte Hegels rationale Deutung der menschlichen Kulturgeschichte als eines »Fortschritts im Bewusstsein der Freiheit« in Italien großen Einfluss. Mit Blick auf Hegel konzipierte Benedetto Croce, der einflussreichste italienische Philosoph der ersten Hälfte des 20. Jahrhunderts, seine mehrbändige *Philosophie des Geistes*, in der er die unterschiedlichen Arten analysiert, in denen der menschliche Geist sich der Welt bemächtigt. Die beiden Erkenntnisformen der intuitiven und der begrifflichen Erkenntnis sind jeweils Gegenstand der *Ästhetik* und *Logik* – das Vermögen des Menschen, sich nützliche und moralische Handlungszwecke vorzugeben, ist Thema der *Philosophie der Praxis*. Vor allem der erste Band dieser groß angelegten Systemkonzeption, die *Ästhetik*, hat bleibende Spuren in der philosophischen Diskussion des 20. Jahrhunderts hinterlassen.

Im ersten Teil der Schrift entwickelt Croce seine eigene ästhetische Theorie, während der zweite sich mit der Geschichte der Ästhetik beschäftigt. Croce geht es darum, den Status der ästhetischen Wahrnehmung als »Erkenntnis« zu begründen und die Eigenständigkeit des Schönen und der Kunst gegenüber anderen menschlichen Aktivitäten herauszustellen. Aber er will auch jede elitäre Auffassung von Kunst zurückweisen und ihre enge Verbindung zum normalen Erkenntnisvollzug des Menschen herstellen.

Ordnen wir die Welt mit Hilfe von Begriffen, so Croce, so stellen wir gemeinsame Bezüge zwischen den Dingen her, wir beziehen uns also auf etwas Allgemeines. Der Begriff »Stuhl« meint das, was alle konkreten Stühle gemeinsam haben. Doch es gibt nach Croce noch eine andere, fundamentalere Erkenntnis, die den Einzelgegenstand unmittelbar und direkt erfasst: Diese Erkenntnis des Individuellen ist die intuitive Erkenntnis (»intuizione«). Sie ist ein schöpferisches Produkt unserer Einbildungskraft (»fantasia«) und geht der begrifflichen Erkenntnis voraus. Croces Begriff der Intuition meint konkrete »Anschauung« und spielt damit auf die Erkenntnistheorie Immanuel Kants an. Doch im Unterschied zu Kant, wo Anschauungen an Raum und Zeit gebunden sind, können Croces Intuitionen auch zeit- und raumunabhängige Eindrücke im Bewusstsein zur Darstellung bringen, so »eine Himmelsfarbe und eine Gefühlsfärbung, ein ›Ach‹ des Schmerzes und einen Willensantrieb«. Und anders als bei Kant, der erst dann von Erkenntnissen spricht, wenn der Verstand die Anschauungen mit Hilfe von Begriffen ordnet, sind Intuitionen für Croce eigenständige Erkenntnisleistungen. Um dies zu verdeutlichen, bezeichnet er sie auch als »Expressionen«, also als Ausdrucksformen. Eine Intuition im Sinne einer Expression liegt erst dann vor, wenn Eindrücke zu einer darstellbaren Form verarbeitet sind, wenn es also möglich ist, sie sichtbar, hörbar oder fühlbar zu vermitteln.

Die Intuition/Expression ist für Croce sowohl Grundlage der Sprache als auch der Kunst. Deshalb lautet der vollständige Titel seines Buches auch: *Ästhetik als Wissenschaft vom Ausdruck und allgemeine Sprachwissenschaft*. Ästhetik und Linguistik haben nämlich den gleichen Gegenstand. Jedes real gesprochene Wort ist eine einmalige und unwiederholbare Intuition. Eine Intuition stellt aber auch so etwas wie ein Mini-Kunstwerk dar. Deshalb sieht Croce keinen qualitativen Unterschied zwischen den von uns täglich produzierten »kleinen« Intuitionen und den großen Werken der Kunst. Es besteht lediglich ein quantitativer Unterschied zwischen mehr oder weniger komplexen Intuitionen. Mit dieser Charakterisierung der Kunst als schöpferische, einmalige und unübersetzbare Intuition begründet Croce die Autonomie der ästhetischen Erkenntnis und grenzt sie sowohl gegenüber der begrifflichen Erkenntnis als auch gegenüber moralischen und Nützlichkeitserwägungen ab.

Croces *Ästhetik*, das Werk eines philosophischen Selfmademan, verbindet essayistische Leichtigkeit mit sorgfältiger Argumentation und einer erstaunlichen Weite des Bildungshorizonts. Große Wirkung hatte sie auf Literatur- und Kunstwissenschaften, aber auch auf Robin George Collingwoods (1889–1943) ästhetisches Hauptwerk, *The Principles of Art*.

# Henri Bergson
1859–1941

## Schöpferische Entwicklung (L'évolution créatrice)

Paris 1907

An der Schwelle vom 19. zum 20. Jahrhundert übte kein Denker so großen Einfluss auf die Philosophie und Literatur in Europa aus wie der Franzose Henri Bergson, der 1927 sogar den Literaturnobelpreis erhielt. Für Bergson waren zwei Grundgedanken entscheidend: erstens der Gedanke, dass unsere gesamte Wirklichkeit als ein Entwicklungsprozess gedeutet werden kann, sowie zweitens die Erkenntnis, dass die Tiefenschicht dieser Wirklichkeit unserem rationalen Erkenntnisvermögen nicht zugänglich ist. Die Theorie der Entwicklung, auf die Bergsons Philosophie vor allem aufbaute, war die Evolutionstheorie Charles Darwins. Entsprechend dieser findet in der Natur ein beständiger »Kampf ums Dasein« statt, in dem diejenigen Lebewesen überleben, die sich am besten an die Umwelt anpassen, in der deshalb ständig neue Formen des Lebens entstehen und alte verschwinden. Auch die Auffassung von einer »irrationalen« Tiefenschicht der Wirklichkeit hatte ihre Vorgänger: Sie war im 19. Jahrhundert bereits von Arthur Schopenhauer und Friedrich Nietzsche vertreten worden. Schopenhauer bezeichnete sie als »Wille«, Nietzsche als »Wille zur Macht«.

In seinem Hauptwerk *Schöpferische Entwicklung* verknüpft Bergson diese beiden Grundgedanken. Er entwickelt nun eine Metaphysik, die beansprucht, über das von den Gesetzen der Mechanik bestimmte Weltbild der klassischen Physik hinauszugehen und dessen Grenzen aufzuzeigen.

Zu einem angemessenen Verständnis von Entwicklung in der Natur gelangen wir nach Bergson dann, wenn wir versuchen, unser inneres, psychisches Erleben zu verstehen. Dieses Erleben läuft nicht nach den Gesetzen von Raum, Zeit oder Kausalität ab, sondern wird als ein Lebensfluss, als eine »Dauer« erfahren. »Dauer« stellt bei Bergson keine messbare Zeiteinheit dar. In ihr gibt es keine in Raum und Zeit sich bewegenden und abgrenzbaren Teilchen mehr. Vergangene und gegenwärtige Eindrücke verschmelzen in ihr zu einer untrennbaren Einheit. Wir erfassen »Dauer« nicht durch den Verstand, sondern durch ein Erkenntnisvermögen, das Bergson »Intuition« nennt.

Auch die Natur ist ein solcher fließender Prozess, der durch eine elementare Lebenskraft, den »élan vital«, in Schwung gehalten wird. Der »élan vital« ist dasjenige, das die Vielfalt und Arten des Lebens hervorbringt. Wie Schopenhauers Wille ist er das wahre Wesen der Welt und ihr verborgenes Kraftzentrum. Er ist eine durch und durch schöpferische Kraft, durch die das, was wir Materie nennen, ständig umgeformt wird: Während immer wieder Neues entsteht, vergeht gleichzeitig vieles Alte. Das, was bei Darwin »Kampf ums Dasein« hieß, kehrt bei Bergson also als immerwährender Kampf des »Lebens« mit der Materie wieder. Die Evolution, von der Bergson spricht, ist kein rein vorwärtsgerichteter Prozess, sondern ein Auf und Ab. Der Verlauf dieser Evolution ist völlig offen.

Deshalb kann dieser Prozess weder durch wissenschaftliche Begriffe gedeutet noch nach wissenschaftlichen Gesetzmäßigkeiten vorausgesagt werden. Die wissenschaftliche Erfassung der Welt, die sich auf die Gesetze der Mechanik, d. h. auf quantifizierbare Größen stützt, kann nur eine Oberflächensicht, eine erste Annäherung liefern. Sie erfasst die Wirklichkeit wie einen Baukasten, aber nicht als das, was sie ist, d. h. eine schöpferische Entwicklung.

Zugänglich ist diese Art der Evolution nur durch jene Intuition, mit der wir auch unser psychisches Erleben erfassen können. Während Verstand und Wissenschaft also nur eine Oberflächensicht liefern, dringt man mit Hilfe der Intuition in die Tiefenschicht der Wirklichkeit ein. Dort löst sich alles scheinbar Feste auf und wird als ein ständig in Veränderung begriffener Prozess erfahrbar.

Bergson gehört zu jenen Philosophen, die philosophischen Tiefgang mit literarischer Eleganz verbinden. Mit seinem Konzept der schöpferischen Entwicklung wurde er zum Begründer der »Lebensphilosophie«, die im 20. Jahrhundert nicht nur Philosophen wie Georg Simmel, Oswald Spengler, Max Scheler, Martin Heidegger und Jean-Paul Sartre, sondern auch Literaten wie Marcel Proust und Virginia Woolf beeinflusste.

# William James

1842–1910

## Pragmatismus: ein neuer Name für eine alte Denkmethode

(Pragmatism: A New Name for Some Old Ways of
Thinking)

New York 1907

*Pragmatismus* heißt die Programmschrift der gleichnamigen, in den Vereinigten Staaten entstandenen philosophischen Richtung, eine Zusammenstellung von acht Vorlesungen, die James im Dezember 1906 und Januar 1907 an
der Columbia-Universität in New York hielt. Im Unterschied zu der ersten bedeutenden, originär »amerikanischen« Philosophie, dem Mitte des 19. Jahrhunderts vom
Deutschen Idealismus beeinflussten und von den Essayisten
Thoreau und Emerson propagierten »Transzendentalis-
mus«, gewann der Pragmatismus auch außerhalb der USA
großen Einfluss und wirkte auf die gesamte Philosophie des
20. Jahrhunderts.

»Pragmatisch« heißt wörtlich genommen: alles, was auf
unser Handeln bezogen ist. Umgangssprachlich bezeichnet
es eine Haltung, die sich durch Nützlichkeits- und Realitäts-
sinn auszeichnet. James knüpft an diese Bedeutungen an,
doch für ihn ist der Pragmatismus noch mehr, nämlich eine
umfassende und komplexe philosophische Weltanschauung,
die sich zwar auf traditionelle philosophische Ideen bezieht,
diese aber zu einer neuen Einheit zusammenfasst.

Von seiner grundsätzlichen Haltung, oder, wie James
sagt, von seinem »Temperament« her gesehen, ist der Pragmatismus empiristisch und nicht rationalistisch, d. h. für ihn
geht alles Wissen von empirischer Erfahrung aus. Nicht zufällig ist die Schrift aber auch John Stuart Mill gewidmet,
einem Hauptvertreter des Utilitarismus, einer philosophi-

schen Strömung, die den Wert einer Handlung an ihren Folgen, d. h. dem erzielten Nutzen, misst. James erweitert diesen Ansatz zu einer allgemeinen Methode, zu einer Anleitung, wie wir mit allen theoretischen Aussagen über die Welt umgehen sollen.

Für den Pragmatismus geht es nicht um letzte Begründungen und ewige Wahrheiten. Entscheidend für das, was wir »wahr« nennen, ist wie beim Utilitarismus der praktische Nutzen. Wahrheit ist ein Instrument – James benutzt das deutsche Wort »Denkmittel« –, das dazu dient, mit der Welt befriedigend und erfolgreich umzugehen. Ob etwas wahr ist, erweist sich für James nur aus dem praktischen Zusammenhang, in dem es steht: Es muss an unsere Erfahrung und an unser Weltverständnis anknüpfen und dieses Verständnis gleichzeitig erweitern. Es handelt sich dabei um einen Prozess der »Bewahrheitung«, in dem jede Aussage, jedes Konzept und jede Theorie dahingehend überprüft werden, wieweit sie unserem Lebensvollzug und unserem Weltverständnis dienen können.

Die Wahrheit als Instrument des Weltverständnisses muss immer wieder verfeinert, d. h. alte Wahrheiten können auf jeder Stufe durch neue Wahrheiten abgelöst werden. James trennt also nicht zwischen dem Wahren, Nützlichen und dem Guten. Indem das Wahre das für unser Weltverständnis Förderliche und praktisch Bewährte ist, ist es auch immer das Gute.

Auch die von vielen totgesagte Religion kann für James in diesem Sinne ihre »Wahrheit« haben. Er räumte religiösen Fragen in seinem gesamten Werk großen Raum ein: Der Pragmatismus ist zwar empiristisch, d. h. erfahrungsorientiert, aber nicht materialistisch. James hält die These, dass sich alle Wirklichkeit auf Materie zurückführen lässt, für ein Dogma. Für ihn kann die Annahme eines Gottes durchaus sinnvoll sein (dabei dachte er nicht speziell an das Christentum, sondern an ein kosmisches Prinzip, das sich mit naturwissenschaftlichen Erkenntnissen vereinbaren lässt). Ein solcher Gott kann für unsere Vertrautheit mit der Welt und unsere Moralvorstellungen förderlich sein. James' religiöse Vorstellungen gehen jedoch nicht so weit, dass sie eine »Einheit der Welt« voraussetzen. Sein Gott ist nicht allwissend und allmächtig. Er ist ein wichtiger, aber nicht der einzige schöpferische Faktor der Weltentwicklung. Unsere Erfahrung führt uns vielmehr zu einem pluralistischen Weltbild, in dem es statt eines einzigen *Uni*versums ein *Multi*versum gibt.

Die knapp hundert Seiten lange Schrift ist eine ideale und auch für den Anfänger verständliche Einführung sowohl in den Pragmatismus als auch in Fragen der modernen Philosophie. Ihr Einfluss reicht von Arnold Gehlen über Richard Rorty bis zu Karl-Otto Apel.

## Lenin

1870–1924

**Materialismus und Empiriokritizismus** (Материализм и эмпириокритицизм, Materializm i émpiriokriticizm)
Moskau 1909

Der von Karl Marx und Friedrich Engels begründete Marxismus wurde zunächst als materialistische Gesellschafts- und Geschichtsphilosophie, später von Engels auch als Naturphilosophie ausgearbeitet. Wladimir Iljitsch Uljanow, der unter seinem Kampfnamen »Lenin« zur führenden politischen und philosophischen Gestalt der russischen Marxisten aufstieg, wollte mit seinem philosophischen Hauptwerk *Materialismus und Empiriokritizismus* diesen Ansatz durch eine marxistische Erkenntnistheorie ergänzen. Seine Vorstudien zu diesem Buch betrieb er genau dort, wo Marx einige Jahrzehnte zuvor das Material für sein Hauptwerk *Das Kapital* gesammelt hatte, also in der berühmten Bibliothek im British Museum in London.

Ausgangspunkt seiner Untersuchung war der von Marx formulierte Grundsatz: »Das Sein bestimmt das Bewusstsein«, also die These, dass die Welt des Bewusstseins, des Geistes und der Kultur unmittelbar abhängig ist von den materiellen und insbesondere den ökonomischen Entwicklungen der Gesellschaft. Eine der zentralen Fragen Lenins lautete, wie und in welchem Ausmaß das Bewusstsein im Erkenntnisprozess die materielle Welt erfasst.

Wie die meisten seiner Werke hat auch *Materialismus und Empiriokritizismus* eine polemische Stoßrichtung und hätte eigentlich heißen müssen: »Materialismus statt Empiriokritizismus«. Die Schrift ist, wie der Untertitel nahelegt, als »Kritische Bemerkungen über eine reaktionäre Philosophie« angelegt und hatte neben der philosophischen auch eine Funktion im innersozialistischen politischen Richtungsstreit. Es ging darum, die eigene Position durch eine Kritik antimarxistischer Tendenzen zu verdeutlichen. Unmittelbare Zielscheibe dabei war der sogenannte »Empiriokritizismus«, eine von Richard Avenarius begründete und von Ernst Mach weitergeführte Richtung des Empirismus, die zunehmend Einfluss auf die sozialistische Arbeiterbewegung gewonnen hatte. Für den Empiriokritizismus zeigt sich die Wirklichkeit für uns nur in Form von miteinander verknüpften »Empfindungen«. Eine objektive Realität »hinter« diesen Empfindungen gibt es nicht.

Lenin sieht darin eine Spielart der im frühen 18. Jahrhundert von George Berkeley vertretenen Position, die er als erkenntnistheoretischen Idealismus charakterisiert. Dem stellt er einen erkenntnistheoretischen Realismus entgegen, der die Existenz einer vom Erkenntnissubjekt unabhängigen Außenwelt anerkennt, eine Auffassung, die er auch durch den gewöhnlichen Alltagsverstand bestätigt sieht. »Empfindungen« markieren für ihn nicht die Grenze unserer Erkenntnis, sondern sie bilden das Tor zur eigentlichen Wirklichkeit. Die gesetzlichen Zusammenhänge, mit denen wir die Empfindungen ordnen – so Zeit, Raum und die Kausalität als gesetzmäßige Ursache-Wirkung-Beziehung-, sind ebenfalls keine vom Erkenntnissubjekt eingebrachten Erkenntnisstrukturen, sondern objektive Gesetze der Wirklichkeit selbst. Sie sind, genauer gesagt, Gesetzmäßigkeiten der ewig bewegten und sich entwickelnden Materie, da das eigentlich Wirkliche für Lenin in materiellen Prozessen besteht. Auch das Bewusstsein ist für ihn nichts anderes als eine hoch entwickelte Form von Materie.

Um den Erkenntnisprozess zu charakterisieren, greift Lenin auf den bereits von Engels verwendeten Begriff der »Widerspiegelung« zurück. Erkennen ist Widerspiegelung, also Abbilden der objektiven, materiellen Realität. In Bezug auf unser wissenschaftliches Weltverständnis ist dieses Erkennen jedoch nie vollständig, sondern stellt einen Prozess der fortschreitenden Annäherung dar. Jede wissenschaftliche Erkenntnis fügt dem Häuflein Wahrheit, das wir bereits besitzen, ein »Körnchen« bei und vervollständigt unser Weltbild.

*Materialismus und Empiriokritizismus* ist eine durchgehend verständliche Schrift, die aber zahlreiche, für den Leser eher überflüssige Auseinandersetzungen mit heute vergessenen Zeitgenossen Lenins enthält. Im kommunistischen Machtbereich hatte sie den Status eines unangreifbaren klassischen Textes. Als Plädoyer für einen erkenntnistheoretischen Realismus hat sie jedoch auch außerhalb des Marxismus, z. B. bei Karl Popper, Wertschätzung gefunden.

# Edmund Husserl

1859–1938

## Ideen zu einer reinen Phänomenologie und einer phänomenologischen Philosophie

Halle 1913

Im 17. Jahrhundert beschritt der Franzose René Descartes einen Weg, der für die Philosophie richtungweisend werden sollte: Descartes suchte in den Tiefen unseres rational zugänglichen Bewusstseins diejenigen letzten Gewissheiten, auf denen unsere Erkenntnis der Welt beruht. Die Fundamente wahrer Welterkenntnis konnten für ihn nur über die Selbsterforschung des Erkenntnissubjekts gefunden werden. Edmund Husserl ist der letzte bedeutende Philosoph, der sich auf diesen von Descartes vorgezeichneten und auch von Kant beschrittenen Weg begab. Wie Descartes war Husserl ein Rationalist, der glaubte, dass der Schlüssel zur Welterkenntnis in unserer Vernunft, also der Fähigkeit zu rationaler Erkenntnis, liegt.

Husserl wollte einen möglichst unverfälschten Blick auf die Wirklichkeit gewinnen und einen Weg aufzeigen, der direkt und unmittelbar zu den »Phänomenen« führt, ohne Rücksicht auf eingefahrene Einordnungen dieser Wirklichkeit und Meinungen über sie. »Zu den Sachen selbst!« bildete das Motto, das er für die von ihm begründete »Phänomenologie« ausgab. Er forderte dazu auf, sich für alle Arten von Erfahrung zu öffnen. Husserl wollte dabei nicht bei dem stehenbleiben, was wir normalerweise wahrnehmen, also sinnlich erfassbare Gegenstände wie ein Auto, eine Landschaft oder ein Musikstück. Es ging ihm vielmehr darum, das zu erfassen, was an den Phänomenen wesentlich ist, und um das, was übrig bleibt, wenn man von dem absieht, was den Dingen nur vorübergehend anhaftet. Deshalb nannte er den unverfälschten Blick auf die Phänomene auch »Wesens-schau«. In den *Ideen zu einer reinen Phänomenologie und einer phänomenologischen Philosophie* hat Husserl dann seine Methode der »phänomenologischen Fundamentalbetrachtung« entwickelt und damit seinen Denkansatz zum ersten Mal systematisch dargestellt.

In dem Moment, wenn die bisherige Philosophie von einem »Objekt« oder die Naturwissenschaft von einer »Tatsache« spricht, ist das Wesen eines Gegenstandes nach Husserl noch gar nicht erreicht. Er glaubte, dass unser Blick auf die Dinge von einer Reihe von Vorurteilen und »Voreinstellungen« verstellt ist, die nach und nach reduziert werden müssen, indem man sie »einklammert«, d. h. beiseite schiebt und aus dem Erkenntnisprozess herausnimmt.

Dieser Prozess der »phänomenologischen« Reduktion, der in der »Wesensschau« gipfelt, geht dabei in mehreren Stufen vor sich. Zunächst wird unser gesamtes alltägliches und wissenschaftliches Wissen ausgeblendet: Ich betrachte den Gegenstand nur so, wie er in meinem Bewusstsein gegeben ist. Auch von allen theoretischen Deutungen eines Gegenstandes (z. B. der astronomischen Interpretation eines Sterns) wird abgesehen. Selbst die Frage, ob der Gegenstand existiert, ist für die Wesenserkenntnis unwichtig. Schließlich werden alle rein individuellen Merkmale des Gegenstandes eliminiert und seine allgemeinen Merkmale isoliert. Durch diese radikale »Weltvernichtung«, also durch die Herausnahme des Gegenstandes aus konkreten Eigenschaften und Bezügen, wird am Ende dieses Wegs in der Wesensschau die Urstruktur allen Erkennens sichtbar, in der die Wahrheit und Geltung aller konkreten Erkenntnis begründet ist: Auf der Seite des Erkenntnissubjekts steht ein »reines« vorurteilsfreies Bewusstsein, das »reine Ich« und, ihm korrespondierend, der Gegenstand als reiner, nur geistig erfassbarer Wesenskern.

Für Husserl sind Subjekt und Objekt, Bewusstsein und erkannter Gegenstand von Anfang an untrennbar miteinander verknüpft, und zwar in der Weise, dass das Bewusstsein auf den Gegenstand »gerichtet« ist, dass wir also nie ein leeres Bewusstsein, sondern immer ein Bewusstsein *von etwas* haben. Unsere gewohnte Aufspaltung in ein erkennendes Subjekt und ein erkanntes Objekt erweist sich in der Wesensschau als trügerisch.

Für den Leser sind Husserls abstrakte Analysen eine äußerst schwierig zu bewältigende Herausforderung. Auf seine Schüler wirkten sie jedoch äußerst produktiv. Max Scheler wurde zu seiner »Phänomenologie der Sympathiegefühle« angeregt, Roman Ingarden entwickelte eine phänomenologische Analyse des Kunstwerks. Auch Heidegger ging aus der Schule Husserls hervor.

## Oswald Spengler
1880–1936

### Der Untergang des Abendlandes
Wien/München 1918–1923

Unter den wichtigen philosophischen Werken des frühen 20. Jahrhunderts war das Buch ein Bestseller: *Der Untergang des Abendlandes* des Privatgelehrten Oswald Spengler bediente die Katastrophen- und Endzeitstimmung, die nach dem Ersten Weltkrieg vor allem in Deutschland herrschte. Doch in Wahrheit ist das mehr als 1200 Seiten dicke Werk sehr viel mehr: Es ist die Absage an eine auf Europa konzentrierte und auf den Fortschrittsgedanken ausgerichtete Geschichtsauffassung, wie sie vom Christentum über die Aufklärung bis hin zu Hegel und Marx die westliche Philosophie bestimmt hat: Es verabschiedet sich von der These, dass die Weltgeschichte sich in aufstrebender Linie auf einen Zustand der Erfüllung hinbewegt. Bei Spengler lebt das Kreislaufmodell wieder auf, das bereits in der Antike, bei dem italienischen Frühaufklärer Giambattista Vico und schließlich von Nietzsche vertreten wurde. Für Spengler gibt es mehrere große Kulturkreise, die aus der Menschheitsgeschichte herausragen und die sich alle nach dem gleichen Gesetz entwickeln und untergehen. Fortschritt in der Geschichte gibt es nicht. Für Spengler sind alle großen Weltkulturen einander gleichwertig.

Nach Spenglers eigener Aussage waren für das Buch vor allem zwei Einflüsse entscheidend, nämlich erstens Nietzsche, von dem er die Frage nach dem Endzeitcharakter und der Dekadenz der abendländischen Kultur, und zweitens Goethe, von dem er die »morphologische« Methode übernommen habe. Goethes »Morphologie«, also seine »Gestalttheorie« der Natur, wird Vorbild für Spenglers »Morphologie der Weltgeschichte«: Jede der großen Kulturen wird als eine Gestalt begriffen, die sich nach dem Vorbild der jahreszeitlichen Zyklen »organisch« entwickelt und wieder vergeht. Spengler sieht deshalb auch das Ende der westlichen Kultur, das sich für ihn am historischen Horizont abzeichnet, ganz unsentimental. Es ist für ihn nichts weiter als ein natürliches Absterben.

Spengler unterscheidet acht Hochkulturen, die nicht immer getrennt voneinander aufeinanderfolgen, sondern sich z. T. zeitlich überlappt haben. Er nennt die babylonische und ägyptische Kultur, die beide um 3000 v. Chr. entstanden sind; die chinesische, indische und antike Kultur, deren Beginn 1500 Jahre später liegt; die arabische Kultur, die etwa um Christi Geburt beginnt, die mexikanisch-indianische Kultur, die 200 Jahre später, und schließlich die westeuropäisch-amerikanische Kultur, die etwa um das Jahr 900 beginnt, zu einem Zeitpunkt also, an dem wir normalerweise den Beginn des Hochmittelalters ansetzen. Jede Kultur hat nach Spengler eine Lebensdauer von etwa 1000 Jahren. Das übliche Deutungsschema Antike – Mittelalter – Neuzeit gibt es bei Spengler schon deshalb nicht mehr, weil antike und westliche Kultur als zwei völlig unterschiedliche Kulturen gesehen werden.

Als eine lebende Gestalt hat jede Kultur eine »Seele« und prägt ein besonderes »Weltgefühl«, eine besondere Wirklichkeitssicht, aus. Das Weltgefühl der westlichen Kultur ist »faustisch« im Sinne eines Strebens, eines Drangs nach Unendlichkeit, der sich in allen großen Werken dieser Kultur – z.B. in den Kathedralen – ausdrückt. Dem gegenüber steht das »apollinische« Weltgefühl der antiken Kultur, das sich im Streben nach Formbegrenzung äußert. Die Weltkulturen bauen nicht aufeinander auf und können einander auch nicht wirklich verstehen. Sie entnehmen zwar Elemente von früheren Kulturen, formen diese aber gemäß ihrem eigenen Weltgefühl um.

Beeinflusst von der Lebensphilosophie, stellt Spengler der in der Früh- und Hochphase einer Kultur dominierenden schöpferisch lebendigen Seele eine erstarrte Intellektualität gegenüber, die die Endphase einer Kultur beherrscht. Diese Endphase nennt er »Zivilisation«. Sie wird nicht mehr von großen ästhetischen, sondern von technischen und ökonomischen Errungenschaften bestimmt. In dieser Phase befindet sich der Westen.

*Der Untergang des Abendlandes* entfaltet ein materialreiches und für den Leser spannendes Panorama. Spenglers globale Geschichtsbetrachtung bzw. sein Abschied vom Selbstbild des Westens als kulturellen Zentrums der Welt hat die Diskussion um das westliche Selbstverständnis bis hin zu Samuel P. Huntingtons (1927–2008) *Kampf der Kulturen* befördert.

# Ludwig Wittgenstein

1889–1951

## Tractatus logico-philosophicus

London 1922

Wittgensteins Frühwerk *Tractatus* ist in jeder Hinsicht eines der denkwürdigsten Werke der Philosophiegeschichte. Es ist ein schmaler Band, bestehend aus einzelnen Thesen, die durchnumeriert sind und, gemäß ihrer Bedeutung im Argumentationszusammenhang, in einer Rangordnung von sieben Ober- und zahlreichen Untersätzen stehen. Mit dieser kleinen und formal ungewöhnlichen Schrift verband Wittgenstein aber einen großen und fundamentalen Anspruch: Sein Ziel war es, den Bereich einzugrenzen, über den der Mensch sinnvolle Aussagen machen kann. Einer Metaphysik, die über Gott, Seele, Sinn des Lebens und Welträtsel philosophierte, sollte endgültig der Boden entzogen werden (indirekt handelt der *Tractatus* also auch von diesem Thema).

Wittgenstein war davon überzeugt, mit dem *Tractatus* dieses Problem endgültig gelöst zu haben, indem er unsere Erkenntnis der Welt an die Sprache und diese wiederum an die Logik band. Hatte die neuzeitliche Philosophie, von Descartes bis Husserl, den Schlüssel zur Erkenntnis der Welt in den Strukturen und Gewissheiten unseres Bewusstseins gesehen, so sah Wittgenstein nun die menschliche Sprache als Brücke zur Welt.

Wittgenstein näherte sich der Philosophie auf dem Weg über die Logik. Seine Lehrmeister waren dabei die beiden großen Erneuerer der Logik, Gottlob Frege und Bertrand Russell. Für beide war die Logik sowohl Grundlage der Mathematik als auch der Sprachanalyse. Auch für Wittgenstein wurde die Logik zum entscheidenden Werkzeug, um die

Sprache von Mehrdeutigkeiten zu befreien. Die *Logisch-Philosophische Abhandlung*, wie das Werk in der deutschsprachigen Urfassung hieß, will den Leser zu der Erkenntnis führen, dass das, was als Welt erkennbar ist, nur über eine entsprechend der Logik aufgebaute Sprache vermittelt wird.

Wittgenstein vertritt im *Tractatus* die These, dass Welt und Sprache sich wie Urbild und Abbild zueinander verhalten: Mit dem Ausdruck »Bild« meint Wittgenstein dabei keine realistische Nachbildung im Sinne eines Fotos, sondern eine modellhafte Nachbildung – so wie man einen Unfallhergang durch kleine Bauklötzchen nachstellen kann. Welt und Sprache sind analog zueinander aufgebaut. Die Struktur der Welt wird durch die Struktur der Sprache abgebildet.

Welt und Sprache bestehen aus einzelnen Bausteinen, die sich jeweils entsprechen. Die Welt ist die Gesamtheit der Tatsachen. Deren »logisches Bild« sind auf der Ebene der Sprache die »Gedanken«. Mit »Gedanken« meint Wittgenstein Aussagen und Sätze (strenggenommen aber nicht Sätze oder Aussagen der realen Umgangssprache, sondern viel basalere Strukturen). Die Tatsachen setzen sich in analoger Weise aus Gegenständen zusammen wie die Sätze aus »Namen«, die unmittelbar auf Gegenstände verweisen. Jeder Satz »bedeutet« eine Tatsache und jeder Name »bedeutet« einen Gegenstand. Nur eine Sprache, die sich in einer solchen logisch eindeutigen Weise auf die Welt bezieht, ist für Wittgenstein eine sinnvolle Sprache. Die von ihr gebildeten »logischen« Sätze »beschreiben das Gerüst der Welt«.

Der Bereich des Sagbaren beschränkt sich für Wittgenstein auf das, was durch logische Sätze ausgedrückt werden kann. Nur dieser Bereich kann auch Gegenstand der Wissenschaften sein. Alles andere, so auch ethische Aussagen über das richtige Leben, gehören dem Bereich an, den man nur »zeigen« kann. Solche Aussagen sind weder wahr noch falsch, sondern schlichtweg sinnlos. »Wovon man nicht sprechen kann, darüber muss man schweigen«, heißt der berühmte letzte Satz des Buches. Dies darf dabei nicht (wie leider allzu häufig) als Redeverbot verstanden werden, stellt dieser Satz doch geradezu eine Aufforderung dar, sich genau um diesen Bereich zu bemühen. Das, was man nur zeigen kann, ist deshalb keineswegs unwichtig. Im Gegenteil. In ihm geht es, wie beim Thema Tod oder Sinn des Lebens, um die eigentlichen Lebensprobleme. Sie liegen aber für Wittgenstein außerhalb der Reichweite von Wissenschaft und Philosophie. Diese wird auf die Rolle der Sprachkritik beschränkt. Sie klärt, ob wir es mit sinnvollen Sätzen zu tun haben oder nicht.

Es war die strenge Grenzziehung des Sagbaren, durch die der *Tractatus* zur Gründungsurkunde der vor allem in Wien und in der englischsprachigen Welt beheimateten »sprachanalytischen« Philosophie wurde. Sie leitete aus Wittgensteins Schrift das Projekt ab, mit Hilfe logischer Unterscheidungen eine eindeutige, von Missverständnissen freie Idealsprache zu konstruieren.

## Georg Lukács
1885–1971

### Geschichte und Klassenbewusstsein
Berlin 1923

*Geschichte und Klassenbewusstsein* erschien nur wenige Jahre nach der russischen Oktoberrevolution, die Lenin angeführt hatte. Der Sieg der russischen Bolschewiki stellte die Frage neu, wie der wahre Marxismus, also der Marxismus im Geist von Karl Marx und Friedrich Engels, auszusehen habe. *Geschichte und Klassenbewusstsein* wird von vielen als der bedeutendste Beitrag zu dieser Diskussion gesehen: Die in den Jahren 1919 bis 1922 entstandene Aufsatzsammlung gilt als das Grundlagenwerk des Neomarxismus des 20. Jahrhunderts, das marxistische Grundbegriffe wie kapitalistische Ausbeutung, Proletariat oder Revolution inhaltlich neu fasst.

Der als György von Lukács in Budapest geborene Georg Lukács war erst spät mit dem Marxismus in Berührung gekommen. In seinen frühen Schriften zur Ästhetik, darunter seine auch heute noch bekannte *Theorie des Romans*, stützte er sich auf die Philosophie des Deutschen Idealismus, auf die Lebensphilosophie Georg Simmels und die Gesellschaftsanalysen Max Webers. Auch in *Geschichte und Klassenbewusstsein* ist dieses Erbe spürbar. So will Lukács den Marxismus wieder als eine Theorie vertreten, die an Hegel anknüpft und die Wirklichkeit als geschichtlich bedingt und veränderbar begreift.

Von Weber übernimmt Lukács die These, dass in der modernen Welt alle Lebensbeziehungen zunehmend rationalisiert werden. Dies verbindet er mit der von Marx ausgehenden Analyse, nach der im Kapitalismus jeder produzierte Wert ein Warenwert ist. Die für Warenbeziehungen charakteristische Kalkulierbarkeit und Austauschbarkeit bestimmen nicht nur die Natur der menschlichen Arbeit, sondern auch das menschliche Bewusstsein und die menschlichen Beziehungen. Das, was eigentlich Ausdruck der schöpferischen Seite des Menschen sein soll, nimmt den Charakter eines äußerlichen Gegenstandes an. Für diesen Prozess prägt Lukács den Begriff der »Verdinglichung«, der inhaltlich viel mit dem Begriff der »Entfremdung« gemeinsam hat, den Marx in seinen Frühschriften benutzt. Der verdinglichte, entfremdete Mensch kann sich nicht mehr kreativ entfalten. Er ist, wie Lukács es ausdrückt, »der gesellschaftlich vernichtete, zerstückelte, zwischen Teilsystemen verteilte Mensch«.

Verdinglichung und verdinglichtes Bewusstsein können nur durch eine ständige revolutionäre Praxis aufgebrochen werden. Vorreiter dafür ist bei Lukács, wie bei Marx, die Arbeiterklasse, das Proletariat, weil es als ausgebeutete Klasse in besonderer Weise von der Verdinglichung betroffen ist. Für Lukács hat das Proletariat jedoch ebenso wenig wie die kommunistische Partei eine feste Organisationsform. Anders als Lenin spricht er nicht von einer Kaderpartei, sondern von der Partei als etwas »Prozessartigem«. Proletariat und Partei müssen auch spontan reagieren und sich und ihr »Klassenbewusstsein« als Teil einer ständigen, umfassenden gesellschaftlichen Entwicklung begreifen.

Bereits in seiner vormarxistischen Phase hatte Lukács der Kunst die Aufgabe zugewiesen, die »Totalität«, d.h. den gesellschaftlichen und lebensweltlichen Gesamtzusammenhang einer Epoche aufzudecken. Nun erhält der Begriff »Totalität« auch eine zentrale Rolle in seiner Version des Marxismus. Für ihn ist die Wirklichkeit insgesamt ein Prozess, in dem Totalität die Einheit aller Teilaspekte des gesellschaftlichen Lebens bezeichnet. Als solche unterliegt sie einer Entwicklung, die nur durch die Gesetze der von Hegel und Marx propagierten »Dialektik« verstanden werden kann, nach der jede höhere Stufe die Widersprüche und Gegensätze der vorherigen Stufe überwindet und integriert. Während es aber für Engels eine dialektische Entwicklung auch in der Natur gab, existiert sie für Lukács nur im gesellschaftlichen Handeln, im Zusammenspiel zwischen den handelnden Subjekten und den von ihnen gestalteten Objekten.

Lukács' sprachlich nicht immer einfache Analyse der Verdinglichung beeinflusste den gesamten westlichen Mar-

xismus, nicht zuletzt die von Horkheimer und Adorno begründete Frankfurter Schule. Seine Betonung von Sponta-
neität und seine Ablehnung fester Organisationsformen
brachten ihm jedoch von orthodoxen Marxisten den Vorwurf des »Revisionismus« und »Linksradikalismus« ein.

## Ernst Cassirer

1874–1945

### Philosophie der symbolischen Formen

Berlin 1923–1929

Ernst Cassirer ist bis heute der einflussreichste Neukantianer, jener sich auf Immanuel Kant berufenden philosophischen Strömung, die wie Kant daran festhielt, dass alles, was
wir von der Welt erkennen und über sie erfahren, von Erkenntnisvoraussetzungen bestimmt wird, die wir selbst mitbringen. Keine Erkenntnis ist uns also einfach so von außen
gegeben, Erkenntnis ist kein passiver, sondern ein von uns
gestalteter Vorgang. So sind nach Kant wir es, die Anschauungen in eine räumliche und zeitliche Ordnung bringen
oder die Verknüpfung von Vorgängen als einer Ursache-
Wirkung-Beziehung vornehmen. Die Neukantianer konzentrierten sich vor allem auf die Frage, welche Erkenntnisvoraussetzungen unserem wissenschaftlichen Erfassen der
Welt zugrunde liegen.

Auch für Cassirer spielt das wissenschaftliche Erkennen
noch eine herausgehobene Rolle. Doch er glaubte, dass nicht
nur unsere wissenschaftliche Weltdeutung, sondern jedes
Verstehen und jeder Versuch, der Welt und unseren Erfahrungen Sinn und Bedeutung zu verleihen, sich auf bestimmte Grundformen der Erkenntnis stützen müssen. Alle diese

Formen, so Cassirer, sind Spielarten des Symbols. Alle menschliche Erkenntnis ist symbolische Erkenntnis. Damit erweiterte er die erkenntnis- und wissenschaftstheoretische Fragestellung zu einer kulturphilosophischen und legte gleichzeitig die Grundlage zu einer neuen Anthropologie, also zu einer neuen Lehre vom Menschen. Der Mensch ist für ihn das »animal symbolicum«, das symbolschaffende Wesen.

In seinem groß angelegten, dreibändigen Hauptwerk *Philosophie der symbolischen Formen* untersucht Cassirer die Art dieser symbolischen Erkenntnisformen und ihre Entwicklung in der menschlichen Kulturgeschichte. Denn anders als Kant, der davon ausging, dass die Erkenntnisformen, auf die sich unsere »Erfahrung« der Welt stützt, fest im Menschen verankert sind, glaubte er, dass sich diese Formen in der Geschichte verändern und entwickeln. Diese Entwicklung ist für ihn eine Fortschrittsentwicklung, eine Befreiung des Menschen durch erweiterte und verbesserte Formen der Welterfassung.

Symbolische Erkenntnis ist für Cassirer eine geistige Aktivität, bei der »ein geistiger Bedeutungsinhalt an ein konkretes sinnliches Zeichen geknüpft wird«. Die Art dieser Zeichen und die Art der Verknüpfung können sehr vielfältig sein. Cassirer unterscheidet drei Grundformen des Symbols, nämlich erstens die »Ausdrucksform«, wie sie uns in Bildern begegnet, zweitens die »Darstellungsfunktion«, wie wir sie aus der sprachlichen Kommunikation kennen, und drittens die »Bedeutungsfunktion«, die sich formaler Zeichen bedient.

Die *Philosophie der symbolischen Formen* beschäftigt sich im ersten Band mit der Sprache und ihrer Art der Symbolbildung, im zweiten Band mit der Religion und dem mythischen Denken und erst im dritten Band mit dem wissenschaftlich-begrifflichen Denken als der fortgeschrittensten

Form des Weltverstehens. Aber auch das mythische Denken stellt bereits eine eigenständige, aktive Form der Weltdeutung dar. Für Cassirer sind die verschiedenen Weltdeutungen »Lebensformen«, die sich verschiedener Arten von Symbolsystemen bedienen. Alle diese Symbolsysteme sind jedoch Hilfskonstruktionen, die sich in der menschlichen Kulturgeschichte als veränderlich erwiesen haben. Dies gilt für die vom mythischen Denken verwendeten bildlichen Symbole, aber auch für die von unseren wissenschaftlichen Welterklärungsmodellen benutzten begrifflichen Konstruktionen wie Kraft, Energie oder Materie.

Cassirers *Philosophie der symbolischen Formen* verbindet sprachliche Verständlichkeit mit einer Fülle kulturhistorischer Einsichten und hat in ihrer Verschränkung von Sprachphilosophie, Erkenntnistheorie und Kulturphilosophie in vielfältiger Weise auf die Philosophie des 20. Jahrhunderts gewirkt. Cassirers Symboltheorie hatte besonders großen Einfluss auf die Sprachphilosophie und die Kunsttheorie, etwa auf Susanne K. Langer und Erwin Panofsky.


## Martin Heidegger
1889–1976

### Sein und Zeit
Marburg 1927

Der junge Martin Heidegger war bereits ein philosophischer Star, bevor das Werk erschien, das ihn berühmt machen sollte: Mit *Sein und Zeit* erwarb er sich endgültig den Ruf eines »philosophischen Königs von Deutschland«. Er griff dabei »existentielle« Themen wie Angst, Sorge und Tod auf, die in der akademischen Philosophie bis dahin ungewöhnlich wa-

ren. Dass er damit zur wichtigsten Figur der Existenzphilosophie wurde, lag allerdings nicht in seiner Absicht: Mit
*Sein und Zeit* wollte er vielmehr dem Begriff des »Seins«,
dem allgemeinsten und zugleich unbestimmtesten Begriff
der Philosophie, eine neue Bedeutung geben.

Doch zu einer solchen Neubestimmung des »Sinns von
Sein« kam es dann gar nicht. Das Werk blieb Fragment und
wurde zu einem Appell an den Menschen, die in ihm angelegten Möglichkeiten der Selbstbestimmung durch eine
bestimmte Wahl und einen Existenzentwurf zu verwirklichen. Der Mensch als das einzige Wesen, das ein »Seins-
verständnis« besitzt und deshalb von Heidegger als Brücke
zum Sein angesehen wurde, blieb der Mittelpunkt des Buches. Um seinen neuen Blick auf das Sein und auf den
Menschen kenntlich zu machen, schuf Heidegger für seine
Analysen eine ganze Reihe neuer bzw. mit neuer Bedeutung versehener Begriffe, die sich der Leser erst mühsam
aneignen muss.

*Sein und Zeit* wandte sich gegen die von Descartes ausgehende Tradition des Rationalismus und der Bewusstseins-
philosophie, die ein denkendes Subjekt einer Außenwelt der
Objekte gegenüberstellte. Der wichtigste Lehrer Heideggers, Edmund Husserl, der Begründer der Phänomenologie,
war zwar selbst ein Vertreter der Bewusstseinsanalyse, sah
aber das Verhältnis von Subjekt und Objekt, von Mensch
und Welt, anders: Für ihn waren beide von Anfang an miteinander verklammert: Das Subjekt ist für ihn immer schon
auf ein Objekt ausgerichtet.

Dieser Verklammerung von Mensch und Welt gibt Heidegger eine praktische, im alltäglichen Handeln verwurzelte
Deutung. Die Welt der Dinge ist für den Menschen nicht
einfach »vorhanden«, sondern »zuhanden«, d.h. sie steht
ihm zu Diensten. Der Mensch (im Heideggerschen Sprachgebrauch »das Dasein«) steht nie isoliert in der Welt, son-

dern ist gekennzeichnet durch das »In-der-Welt-Sein«, zu dem auch die »Mitwelt«, die soziale Bindung an andere Menschen gehört.

Heidegger untersucht zunächst die Lage des Menschen in seiner alltäglichen Durchschnittlichkeit. Dabei formuliert er gleichzeitig seine Kritik an den Mechanismen der modernen Massengesellschaft. Berühmt wurde sein Begriff des »Man« als einer anonymen, überindividuellen Macht, unter deren Herrschaft der Mensch sich dem »Gerede« einer meinungsbildenden Öffentlichkeit anschließt und ein selbstbestimmtes Leben verfehlt. Heidegger nennt diesen Zustand »Uneigentlichkeit«.

Der Schlüssel zu einem solchen selbstbestimmten Leben, zur »Eigentlichkeit«, liegt darin, dass das Dasein sich mit allen Konsequenzen des »In-der-Welt-Seins« annimmt. Heidegger prägt dafür den Begriff »Sorge«, der den Zustand eines Wesens bezeichnet, das in die Welt »geworfen« ist und auch über die Annahme des Todes als Horizont des Lebens dessen Zeitlichkeit erkennt. Von dem dänischen Theologen und Philosophen Sören Kierkegaard übernimmt Heidegger Begriffe wie »Angst«, »Selbst«, »Existenz« und »Wahl«: Angst als die Grundstimmung der Offenheit und Freiheit, das Selbst als das seiner Freiheit bewusste Individuum und Existenz als der durch eine Wahl verwirklichte eigenständige Lebensentwurf. Heideggers für die gesamte Existenzphilosophie bestimmende These lautet, dass nicht das Wesen des Menschen seiner Existenz vorausgeht, sondern umgekehrt, dass sich das Wesen erst im Ergreifen einer selbstbestimmten Existenz verwirklicht.

Das Urteil über Heideggers Philosophie schwankt bis heute extrem. Seine enorme Wirkung ist unbestritten, u. a. auf den französischen Existentialismus, die philosophische Hermeneutik und auf die Postmoderne. Andererseits stellt seine wortschöpferische und komplizierte Sprache jeden

Leser vor große Probleme. Vertreter der analytischen Philosophie wie Rudolf Carnap haben schon früh Heideggers Sprache als ein wissenschaftsfernes Jonglieren mit Worthülsen kritisiert.

## Rudolf Carnap

1891–1970

### Scheinprobleme in der Philosophie

Leipzig/Berlin 1928

Eines der charakteristischen Merkmale der Philosophie des 20. Jahrhunderts ist die prägende Rolle, die die logische Analyse der Sprache spielt. Durch die kritische Frage nach der Bedeutung verwendeter Ausdrücke und der logischen Funktion von Äußerungen und Sätzen sollte der »Begriffsdichtung« der spekulativen Metaphysik Einhalt geboten und die Philosophie wieder an die Wissenschaften angebunden werden. Diese »sprachanalytische« Philosophie hat ihren Ursprung zu einem Teil in Cambridge, wo zu Beginn des Jahrhunderts u. a. Bertrand Russell und Ludwig Wittgenstein lehrten, und in Wien, wo sich im sogenannten »Wiener Kreis« eine Gruppe von Philosophen und Wissenschaftlern zusammenfand, um die Grundlagen einer »wissenschaftlichen Weltanschauung« zu schaffen. Der bedeutendste theoretische Kopf des Wiener Kreises war Rudolf Carnap: Für ihn brachen die Ansprüche der Metaphysik unter den kritischen Augen von Wissenschaft und Logik zusammen. Die kleine Schrift *Scheinprobleme in der Philosophie* hat wie keine andere dieser These Ausdruck und Begründung gegeben.

Für Carnap steht der Unterschied zwischen wirklichen Problemen und Scheinproblemen mit dem Unterschied zwi-

schen sinnvollen und sinnlosen Sätzen in Beziehung. Er
stützte sich bei dieser Unterscheidung auf das im Wiener
Kreis erarbeitete »Sinnkriterium«: Als sinnvoll gelten nur
solche Sätze, die entweder – wie in der Logik und Mathematik – logisch beweisbar, oder solche, die einem empirischen
Wahrheitsnachweis, einer »Verifikation« zugänglich sind.
Sinnvolle Sätze müssen »sachhaltig« sein, d.h. einen Sach-
verhalt zum Ausdruck bringen, der eine Entscheidung darüber ermöglicht, ob der Satz zutrifft oder nicht. Sinnvolle
Sätze sind also Aussagen, die nachprüfbar entweder wahr
oder falsch sind. Ähnlich wie für Ludwig Wittgenstein in
seinem Frühwerk *Tractatus logico-philosophicus* (1921)
deckt sich für Carnap der Bereich der sinnvollen mit dem
der wissenschaftlich entscheidbaren Aussagen. Eine Philosophie, die sich mit Rätseln, also mit nicht verifizierbaren
Aussagen beschäftigt, lehnt er ab. Scheinprobleme entstehen aber durch die Verwendung sinnloser Sätze und Aussagen. Dazu gehören nach Carnap zahlreiche Probleme, mit
denen sich die Philosophie seit ihrer Entstehung herumge-
plagt hat. Besonders häufig sind sie in der Metaphysik und
Erkenntnistheorie, z.B. dort, wo es um eine »idealistische«
oder »realistische« Weltdeutung geht.

Carnap erläutert dies am Beispiel von Aussagen, die
zwei Geographen über einen Berg machen. Aussagen über
die Größe oder die geographische Lage des Berges sind
sinnvoll, weil sie verifizierbar sind. Streiten sich nun aber
die Geographen darüber, ob der wahrgenommene Berg real
in der Außenwelt oder nur in meiner Vorstellung existiert,
begeben sie sich auf das Terrain der Scheinprobleme. Eine
Aussage im Sinne des erkenntnistheoretischen Idealismus
wie: »Dieser Berg existiert nur in meiner Vorstellung«,
kann auf keinerlei Art empirisch als wahr oder falsch nachgewiesen werden. Er ist daher sinnlos. Auf ähnliche Weise
kann ein großer Teil der traditionellen philosophischen

Probleme aus einer »wissenschaftlichen Weltdeutung« ausgeschieden werden.

Zusammen mit Carnaps im gleichen Jahr erschienenem Buch *Der logische Aufbau der Welt* liefern die *Scheinprobleme* das Fundament für die Philosophie des »logischen Positivismus« bzw. »logischen Empirismus« und sind bis heute aufgrund ihrer sprachlichen Klarheit noch die beste Einführung in die Philosophie des Wiener Kreises: Nirgends sonst wird das Programm der wissenschaftlichen Prüfung und der logischen Sprachanalyse so plakativ vertreten. Die Tatsache, dass Carnap wegen drohender politischer Verfolgung 1935 in die USA emigrierte, trug wesentlich dazu bei, dass Logik und Sprachanalyse in der angelsächsischen Philosophie der zweiten Hälfte des 20. Jahrhunderts eine beherrschende Rolle spielten. Zu Carnaps Schülern zählt der bedeutendste Empirist und Logiker der amerikanischen Philosophie des 20. Jahrhunderts, Willard van Orman Quine.

## Max Scheler
1874–1928

### Die Stellung des Menschen im Kosmos
Darmstadt 1928

In der ersten Hälfte des 20. Jahrhunderts sah sich die Philosophie herausgefordert, die Stellung des Menschen in der Natur und im Kosmos neu zu überdenken. Die Gesellschaftstheorien des 19. Jahrhunderts, darunter vor allem der Marxismus, hatten die Abhängigkeit des Menschen von ökonomischen und sozialen Bedingungen herausgestellt. Die Evolutionstheorie Charles Darwins hatte die enge Beziehung zwischen dem Menschen und den höherentwickelten

Tieren, insbesondere den Primaten, nachgewiesen, und die Psychoanalyse Freuds zeigte die Abhängigkeit menschlichen Handelns von Triebstrukturen auf, die dem menschlichen Bewusstsein weitgehend verborgen sind. Die klassische Lehre vom Menschen als einem Vernunftwesen und als »Krone der Schöpfung« war damit in mehrfacher Weise in Frage gestellt. Im Lichte dieser Herausforderung versuchte Max Scheler, die »Sonderstellung des Menschen« auf eine neue Art zu begründen. Unter diesem Titel hielt er 1927 in Darmstadt einen mehrstündigen Vortrag, aus dem sich die kleine Schrift *Die Stellung des Menschen im Kosmos* entwickelte.

Scheler war neben Edmund Husserl der bedeutendste Vertreter der sogenannten Phänomenologie, die den »Phänomenen« durch eine unmittelbare, intellektuelle »Wesensschau« auf den Grund gehen wollte. Diese Fähigkeit zur Wesensschau spielt auch für Schelers Bestimmung des Menschen eine wichtige Rolle. Nur der Mensch kann zu einer objektiven Erkenntnis der Dinge gelangen, weil nur er »Geist« besitzt. Im Geist liegt der Grund für die Freiheit des Menschen, sich von seiner organischen Natur und Umwelt zu distanzieren und einen von Bedürfnissen und Interessen unabhängigen Standpunkt gegenüber den Dingen einzunehmen. In einer drei Jahre zuvor erschienenen Schrift, *Die Wissensformen und die Gesellschaft*, hatte Scheler bereits von dem naturwissenschaftlichen Wissen, das der praktischen Verfügung über die Welt dient und deshalb ein »Herrschaftswissen« ist, ein »Wesenswissen« und ein »Erlösungswissen« unterschieden. Nur die beiden letzteren sind Leistungen des Geistes, insofern der Mensch einerseits das Wesen der Wirklichkeit zweckfrei erkennen und andererseits Welt und Leben als sinnvoll auf einen letzten Zweck angelegt verstehen kann. Im Geist liegt nach Scheler der Ursprung für die »Weltoffenheit« des Menschen, die darin besteht, dass der Mensch, im Gegensatz zum Tier, nicht auf eine »Umwelt« fixiert ist, sondern als einziges Wesen auch »Welt« gestalten und ständig neu erfahren kann.

Dem Geist steht die Triebstruktur des Menschen gegenüber, die Scheler als eine Stufenfolge von vier aufeinander aufbauenden »biopsychischen Kräften« definiert, mit denen er versucht, der Evolutionstheorie Rechnung zu tragen. Sie verbinden den Menschen mit seiner Umwelt und umschreiben nicht nur die biologische Ausstattung des Menschen, sondern die Struktur der organischen und belebten Wirklichkeit insgesamt. Die erste Stufe bildet der bewusstlose »Gefühlsdrang«, der sich auch im Pflanzenreich findet. Auf der zweiten Stufe finden sich die Instinkte, die das Verhalten der Lebewesen nach festen Mustern steuern. Auf der dritten Stufe steht das »assoziative Gedächtnis«, das ein durch Erfahrung erworbenes, gewohnheitsmäßiges Verhalten ermöglicht. Endlich bildet sich die »praktische Intelligenz«, die Fähigkeit, konkrete praktische Probleme zu lösen. Mit dieser Stufenlehre steht Scheler der Schichtenlehre der Wirklichkeit nahe, die Nicolai Hartmann in seinem *Aufbau der realen Welt* vertreten hat.

Doch die Ebene des Menschlichen ist für Scheler erst mit dem Geist erreicht, der alle vier biopsychischen Stufen überschreitet. Er steht im Widerstreit zu den Trieben und versucht, sie seiner Steuerung zu unterwerfen. Scheler glaubte, dass der Geist den Menschen mit einer höheren, göttlichen Wirklichkeitsschicht verbindet und der Mensch dadurch zum Träger des Göttlichen in der Welt wird.

*Die Stellung des Menschen im Kosmos* ist bis heute das bekannteste und einflussreichste Werk Schelers geblieben. Es zählt zu den Gründungswerken der modernen philosophischen Anthropologie, zu deren Hauptvertretern neben Scheler auch Helmut Plessner und Arnold Gehlen gehören.

# Alfred North Whitehead

1861–1947

**Prozess und Realität** (Process and Reality: An Essay in Cosmology)

New York 1929

Was der *Ulysses* von James Joyce für den Roman, das ist Alfred North Whiteheads *Prozess und Realität* für die Metaphysik des 20. Jahrhunderts: ein unumstrittenes Pionierwerk von imposantem Umfang und schwer überschaubarer Komplexität, das völlig neue Wege eröffnet, aber gleichzeitig dem Leser große Anstrengung abverlangt. Whitehead, ein Philosoph, der sich in der Philosophie, den Natur- und Geisteswissenschaften gleichermaßen auskannte, wollte mit diesem aus Vorlesungen zusammengestellten Buch aber nicht nur unser vertrautes Weltbild radikal verändern. Er unternahm auch den Versuch, naturwissenschaftliche Erkenntnis und religiöse Sinndeutung auf eine neue, ungewöhnliche Art miteinander zu verbinden.

Die klassische, von Aristoteles ausgehende Metaphysik hatte sich die Welt als eine Ordnung vorgestellt, die sich auf Bausteine zurückführen lässt, die selbständig existieren und unveränderlich sind. Aristoteles nannte diese Grundelemente der Wirklichkeit »Substanzen«. Im 17. Jahrhundert sprach Descartes nur noch von zwei Substanzen, d. h. von Körper und Geist, Spinoza sogar nur noch von einer, nämlich »Gott«. Leibniz wiederum nannte die Grundelemente der Wirklichkeit »Monaden«. Auch sie existierten selbständig, waren aber nicht mehr unveränderlich, sondern lebendige, sich entwickelnde Energie- und Kraftzentren.

Beeinflusst von der Evolutionstheorie Darwins und den Ergebnissen der modernen Physik, unternimmt Whitehead in seinem *Prozess und Realität* den Versuch, klassische metaphysische Vorstellungen einerseits aufzugreifen, andererseits aber völlig umzukrempeln. Die Idee von festen, unveränderlichen und selbständig existierenden Grundelementen der Wirklichkeit hält er für trügerisch: Er glaubt, dass es die Struktur unserer Sprache ist, die mit ihrer Unterscheidung von Subjekt und Prädikat uns dazu verleitet, alle Vorgänge als Eigenschaften eines Eigenschaftsträgers, d.h. einer »Substanz«, zu sehen. Stattdessen sieht Whitehead die Welt als etwas, das sich ständig entwickelt, und ihre unerschöpfliche Kreativität als ihre wichtigste Eigenschaft.

Auf der elementaren Ebene unserer Wirklichkeit, die noch vor der Trennung zwischen Geist und Materie liegt, ist alles mit allem vernetzt und alles ständig in Bewegung. Anknüpfend an Leibniz nimmt Whitehead an, dass unsere Wirklichkeit aus lebendigen, sich verändernden Elementen besteht, die er als »Einzelwesen« (»actual entity«) bzw. als »Einzelereignis« (»actual occasion«) bezeichnet. Mit dem Begriff »actual« meint Whitehead etwas Tätiges, also etwas, das wirklich im Sinne von etwas »Wirkendem« ist. Anders als bei Leibniz sind Whiteheads Einzelwesen und Einzelereignisse keine Substanzen oder Monaden: Sie existieren nicht unabhängig voneinander, sondern sind Teil eines Beziehungsgeflechts, in dem jedes Element nur in Relation zu anderen Elementen besteht. Die »Einzelwesen« existieren nur durch gegenseitiges Einwirken, einen Vorgang, für den Whitehead den Begriff »prehension« (»Erfassen«) einführt. Auch sind sie nicht unveränderlich, sondern haben Prozesscharakter. Alles ist im Fluss und alles ist »relativ«, d.h. auf die anderen Teile der Wirklichkeit bezogen. Etwas ganz für sich selbständig Existierendes gibt es nicht.

Die Welt, also das komplizierte Geflecht von Einzelereignissen, ist jedoch kein kreatives Chaos, sondern eine zweckmäßig organisierte Struktur, ein Organismus. Jedes Teil dieses Organismus strebt nach einer in ihm angelegten Erfüllung. Am Anfang und Ende aller Entwicklung steht Gott als Ideengeber und als Steuerungsinstanz. Die Welt wird damit zu einer sich ständig ergänzenden und vervollständigenden Selbstverwirklichung Gottes. In *Prozess und Realität* mischen sich die Gottesvorstellungen des Aristoteles, des Christentums, Spinozas und Leibniz'. Weisheit besteht für Whitehead darin, die Harmonie der Welt in der konzentrierten Versenkung bzw. Kontemplation zu erfassen.

*Prozess und Realität* gehört nicht zu den meistgelesenen philosophischen Werken des 20. Jahrhunderts, und der ungeheure theoretische Reichtum des Buches ist bis heute erst in Ansätzen erfasst worden. Es hat jedoch auf viele Philosophen und Naturwissenschaftler gewirkt, die eine »ganzheitliche« Sicht der Welt vertreten.

## Karl Raimund Popper

1902–1994

**Logik der Forschung** (The Logic of Scientific Discovery)

Wien 1935

*Logik der Forschung* ist eines der Grundlagenwerke der modernen Wissenschafts- und Erkenntnistheorie. Dabei ist der Begriff »Logik« nicht im Sinne von formaler Logik zu verstehen. Gemeint ist vielmehr die Art von methodischem Vorgehen, das die Wissenschaft vor anderen Formen der Erkenntnisgewinnung auszeichnet.

Der junge Karl Popper, geboren 1902 in Wien, war über die Psychologie und Lerntheorie zur Wissenschaftstheorie gestoßen. Dabei hatte er, im Anschluss an Kant und die Neukantianer, die aktive Rolle des Lernenden im Prozess

der Erkenntnisgewinnung betont. Der Lernende und Erkennende nimmt nicht einfach Daten auf, sondern richtet
aufgrund theoretischer Vorannahmen seine Aufmerksamkeit wie ein Scheinwerfer auf ganz bestimmte, ausgewählte
Daten.

Mit diesen Grundannahmen setzte sich Popper mit dem
sogenannten »Wiener Kreis« auseinander, dessen unmittelbarer Zeitgenosse er war. Diese in der Tradition des Empirismus stehende Gruppe von Philosophen und Wissenschaftlern nahm an, dass alle Erkenntnis auf Erfahrungsdaten
zurückführbar sein müsse. Der »Logische Empirismus« des
Wiener Kreises verwarf metaphysische Aussagen als sinnlos, weil sie sich in keiner Weise überprüfen oder beweisen
lassen. Als »Sinnkriterium« galt die Verifikation, d. h. die
logische oder empirische Beweisbarkeit von Aussagen. Im
Gegensatz zu metaphysischen Theorien sah man wissenschaftliche Theorien deshalb als sinnvoll an, weil ihre
Wahrheit durch Induktion, also durch den Schluss von veri-
fizierten Einzelaussagen auf allgemeine Gesetze, nachgewiesen werden kann. Popper hingegen bestritt in seiner
*Logik der Forschung* die Möglichkeit, wissenschaftliche
Theorien verifizieren zu können. Für ihn stellten sich stattdessen zwei neue Probleme, nämlich das Induktionsproblem
und das Abgrenzungsproblem, das Problem also, wie sich
wissenschaftliche von nicht-wissenschaftlichen Theorien
unterscheiden lassen.

Popper lehnte die Induktion als wissenschaftliche Methode ab. Seiner Meinung nach ist keine Theorie empirisch
beweisbar, da man nie die Möglichkeit ausschließen kann,
dass sie durch ein Gegenbeispiel widerlegt wird. Anstelle der
Induktion vertritt er ein hypothetisch-deduktives Vorgehen,
das von allgemeinen Aussagen auf Einzelaussagen schließt.
Man beginnt nicht mit dem Sammeln von Daten, sondern
mit einer theoretischen Vermutung. So entwirft z. B. ein

Wissenschaftler, der mit der Lösung eines Problems beschäftigt ist, zunächst eine Theorie als Problemlösungsversuch. Eine solche Theorie ist lediglich eine Hypothese. Sie kann niemals bewiesen, aber sehr wohl widerlegt werden, indem Aussagen, die aus ihr abgeleitet werden, sich als falsch erweisen. Die Theorie »Alle Schwäne sind weiß« ist in dem Moment widerlegt, wenn nur ein schwarzer Schwan gefunden wurde.

Das Abgrenzungsproblem löst Popper nun dadurch, dass er statt der Verifikation die Falsifikation, also die Widerlegbarkeit, als entscheidendes Merkmal einer wissenschaftlichen Theorie auszeichnet. Eine Theorie ist genau dann wissenschaftlich, wenn sie so formuliert ist, dass sie an der Erfahrung scheitern, d. h. falsifiziert werden kann. Unwissenschaftliche, d. h. dogmatische Theorien zeichnen sich demgegenüber dadurch aus, dass sie gegenüber Gegenbeweisen immun sind und zu ihnen nicht passende Fakten (z. B. durch sogenannte Ad-hoc-Hypothesen, die improvisiert bzw. nur zur Abwehr unliebsamer Fakten formuliert wurden) »wegerklären« können.

Solange die Theorie nicht widerlegt ist, kann sie als bestätigt, d. h. als vorläufig wahr gelten. Wahrheit ist also zwar prinzipiell erreichbar, aber niemals beweisbar. Selbst wenn wir auf eine wahre Theorie gestoßen wären, könnten wir aber ihre Wahrheit nicht beweisen. Deshalb bleibt alles Wissen für Popper »Vermutungswissen«. Der Erkenntnisfortschritt in der Wissenschaft besteht in der Irrtumsverringerung, also darin, dass eine falsche Theorie durch eine solche abgelöst wird, die der Wahrheit näher kommt.

Die *Logik der Forschung* hat seit ihrem Erscheinen die Diskussion über Wissenschaftstheorie bestimmt, enthält aber auch komplizierte und für den Laien schwer verständliche logische Erörterungen. Kontroversen löste vor allem die Frage aus, ob die Ablösung alter durch neue Theorien rational, d.h. durch Widerlegung, oder aufgrund taktischer und machtpolitischer (also letztlich sozialer) Gründe erfolgt, wie dies u.a. Thomas S. Kuhn und Paul Feyerabend gegen Popper geltend gemacht haben.

## Nicolai Hartmann

1882–1950

### Der Aufbau der realen Welt

Berlin 1940

Von seinem Anspruch her gesehen war Nicolai Hartmann noch ein philosophischer Weltdeuter von altem Schrot und Korn: Er wollte den Bauplan des »Seins« sichtbar machen, der der von uns wahrgenommenen Wirklichkeit zugrunde liegt, so wie es die klassische Philosophie seit Platon und Aristoteles immer wieder versucht hatte. Dabei war er sich aber bewusst, dass die Wissenschaften inzwischen unser Weltbild grundlegend verändert hatten: Nicht nur die Evolutionstheorie Charles Darwins legte die Erkenntnis nahe, dass das Verhältnis zwischen niederen und höheren Formen des Seins in einem neuen Licht gesehen werden muss. In *Der Aufbau der realen Welt* legte Hartmann einen Bauplan der Wirklichkeit vor, der einerseits Ideen der klassischen Philosophie aufgreift, andererseits aber eindrucksvoll demonstriert, dass auch noch in der modernen Philosophie große, systematische und mit den Wissenschaften vereinbare Weltdeutungen möglich sind.

Hartmann hatte seine philosophische Ausbildung im Milieu des Neukantianismus und der Phänomenologie erfahren, beides Richtungen, die beanspruchten, Prinzipien unserer Wirklichkeitsdeutung herauszuarbeiten, die nicht aus der Erfahrung, sondern durch Intuition oder logisches Schließen gewonnen werden. Hartmann hatte sich aber zunehmend von dieser Auffassung gelöst: Er glaubte, dass wir von den Phänomenen ausgehen müssen und von ihnen zu den Prinzipien unserer Weltdeutung gelangen.

Die Vorstellung, dass die Wirklichkeit aus aufeinander aufbauenden Schichten des »Seins« besteht, gab es schon in der Antike. In *Der Aufbau der realen Welt* entwickelt Hartmann jedoch ein neues, vierstufiges Schichtenmodell. Das, was man traditionellerweise »die Welt der Natur« oder auch »die materielle Welt« nennt, teilt Hartmann in zwei Schichten auf, d. h. in die unterste Schicht der »Materie« und die darauf aufbauende Schicht des »Lebens«. Sie sind gleichbedeutend mit den Bereichen des Anorganischen und Organischen. Auch dem Bereich der geistigen Welt ordnet er zwei Schichten zu: die Schicht der »Seele«, also den Bereich des psychischen Seins, und die höchste Schicht, die des »Geistes«, zu der sowohl unser rationales Denken als auch die Produkte dieses Denkens in Form von Aussagen, Theorien, Weltanschauungen usw. gehören. Zu den Eigenschaften der geistigen Schicht gehört auch eine größere Möglichkeit zur Entfaltung, die sich beim Menschen als Willensfreiheit zeigt. Zwischen der Schicht des Lebens und der Schicht der Seele gibt es nach Hartmann den größten Einschnitt, weil hier eine räumlich-materiell strukturierte Wirklichkeit einer rein zeitlich geordneten, immateriellen Wirklichkeit gegenübersteht. Zwischen materiellem und geistigem Sein bleibt also eine gewisse Kluft bestehen.

Dabei bilden die tieferen Schichten das Fundament der höheren Schichten und können von ihnen unabhängig existieren. Eine »Tendenz« zur Höherentwicklung oder ein auf die jeweils höhere Schicht hinführender »Zweck« ist dabei jedoch nicht in ihnen angelegt. Hartmann wandte sich damit gegen die Vorstellung der Welt als eines Reichs der

Zwecke, die, von der Metaphysik des Aristoteles ausgehend, lange Zeit die Philosophie beherrscht hatte. Die höheren Schichten wiederum bauen auf den niederen auf und können ohne sie nicht existieren. Es gibt also kein psychisches oder geistiges Sein ohne einen materiellen »Träger«. Religiös geprägte Vorstellungen eines »ewigen« idealen Seins oder einer Unsterblichkeit der Seele finden bei Hartmann keinen Platz. Nach dem »Gesetz des Novums« weisen die höheren Schichten aber auch ganz neue, »irreduzible« Eigenschaften auf, die nicht auf die niedere Schicht zurückführbar und dafür verantwortlich sind, dass es zwischen allen Schichten keine glatten Übergänge, sondern eben solche Einschnitte gibt.

Hartmanns Werke gehören zu den gehaltreichsten und sprachlich klarsten philosophischen Werken des 20. Jahrhunderts. Obwohl seine Philosophie nach dem Zweiten Weltkrieg an Breitenwirkung verlor, hatte seine Schichtentheorie großen Einfluss, u.a. auf Karl Jaspers und Georg Lukács.

## Albert Camus

1913–1960

### Der Mythos von Sisyphos (Le mythe de Sisyphe)

Paris 1942

Sisyphos ist eine jener Figuren der griechischen Mythologie, die als Deutungsmuster der menschlichen Existenz auch Eingang in unser heutiges Bewusstsein gefunden haben. Auf den ersten Blick scheint er eine Figur des Scheiterns und der Frustration zu sein: Als Strafe für seine Verfehlungen verdammten ihn die Götter dazu, in der Unterwelt einen riesigen Stein einen Berg hinaufzuwälzen und mitzuerleben, wie dieser im letzten Augenblick immer wieder hinunterrollt. Wem das Schicksal eine »Sisyphosarbeit« auferlegt hat, weiß, dass er ungeachtet aller Mühen nie zu einem Ende kommen wird.

Albert Camus, neben Sartre der wichtigste Vertreter des französischen Existentialismus, bewertet diese Figur jedoch auf eine ganz andere Art: »Wir müssen uns Sisyphos als einen glücklichen Menschen vorstellen«, schreibt er in seinem Essay *Der Mythos von Sisyphos*. Für ihn ist Sisyphos Sinnbild der Existenz des Menschen, der die Illusion, das menschliche Dasein könnte einen übergeordneten, »transzendenten« Sinn haben, aufgegeben hat, aber gerade in dieser Sinnlosigkeit eine positive Herausforderung sieht. Der »Mythos von Sisyphos« erzählt bei Camus nicht von der Vergeblichkeit, sondern gerade von der Würde des Menschen, der sein Schicksal in die eigene Hand nimmt.

In der westlichen Philosophie wurde über viele Jahrhunderte die Frage nach dem Sinn der Welt und des menschlichen Daseins mit der Existenz Gottes beantwortet, auch wenn dieser Gott nicht immer im Sinne des Christentums definiert wurde. Selbst für den Aufklärer Immanuel Kant, der die Existenz Gottes für unbeweisbar hielt, blieb Gott letztlich der Orientierungspunkt für unser moralisches Handeln. Erst am Ende des 19. Jahrhunderts stellte Friedrich Nietzsche plakativ die Behauptung auf: »Gott ist tot.«

Dem schließt sich Camus an. Da die menschliche Vernunft aber immer nach einem umfassenden Sinn verlangt, die Welt sich jedoch als sinnwidrig und unvernünftig darstellt, entsteht das Gefühl der Absurdität. Der Mensch steht vor dem Nichts und damit gleichzeitig vor der Frage, ob das Leben es überhaupt wert ist, gelebt zu werden. Für Camus ist deshalb der Selbstmord das einzig wirklich ernsthafte philosophische Problem. *Der Mythos von Sisyphos* versucht die Frage zu beantworten, wie der Mensch sein Leben im Angesicht des Absurden rechtfertigen kann.

Camus setzt sich mit einer Reihe von Philosophen auseinander, die, wie Jaspers oder Kierkegaard, die Sinnlosigkeit und Absurdität zwar erkannt haben, aber letztlich doch wieder einen Fluchtweg beschreiten, indem sie das Absurde und Paradoxe zur Eigenschaft einer geheimnisvollen göttlichen Kraft erklären. Für Camus dagegen soll der Mensch dem Absurden gerade nicht ausweichen, sondern ihm ins Auge sehen und sein Leben in die eigene Hand nehmen. Statt auf Resignation setzt er auf eine Trotzreaktion des Menschen, die er mit drei Begriffen charakterisiert: Auflehnung, Freiheit und Leidenschaft. Der Mensch rebelliert gegen das Absurde, indem er ihm eine eigene Sinngebung entgegensetzt. Die Erfahrung, dass es keinen vorgegebenen Sinn gibt, lässt ihn seiner Freiheit bewusst werden; und die Grenzen, die ihm durch einen sinnlos erscheinenden Tod aufgezeigt werden, lassen ihn das Leben intensiv ausschöpfen. Sisyphos ist für Camus in Wahrheit also der ewige Rebell.

Mehr noch als die Philosophie ist die Kunst nach Camus dafür geeignet, dem Menschen seine Situation in der Welt bewusst zu machen. Indem sich das Kunstwerk auf das Erzählen des Konkreten beschränkt und auf metaphysische Erklärungen verzichtet, führt es uns die Unerklärbarkeit der Welt vor Augen. So verkörpert Sisyphos sich für ihn in der literarischen Figur des Don Juan oder allgemeiner in der Funktion des Schauspielers, der weiß, dass er nur spielt, dieses Spiel aber mit voller Leidenschaft betreibt. Wir finden ihn aber auch in dem »Eroberer«, der immer wieder seine Grenzen austestet und die Größe des Menschen im Angesicht des absurden Universums behauptet.

Ähnlich wie Sartre hat Camus großen Einfluss auf die Kunst und Literatur ausgeübt, so z. B. auf das absurde Theater Ionescos und Becketts. Im Gegensatz zu Sartre, dessen philosophische Werke sich einer schwierigen und komplexen Sprache bedienen, ist Camus aber ein Essayist von luzider Klarheit, der für jeden problemlos lesbar ist.

# Jean-Paul Sartre
1905–1980

## Das Sein und das Nichts. Versuch einer phänomenologischen Ontologie (L'être et le néant. Essai d'ontologie phénoménologique)
Paris 1943

Im ersten Stock des Pariser Café Flore entstand, mitten im Zweiten Weltkrieg und der Zeit der deutschen Besatzung, ein dickleibiges, mit komplexen Analysen gespicktes Buch, das neben Heideggers *Sein und Zeit* zum Hauptwerk der Existenzphilosophie des 20. Jahrhunderts werden sollte. Für die Zeitgenossen war *Das Sein und das Nichts* von Anfang an aber mehr als eine philosophische Lektüre: Das Buch galt als philosophischer Beitrag zum Kampf gegen Besatzung und totalitäre Ideologien. Es betonte die Sonderstellung des Menschen in einem Universum ohne Sinn und ohne Gott und gründete auf dieser These eine Philosophie der menschlichen Freiheit und Selbstbestimmung. Wie kein anderes philosophisches Werk stand *Das Sein und das Nichts* für den geistigen Aufbruch der Nachkriegszeit.

Das Buch entstand aus der Auseinandersetzung mit Edmund Husserl, dem Begründer der Phänomenologie. Dieser hatte sich gegen die Gegenüberstellung bzw. Aufteilung eines reinen Erkenntnissubjekts und eines reinen Erkenntnisobjekts in der traditionellen Erkenntnistheorie gewandt:

Das menschliche Bewusstsein ist für ihn von Anfang an mit den Objekten »verklammert«, ist ein auf Dinge »gerichtetes« Bewusstsein. Auch Sartre behauptet diese unmittelbare Verklammerung zwischen Bewusstsein und Welt. Anders als Husserl glaubte er jedoch, dass es in dieser ursprünglichen Verbindung kein »Ich-Bewusstsein« gibt. Das Ur-Bewusstsein ist leer und unbestimmt, ist ein Pool von Möglichkeiten, oder, wie Sartre sagt, eine »Existenzfülle«. Das menschliche Bewusstsein unterscheidet sich von allen anderen Dingen der Welt dadurch, dass es eine Art des Seins ist, das sich zunächst als »Nichts« zeigt – als etwas, das noch etwas aus sich machen muss bzw. in seinem Wesen nicht festgelegt ist. Der Mensch ist derjenige, der zu seiner angeblichen Bestimmung auch immer »nein« sagen kann. Dieses besondere Sein des Menschen nennt Sartre, in Anlehnung an Hegel, »Für-sich-Sein« – im Gegensatz zum »An-sich-Sein« der Dinge. Die Dinge sind in ihren wesentlichen Eigenschaften nämlich von vornherein festgelegt. In der Differenz zwischen Für-sich-Sein und An-sich-Sein liegt auch der Ursprung der menschlichen Freiheit. Der Mensch ist nach Sartre »zur Freiheit verurteilt«.

Wie Heideggers *Sein und Zeit* vertritt auch *Das Sein und das Nichts* eine Philosophie der individuellen Selbstverwirklichung. Der Mensch verwirklicht sich in der ständigen Auseinandersetzung mit anderen Menschen und mit einer Welt, die »kontingent«, d. h. zufällig und sinnlos ist. Diese Erfahrung der Sinnlosigkeit und das daraus entstehende Grundgefühl des »Ekels« hatte Sartre bereits 1938 zum Thema seines gleichnamigen Romans gemacht. Dabei gehört es auch zur menschlichen Freiheit, dass man sich weigern kann, etwas aus sich zu machen und sich ebenso statisch verhält wie ein An-sich-Sein. Eine solche Haltung nennt Sartre »mauvaise foi« (wörtl. »Schlechtgläubigkeit«). Gemeint ist damit eine Form des Selbstbetrugs, die zur Entfremdung des Menschen von sich selbst führt. Aber auch im Konflikt mit den »Anderen« muss sich der Mensch ständig dagegen wehren, zu einer unfreien Sache, einem An-sich-Sein gemacht zu werden. Einen solchen Konflikt schildert Sartre in dem berühmten Abschnitt über den »Blick«, in dem das Angeschautwerden durch den Anderen Anstoß zum Selbstbewusstsein und zur Selbstbehauptung gibt.

Sartres Philosophie der Freiheit ist auch eine Philosophie des Engagements. Der in die Welt »geworfene« Mensch kann sich nur im Handeln verwirklichen. Jeder Mensch muss die Verantwortung für die »Situation«, d. h. die historischen und gesellschaftlichen Umstände, übernehmen, in der er lebt, aber gleichzeitig diese im Engagement überschreiten und überwinden.

Sartres philosophisches Hauptwerk enthält sprachlich schwierige Analysen, aber auch höchst anschauliche Passagen, die das Erzählertalent des Autors demonstrieren. Es lieferte, über die Philosophie hinaus, Stichworte und Anregungen für eine ganze Generation von literarischen und künstlerischen Werken, von den Dramen Samuel Becketts bis hin zu den Skulpturen Alberto Giacomettis.

## Theodor W. Adorno / Max Horkheimer
1903–1969 / 1895–1973

### Dialektik der Aufklärung
New York 1944

Das von seinen Autoren als »Philosophische Fragmente« bezeichnete und aus mehreren einzelnen Essays, Exkursen, Aufzeichnungen und Entwürfen bestehende Buch will Aufklärung über die Aufklärung sein. Mit der Idee der Aufklärung verbindet man den Anspruch auf Mündigkeit und auf Selbstbefreiung des Menschen durch Vernunft. In der Geschichte der Menschheit, so Horkheimer und Adorno, hat dieser Anspruch, der viel älter ist als die eigentliche Epoche der Aufklärung im 18. Jahrhundert, Widersprüche und gegenläufige Entwicklungen hervorgebracht, die sich nun gegen den Menschen gekehrt haben. Diesen Prozess nennen die Autoren, anlehnend an Hegel und Marx, »dialektisch«. Die *Dialektik der Aufklärung* will nun den Nachweis führen, dass diese Widersprüche in unserer Idee einer Herrschaft der Vernunft selbst angelegt sind und dass der von der Aufklärung formulierte Anspruch gescheitert ist. Am Ende steht nämlich eine neue Form der Versklavung des Menschen in einer verplanten und »verwalteten« Welt, in der die Vernunft zum Werkzeug einer auf Profit ausgerichteten Warengesellschaft verkommen ist: »Die vollends aufgeklärte Erde«, so heißt es im Buch, »strahlt im Zeichen triumphalen Unheils.«

Unter den philosophischen Einflüssen, die in das Buch eingegangen sind, spielt die marxistische Analyse der »Entfremdung« des Menschen in der kapitalistischen Gesellschaft eine wichtige, aber keineswegs die einzige Rolle. Die Zivilisationskritik Nietzsches und die Psychoanalyse Freuds, aber auch ein durch Horkheimers Schopenhauer-Lektüre inspirierter Pessimismus prägen das Buch. Die *Dialektik der Aufklärung* verabschiedet sich sowohl vom Gedanken des geschichtlichen Fortschritts als auch von der historischen Mission der Arbeiterklasse als Träger dieses Fortschritts. Sie ist eine zivilisationskritische Abrechnung mit der gesamten Tradition westlichen Denkens, in der die Konzepte »Fortschritt« und »Vernunft« eine zentrale Rolle einnehmen. Deshalb setzt das Buch auch bei den historischen Anfängen unserer rationalen Weltdeutung, d.h. beim griechischen Denken an.

Das Bestreben, sich von irrationalen und magischen Welterklärungen zu lösen, sei immer von einem falschen, einem verkürzten Begriff von Vernunft geprägt gewesen. Eine Vernunft, die sich nur als abstraktes Begreifen, als Nutzbarmachung einer Sache versteht, setze sich in einen falschen Gegensatz zur Natur und diene schließlich dazu, die Natur zu unterdrücken. Bereits die Trennung zwischen »rationaler« Aufklärung und »irrationaler« Mythologie ist, wie am Beispiel der *Odyssee* Homers von den Autoren gezeigt wird, von Anfang an fragwürdig. Jeder Mythos ist ein Stück Aufklärung und jede Aufklärung mit Mythen durchsetzt.

Die Entwicklung, dass Mensch, Natur und Kultur zu einer verwertbaren Sache werden, erreicht in der modernen Warengesellschaft einen Höhepunkt. In dem höchst einflussreichen Essay »Kulturindustrie. Aufklärung als Massenbetrug« formulieren Horkheimer und Adorno nicht nur ihre Kritik an der Kommerzialisierung von Kunst und Kultur, sondern auch ihre Abneigung gegen moderne Kunstformen, vom Varieté bis zum Jazz. Die Kulturindustrie mache den Menschen zum Konsumenten eines Amüsierbetriebs und die Kunst zum serienmäßig produzierten Stereotyp. Andererseits ist es gerade eine sich den Bedürfnissen des Marktes entziehende Kunst, in der die Autoren einen Ausweg aus dem Dilemma der Vernunft sehen. Nur hier kommt es, so Adorno und Horkheimer, zu einer Vereinigung von Begriff und Bild, von Mensch und Natur.

Auch der Antisemitismus wird im Rahmen dieser »Dialektik der Aufklärung« gedeutet. Dabei stützen sich die Autoren auf den psychoanalytischen Begriff der »Projektion«: Mit ihrem Hass auf Juden projizierten die gesellschaftlich Unterdrückten ihren Selbsthass auf einen Sündenbock.

*Dialektik der Aufklärung* ist ein formal interessantes, anregendes, aber auch sprachlich nicht immer ganz leichtes

Buch, in dem sich kluge Analyse und Sprachartistik häufig vermischen. Geschrieben im amerikanischen Exil während des Zweiten Weltkriegs und bei seiner Publikation kaum beachtet, trat das Buch erst mehr als 20 Jahre später ins Licht der öffentlichen (philosophischen) Diskussion. Im Zuge der 68er-Studentenrevolte wurde es zum Kultbuch einer neomarxistischen Gesellschaftskritik.

## Karl Raimund Popper

1902−1994

**Die offene Gesellschaft und ihre Feinde** (The Open Society and Its Enemies)

London 1945

Wenig zog den jungen Karl Popper, der sich gerade mit seinem Frühwerk *Logik der Forschung* in der Fachwelt einen Namen als Wissenschaftstheoretiker gemacht hatte, zur politischen Philosophie, galt doch sein Interesse der Analyse und Erklärung des menschlichen Erkenntnisfortschritts. Als er jedoch von seinem neuseeländischen Exil aus das bedrohliche Vordringen von Faschismus und Stalinismus in Europa beobachtete, begann er 1938 mit der Niederschrift von *Die offene Gesellschaft und ihre Feinde*, einem Buch, das die philosophischen Wurzeln des Totalitarismus offenlegte und zugleich mit dem Konzept der »offenen Gesellschaft« den Grundriss einer modernen Demokratietheorie entwickelte.

Dabei konnte Popper sich auf einen Vortrag stützen, den er 1936 in London gehalten hatte und der ein paar Jahre später ebenfalls in Buchform erschien: *Das Elend des Historizismus*. Poppers Kritik richtete sich dort gegen den Marxismus als Beispiel einer Geschichtsauffassung, die den Anspruch erhebt, das »Ganze« der Geschichte erfassen und aus Gesetzmäßigkeiten des geschichtlichen Ablaufs verlässliche Voraussagen über die Zukunft ableiten zu können. Die Kritik an dieser von Popper als »Historizismus« bezeichneten Auffassung bildet die Grundlage seiner Totalitarismuskritik in *Die offene Gesellschaft und ihre Feinde*. Das zweibändige Werk beschäftigt sich mit den in Poppers Augen einflussreichsten Historizisten, vornehmlich mit Platon, der im ersten Band, und mit den »falschen Propheten« Hegel und Marx, die im zweiten Band im Vordergrund stehen.

Diese Historizisten leiten aus der Lehre von der geschichtlich notwendigen Entwicklung auch eine besondere historische Mission des Staates ab, dem sich das Individuum unterzuordnen hat. Träger dieser Mission, also Repräsentant des Staates, ist dabei eine bestimmte Schicht oder Klasse. Die gesellschaftliche Ordnung folgt einem Gesamtentwurf einer perfekten, »geschlossenen« Gesellschaft, die gegen Reformen abgeschottet ist und in der die Kollektivinteressen des Staates immer Vorrang vor den Rechten und Freiheiten des Individuums haben. In der geschlossenen Gesellschaft liegen für Popper die Wurzeln der modernen totalitären Gesellschaften.

Eine solche geschlossene Gesellschaft liegt nach Meinung Poppers bereits Platons berühmter Staatsutopie »Politeía« zugrunde. Dort geht es weniger um den gerechten, als vielmehr um einen durch Zensur und Militarisierung geprägten, gegen Veränderungen immunen Klassenstaat. Platon stellt für Popper das Beispiel eines pessimistischen Historizisten dar, der seinen perfekten Staat als Gegenmodell zum geschichtlichen Verfall begreift. Die herrschenden Philosophenkönige und Wächter sollen, so dieser, durch eine strenge Eliteerziehung sowie durch gemeinschaftliches Eigentum in die Lage versetzt werden, die arbeitende Bevölkerung auf Dauer unter Kontrolle zu halten.

Mit Hegel hat, so Popper, die europäische Philosophie die Hochphase des optimistischen Historizismus erreicht, der an die notwendige Verwirklichung der Vernunft in der Geschichte glaubt. Dies glaubt auch Marx, doch wird sein Modell des Geschichtsverlaufs durch die ökonomischen Entwicklungen geprägt und determiniert. An die Stelle wissenschaftlicher Analyse tritt die Geschichtsprophetie, nach der der Kapitalismus zur zunehmenden Verelendung der Bevölkerung und schließlich, unter Führung des Proletariats, notwendigerweise zur sozialen Revolution und klassenlosen Gesellschaft führt. Dem Individuum bleibt nur noch die Freiheit, »Einsicht in die Notwendigkeit« zu zeigen.

Für Popper dagegen hat die Weltgeschichte keinen festgelegten Sinn. Sie ist für Veränderungen offen. Statt für eine utopische Sozialplanung »im großen Stil« plädiert er deshalb für schrittweise, an konkreten Problemen orientierte Reformen. Der geschlossenen Gesellschaft setzt er die »offene« Gesellschaft entgegen, in der der Staat dem Schutz des Individuums und seiner Freiheiten dient. Deshalb hebt er die Bedeutung machtbegrenzender und machtkontrollierender Institutionen hervor.

*Die offene Gesellschaft und ihre Feinde*, zunächst als Abrechnung mit der Nazi-Diktatur und dem Stalinismus geschrieben, ist ein Manifest der liberalen Demokratie, das in Mittel- und Osteuropa schließlich auch zu einem der philosophischen Wegbereiter der demokratischen Wende von 1989/90 wurde.

## Simone de Beauvoir
1908–1986

**Das andere Geschlecht** (Le deuxième sexe)
Paris 1949

Seit der Zeit der griechischen Sophisten hat das Nachdenken
über die Natur des Menschen in der Philosophie eine zentrale Rolle gespielt. Für Simone de Beauvoir, die Lebensge-
fährtin Jean-Paul Sartres und eine der prominentesten
Repräsentanten des französischen Existentialismus des
20. Jahrhunderts, war jedoch offensichtlich, dass der Frau,
dem weiblichen Menschen, bei all diesen Reflexionen nur
eine Nebenrolle zugefallen war. In Begriffen wie dem französischen »l'homme« oder dem englischen »man« für
»Mensch« spiegelte sich die gängige Vorstellung, die den
Menschen in erster Linie mit dem Mann identifizierte. Die
Frau dagegen blieb immer der »Andere«, der hinter dem
Mann den zweiten Rang einnahm.

Der »Andere« hatte schon in dem einige Jahre zuvor erschienenen Hauptwerk Sartres, *Das Sein und das Nichts*,
einen wichtigen Platz eingenommen: Er ist das immer prä-
sente Gegenüber, eine Bedrohung und Herausforderung der
eigenen Freiheit. Um mich selbst zu behaupten, wird der
Andere für mich zur »Sache«, zu einem Objekt herabge-
stuft. Jeder konnte für jeden der Andere sein. Das Besondere
an der Situation der Frau ist für Beauvoir jedoch, dass sie in
der gesamten Geschichte gegenüber dem Mann immer der
»Andere« geblieben ist und nie die Rolle des freien, selbst
bestimmten Subjekts übernommen hat.

Mit ihrem voluminösen zweibändigen Essay *Das andere
Geschlecht* rückt Beauvoir erstmals den weiblichen Menschen in den Brennpunkt der Philosophie. Das Buch enthält
eine ebenso umfangreiche wie kritische Bestandsaufnahme

des Frauenbildes, das im Verlauf der westlichen Geistesgeschichte entstanden ist. Ihr Werk *Das andere Geschlecht*
steht, wie Beauvoir selbst sagt, auf dem Boden der »existen-
tialistischen Ethik«, d.h. der von Sartre entwickelten Auffassung vom Menschen und vom menschlichen Handeln.
Danach ist der Mensch ein aktives, freies und der schöpferischen Weiterentwicklung fähiges Wesen, das sich verwirklicht, indem er seinen gegenwärtigen Zustand durch neue
Existenzentwürfe immer wieder »transzendiert«, d.h. über-
steigt. Auch für Beauvoir gibt es kein von vornherein fest-
gelegtes Wesen des Menschen und damit auch kein vorher-
bestimmtes Wesen der Frau. »Man kommt nicht als Frau
zur Welt«, so eine der zentralen Thesen ihres Buches, »sondern wird es.« Die untergeordnete Stellung der Frau ist also
kein unabwendbares Schicksal, sondern veränderbar: Es gibt
kein »Ewigweibliches«.

*Das andere Geschlecht* versucht, die gesamten geschichtlichen und gesellschaftlichen Lebensbezüge aufzuzeigen, in die eine Frau hineinwächst, also im ersten Teil
des Buches die Mythen von »Weiblichkeit« – die vom
Jungfräulichkeitsideal bis zur Dämonisierung der Frau als
Hexe reichen – und im zweiten Teil die »gelebte Erfahrung« – von der weiblichen Erziehung bis zu »typischen«
weiblichen Existenzformen, sei es als Ehefrau, Mutter oder,
im Extremfall, als Prostituierte. Biologische, psychoanalyti-
sche oder marxistische Theorien über die Frau sind für
Beauvoir deshalb nicht überzeugend, weil sie die Frau ausschließlich aus einzelnen äußeren Einflussfaktoren erklären, seien diese biologischer, sozialer oder ökonomischer
Art. Aus existentialistischer Perspektive ist die Frau jedoch
ein freies Wesen, das sich aber von den Männern in die
Rolle des Anderen, des Passiven und Unfreien hat drängen
lassen. Sie hat sich biologisch ihrer Rolle als Mutter unterworfen, aber auch die männlichen Ideologien von der Frau

als ein für den Mann geschaffenes und auf ihn bezogenes Wesen verinnerlicht.

Die Frau kann ihre Autonomie nur durch einen eigenständigen, nicht auf den Mann bezogenen Existenzentwurf verwirklichen. Dazu müssen sich Mann und Frau als gleichberechtigte, freie Subjekte gegenseitig anerkennen. Gesellschaftliche Voraussetzungen dafür sind eine gemeinsame Erziehung, gleichberechtigte Arbeitsverhältnisse und freie, jederzeit aufkündbare sexuelle Beziehungen.

*Das andere Geschlecht* gilt nicht zu Unrecht als Bibel des Feminismus, doch es ist viel mehr: ein Standardwerk der philosophischen Anthropologie, das einen unverzichtbaren Beitrag zum Verständnis des »ganzen« Menschen leistet.


## Hannah Arendt
1906–1975

### Elemente und Ursprünge totaler Herrschaft (The Origins of Totalitarianism)

New York 1951

Begriffe wie »totalitär« oder »Totalitarismus« haben nicht nur in unserem Sprachgebrauch, sondern auch in der politischen Philosophie inzwischen einen festen Platz. Einen wesentlichen Anteil daran hat Hannah Arendts Hauptwerk *Elemente und Ursprünge totaler Herrschaft.* Ursprünglich Schülerin der Existenzphilosophen Martin Heidegger und Karl Jaspers, erlebte Arendt in jungen Jahren in Deutschland in Gestalt des Nationalsozialismus den Aufstieg eines politischen Systems, das nicht nur ihr eigenes Leben als Jüdin, sondern die gesamte politische Landschaft radikal veränderte. Arendt erkannte, dass dieses System auch für die politische Philosophie eine Herausforderung war. Die klassischen Merkmale einer Tyrannei und Diktatur – eine künstliche, gesetzlose Ein-Mann-Herrschaft, die sich gegen die Interessen des Volkes richtete – reichten nicht mehr aus, um diese »totale Herrschaft«, wie sie sie nannte, zu beschreiben. In den USA, wohin sie in den 40er Jahren emigriert war, unternahm sie den Versuch, Entstehungsgeschichte und Merkmale dieses neuen politischen Systems herauszuarbeiten, zu dem sie später auch den in der Sowjetunion entstandenen Stalinismus zählte.

Die Entstehung totalitärer Systeme ist nach Arendt eng verbunden mit dem Zerfall des neuzeitlichen National- und Rechtsstaats. Zwei Phänomene sind für diese Entwicklung verantwortlich: der moderne Antisemitismus und der Imperialismus, d. h. die Eroberung und Aufteilung der Welt durch die europäischen Großmächte. Diesen beiden Phänomenen widmet sie die ersten beiden der drei großen Teile des Buches.

Der neue, sich in Europa ausbreitende Antisemitismus stellte nach Arendt mehr dar als der seit dem Mittelalter von den christlichen Kirchen geförderte Judenhass: Er war rassistisch und politisch aufgeladen. Er richtete sich nicht mehr nur gegen jüdische Bürger, die im Ghetto lebten, sondern gegen alle Juden, auch die, die säkularisiert waren und sich dem Staat, in dem sie lebten, verbunden fühlten. Auch diese wurden als minderwertige Rasse diffamiert, es wurde ihnen aber auch, weil viele zu Einfluss und Wohlstand gekommen waren, vorgeworfen, sich mit Hilfe des Staates gegen das »Volk« verschworen zu haben.

Gleichzeitig entstand eine neue, dem Rechtsstaat gefährliche soziale Schicht, der »Mob«, der sich aus den Verlierern der Modernisierung rekrutierte. Dies waren sozial und moralisch entwurzelte Angehörige aller Schichten. Der Imperialismus des 19. Jahrhunderts mit seinem Streben nach

Weltherrschaft bot ihnen die Möglichkeit, in den neuen Kolonien ihr Glück zu suchen und sich dort als neue »Herrenrasse« aufzuspielen.

Der Totalitarismus, den Arendt im dritten Teil des Buches analysiert, übernimmt sowohl den Antisemitismus als auch den Anspruch auf Weltherrschaft. Sozial gesehen stützt er sich auf ein Bündnis zwischen Mob und Elite, um den demokratischen Staat auszuhebeln. Aus einer Klassengesellschaft wird eine Massengesellschaft, die alte soziale Orientierungen auflöst. Der neue totalitäre Staat ist, so Arendt, keineswegs gesetzlos: Er beruft sich aber nicht mehr auf verlässliche Grundrechte, sondern auf ein überzeitliches Natur- oder Geschichtsgesetz. Ihm zufolge hat der Einzelne seine Freiheit einer unaufhaltsamen geschichtlichen Bewegung unterzuordnen, in der er entweder Täter oder Opfer wird. Werkzeug zur Durchsetzung dieses Gesetzes ist der Terror, der ausnahmslos alle treffen kann und sich im System der Konzentrations- und Straflager am sichtbarsten manifestiert. Eine kompliziert organisierte Bürokratie sorgt dafür, dass die Machtverteilung innerhalb der Exekutive (also der ausführenden Organe wie etwa der Polizei) undurchschaubar bleibt, so dass letztlich alles vom Willen des Führers abhängt.

*Elemente und Ursprünge totaler Herrschaft* ist ein ungeheuer faktenreiches, aber kein schwerfällig akademisches Buch und sowohl ein Beitrag zur politischen Philosophie als auch zur Geistesgeschichte der Moderne. In einer klaren, anschaulichen Sprache verbindet es philosophische Analyse mit zahlreichen Ausflügen in Geschichte, Kunst und Literatur und legt zugleich direkt Zeugnis für die Werte einer offenen, demokratischen und pluralistischen Gesellschaft ab.

## Ludwig Wittgenstein
1889–1951

### Philosophische Untersuchungen
Oxford 1953

Es gibt nur wenige Philosophen, von denen man mit Recht behaupten kann, sie hätten nicht eine, sondern mehrere Philosophien vertreten. Ludwig Wittgenstein ist unter diesen sicher das berühmteste Beispiel. Er schrieb zwei Hauptwerke, die beide zum Ausgangspunkt unterschiedlicher philosophischer Richtungen wurden: Der frühe *Tractatus logico-philosophicus* inspirierte die Bemühungen um eine logisch eindeutige Idealsprache etwa im Wiener Kreis, während die späten *Philosophischen Untersuchungen* die sogenannte »Philosophie der Alltagssprache« begründete. Wittgenstein war allerdings der Ansicht, dass die Bedeutung der *Philosophischen Untersuchungen* nur auf dem Hintergrund des Frühwerks gewürdigt werden könnte.

Die Ansicht, dass die Sprache der Schlüssel für unser Weltverständnis ist, verbindet beide Werke. Der entscheidende Unterschied liegt aber in der Auffassung von der Wirkungsweise der Sprache. Der *Tractatus* vertritt die sogenannte »Bildtheorie«: Entsprechend dieser findet die Welt ihre Abbildung in einer eindeutigen logisch normierten Sprache, in der vereinfacht gesagt die Bedeutung jedes Satzes und jedes Begriffs eindeutig festgelegt ist. Die *Philosophischen Untersuchungen* hingegen lösen diese eindeutige Beziehung zwischen Sprache und Welt auf. Um Sprache zu verstehen, gehen sie auf den Sprachgebrauch der Alltagssprache zurück, die sich nicht mehr auf eine logische Ordnung reduzieren lässt.

Bereits in der literarischen Form beider Werke lässt sich dieser Unterschied ablesen: Der *Tractatus* besteht aus logisch gegliederten Thesen, die *Untersuchungen* dagegen aus zahlreichen nebeneinandergestellten Abschnitten, in denen das jeweilige zentrale Thema immer wieder umkreist und neu aufgegriffen wird. Der Leser steht also einem nur locker gegliederten Text gegenüber, den Wittgenstein entsprechend als eine »Menge von Landschaftsskizzen« bezeichnet.

Er will demonstrieren, dass Sprache in einen sozialen Zusammenhang eingebettet ist, dass sie Teil einer »Lebensform« ist. Eine »Privatsprache«, die auf einen Einzelnen beschränkt ist, gibt es nicht. Jede Sprache ist eine besondere Form der Kommunikation und führt zu einer besonderen Weltsicht. Damit sind nicht nur sprachgeschichtliche und grammatische Unterschiede gemeint, sondern auch besondere Formen des sozialen Umgangs mit der Sprache, die sich »eingespielt« haben. Wittgenstein nennt diese Formen deshalb »Sprachspiele«. Das Wort »Spiel« deutet darauf hin, dass Sprache eine Form der Praxis ist, bei der wir, je nach Kontext, ganz unterschiedliche Regeln und Techniken lernen.

Dies hat große Auswirkungen auf unser Verständnis von der »Bedeutung« sprachlicher Ausdrücke. Wir dürfen uns nach Wittgenstein dabei nicht von der philosophischen Tradition und auch nicht von der Grammatik irreführen lassen. So wurde »Bedeutung« immer mit einer festgelegten, eindeutigen Definition oder gar mit einer geistigen Wesenheit identifiziert. Die Bedeutung von »Baum« legte den Bereich des »Baumseins« fest und grenzte damit auch die Gegenstände, die wir als »Bäume« identifizieren, eindeutig ein. Auch die Logiker versuchten immer wieder, zwischen dem Ausdruck und seiner Bedeutung eine eindeutige Beziehung herzustellen.

Dies ist aber nach Wittgenstein unmöglich und führt uns genau in jene unlösbaren Probleme, in die sich die

Metaphysik verstrickt hat. Die Bedeutung sprachlicher Ausdrücke hängt vielmehr von dem Sprachspiel ab, in dem die Ausdrücke benutzt werden. »Die Bedeutung eines Wortes«, so Wittgenstein, »ist sein Gebrauch in der Sprache.« Zwischen den so entstehenden Bedeutungen des gleichen Ausdrucks gibt es zwar Zusammenhänge und Ähnlichkeiten, doch sind dies nicht mehr als »Familienähnlichkeiten«. Es gibt keinen roten Faden, der alle diese Bedeutungsvarianten miteinander verbindet – denn was haben als Spiele z.B. Schach, Fußball, Poker oder Tennis gemein? Man kann keine alle Spiele einschließende oder erschöpfende Definition angeben, sondern nur gewisse Familienähnlichkeiten (es gibt Partner- und Gruppenspiele, einige sind mit körperlicher Bewegung verbunden, andere nicht usw.).

Die *Philosophischen Untersuchungen* haben nicht nur unser Verständnis von Sprache, sondern auch das Selbstverständnis der Philosophie selbst verändert. So wurden in der Postmoderne etwa unterschiedliche Theorien, Kulturen und Religionen als nebeneinander existierende »Sprachspiele« gedeutet, die man als gleichwertige Weltentwürfe akzeptieren müsse.


## Ernst Bloch

1885–1977

### Das Prinzip Hoffnung

Berlin / Frankfurt a.M. 1954–1959

Zuweilen kann es sogar der Titel eines philosophischen Werkes zu einem geflügelten Wort in den öffentlichen Kulturdebatten bringen. »Das Prinzip Hoffnung«, der Titel des Hauptwerkes von Ernst Bloch, hat dies zweifellos geschafft. Er mag für viele Ausdruck eines realitätsfremden Wunschdenkens sein, für Ernst Bloch stellt er eine zentrale Aussage über die Wirklichkeit dar: Alles, was ist, birgt die Möglichkeit positiver Veränderung in sich. *Das Prinzip Hoffnung* spürt auf mehr als 1500 Seiten dieser Möglichkeit auf allen Ebenen nach, so in der Beschaffenheit des Menschen, der Natur, der Gesellschaft, der Kunst und der Geschichte.

Bloch gehört nicht zuletzt deshalb zu den faszinierendsten und unorthodoxesten marxistischen Denkern des 20. Jahrhunderts, weil er andere Wege beschritt und andere Schwerpunkte als die marxistischen Klassiker setzte. Fragen der Ökonomie, die für Marx noch die Grundlagenwissenschaft war, spielen bei ihm ebenso eine Nebenrolle wie die für Lenin so wichtige Frage nach der Organisation und Strategie der kommunistischen Partei. Dagegen rückt die ursprünglich religiöse Vorstellung einer Erlösung des Menschen am Ende der Geschichte, die auch Eingang in die Philosophie Hegels und Marx' gefunden hatte, ins Zentrum seines Denkens. Bloch ist ein marxistischer, d. h. atheistischer »Eschatologe«, ein Denker also, der die Wirklichkeit aus der Perspektive eines geschichtlichen Endziels interpretiert, das für ihn allerdings im Diesseits und nicht im Jenseits liegt.

Der Begriff »Utopie«, der von Marx im Vergleich zu dem Konzept eines »wissenschaftlichen Sozialismus« abgewertet worden war, wird bei Bloch wieder zur Bezeichnung einer positiven Kraft, nämlich zum Ausdruck der Fähigkeit des Menschen, in der Kunst oder Philosophie der Hoffnung eine Gestalt zu verleihen, die nicht wirklichkeitsfern ist, sondern in der Wirklichkeit ihre Grundlage hat. Bereits in seiner Erstlingsschrift *Geist der Utopie* hatte Bloch den negativ aufgeladenen Begriff der Utopie rehabilitiert. Utopisches Denken gründet sich auf das, was er als das Wesen der Wirklichkeit ansieht, d. h. auf die Eigenschaft, sich zu entwickeln und immer offen für neue Entwicklungen zu sein. Für ihn hat das Bestehende weniger Bedeutung als das »Noch-Nicht«, also das, was in der Welt an Veränderungspotential angelegt ist. Bloch interpretiert die Welt vor allem als »Möglichkeit«. Dabei wendet er sich gegen jeden Determinismus: Das, was angelegt, also möglich ist, kann sich, muss sich aber nicht entwickeln. Die Wirklichkeit ist ein offener, diskontinuierlicher Prozess. Die Welt ist kein gesetzmäßig ablaufendes Uhrwerk: Auch die Zeit selbst verläuft nach Bloch nicht in festgelegten Bahnen, sondern hat Phasen unterschiedlicher Intensität.

Als Marxist deutet Bloch die Wirklichkeit materialistisch. Alle Entwicklung gründet in Entwicklungen der Materie, die ein unerschöpfliches Reservoir an Gestaltungsmöglichkeiten bietet. Dies zeigt sich sowohl in der Natur als auch beim Menschen, der als vor allem leibliches Wesen selbst Teil der Naturgeschichte ist. In Anlehnung an die Evolutionstheorie Darwins und die *Dialektik der Natur* des marxistischen Gründungsvaters Friedrich Engels sieht Bloch die Natur als Prozess, in dem sich ständig neue, bisher unbekannte Formen entwickeln. Der Mensch wird durch die Erfahrung des Mangels immer wieder aus seinem gegenwärtigen Zustand hinausgetrieben. Sein Bewusstsein ermöglicht es ihm allerdings, Entwicklungstendenzen zu erkennen und zukünftige Entwicklungen vorwegzunehmen.

Diesen Antizipationen verleiht er nicht nur in der Gestaltung der Gesellschaft, sondern gerade in den Utopien Ausdruck. Mit seiner geradezu enzyklopädischen Bildung verfolgt Bloch die Spuren der Utopie in Philosophie, Kunst, Musik und Literatur, vom Tagtraum bis zur Sixtinischen Madonna. Die wahre Erschaffung des »menschlichen« Menschen und der menschlichen Welt liegt für ihn noch in der Zukunft, deren Umrisse aber bereits sichtbar sind.

In einer metaphernreichen, der expressionistischen Dichtung verpflichteten Sprache geschrieben, wurde *Das Prinzip Hoffnung* zu einer der wichtigsten Inspirationsquellen des unorthodoxen Neomarxismus im 20. Jahrhundert, dem es auf diese Weise eine prophetische Qualität und eine kulturhistorische Grundierung verliehen hat.

## Hans-Georg Gadamer

1900−2002

### Wahrheit und Methode

Tübingen 1960

Dass der im Jahr 1900 geborene Hans-Georg Gadamer nur ungern Bücher schrieb und stattdessen den philosophischen Austausch im Gespräch vorzog, wussten seine Freunde und Schüler. Erst in den 1950er Jahren konnten sie ihn dazu überreden, seine »Grundzüge einer philosophischen Hermeneutik«, wie der Untertitel seines Hauptwerks lautet, zu Papier zu bringen. Die Hermeneutik, die Kunst der Auslegung und Interpretation von Texten, wurde von Wilhelm Dilthey im späten 19. Jahrhundert zu einer Methodenlehre der Geisteswissenschaften geformt. Dem naturwissenschaftlichen »Erklären« anhand allgemeiner Gesetzmäßigkeiten wurde nun ein »Verstehen« entgegengesetzt, das darin besteht, die individuelle Stellung eines Gegenstandes oder Ereignisses innerhalb eines geschichtlichen Zusammenhangs nachzuvollziehen. Martin Heidegger, der wichtigste Lehrer Gadamers, wandte Diltheys These von der geschichtlichen Bedingtheit des Verstehens auf das Verhältnis des Menschen zur Welt an. In Heideggers »Hermeneutik des Daseins« war der Mensch

aufgerufen, durch eine »Lebensauslegung« seiner zeitlich
begrenzten Existenz einen Sinn zu geben.

In *Wahrheit und Methode* übernahm Gadamer diesen
»universalen« Anspruch der Hermeneutik und machte sie,
anstelle der Erkenntnistheorie und der Ontologie, also der
Lehre vom »Sein«, zu einer philosophischen Grundlagendisziplin. »Verstehen« war für ihn keine bloße Technik, sondern die grundsätzliche Art, wie der Mensch von der Welt
etwas erfährt. Dabei geht es um eine »Wahrheit«, d. h. eine
Tiefendimension der Wirklichkeit, die von der naturwissenschaftlichen »Methode« nicht erreicht wird. Das, was »Verstehen von Wahrheit« bedeutet, das ist das eigentliche Thema von *Wahrheit und Methode*.

Gegenstand dieser Wahrheitserfahrung ist für Gadamer
die gesamte kulturelle Überlieferung. Eine beispielhafte
Rolle kommt dabei der Kunst zu. Sie ist für Gadamer kein
Ort des subjektiven ästhetischen Vergnügens, sondern ein
Ort der Erkenntnis und des Verstehens. Im Umgang mit
Kunst wird der Mensch Teil eines nie abgeschlossenen Pro-
zesses, eines »Wahrheitsgeschehens«, bei dem der Standpunkt des Betrachters und die Bedeutungsebenen des Werks
sich treffen müssen. Verstehen wird bei Gadamer als eine
Form des Gesprächs verstanden, das immer an geschichtli-
che Voraussetzungen gebunden ist und in dem der Betrach-
ter und das Werk eine gemeinsame Gesprächsebene herstellen müssen.

Alles, was wir verstehen, hat für ihn die Struktur eines
»Textes«, der in einer bestimmten geschichtlichen Situation
entstanden ist und in jeder Situation neu erfahren wird. Solchen »Texten« begegnen wir nicht nur in der Kunst, sondern in der gesamten geschichtlich geprägten Kultur. Jeder
Text muss entsprechend als Antwort auf eine Frage gelesen
werden. Aufgabe des Verstehenden ist es, in ein Gespräch
mit dem Text zu treten und herauszufinden, auf welche Fra-

ge er eine Antwort darstellt. Der Verstehende muss dabei seinen eigenen Fragehorizont, seine eigenen »Vorurteile«, mit dem Fragehorizont des Textes verbinden. Für das Verstehen als eine »Horizontverschmelzung« sind unsere geschichtlich bedingten Vorurteile also kein Hindernis, sondern gerade eine Voraussetzung. Gadamer nennt das Verstehen von Texten ein »Einrücken in das Überlieferungsgeschehen«. Da auch die Welt insgesamt für Gadamer nur über Sprache zu erfahren und damit wie ein Text zu lesen ist, gilt dieses Verstehensmuster also auch für unsere gesamte Welterkenntnis.

*Wahrheit und Methode* prägte das Selbstverständnis der Geistes- und Kulturwissenschaften nachhaltig, zeigte aber auch dort seine Wirkung, wo es um eine Verständigung zwischen wissenschaftlichen Disziplinen und kulturell unterschiedlichen Denkansätzen ging. Jürgen Habermas stützte sich mit seinem Begriff einer »kommunikativen Vernunft« ebenso auf Gadamer wie Jacques Derrida und Richard Rorty, zwei prominente Vertreter der Postmoderne, die den Absolutheitsanspruch einer naturwissenschaftlich geprägten, logisch-rationalen Weltdeutung in Frage stellen.

## Willard van Orman Quine

1908–2000

## Wort und Gegenstand (Word and Object)

Cambridge (Massachusetts) 1960

Dass Willard van Orman Quine als der vermutlich bedeutendste amerikanische Philosoph des 20. Jahrhunderts eingeschätzt wird, verdankt er vor allem seinem Hauptwerk *Wort und Gegenstand.* Im Mittelpunkt des Buches steht das Verhältnis zwischen Sprache und Wirklichkeit. Vor allem zwei philosophische Ansätze der modernen Philosophie fließen in seinem Ansatz zusammen: einmal die von Ludwig Wittgenstein und dem Wiener Kreis ausgehende sprachanalytische Philosophie des 20. Jahrhunderts, die die logische Analyse der Sprache in den Mittelpunkt stellte. Quine war Schüler Rudolf Carnaps, eines in die USA emigrierten Hauptvertreters des Wiener Kreises. Viel verdankte sein Denken jedoch auch der amerikanischen Tradition des Pragmatismus und des Behaviorismus, nach der man Sinn und Bedeutung einer Sache nur unter Berücksichtigung des Handlungszusammenhangs klären kann, in dem sie steht.

Quine wollte, in Anlehnung an den Wiener Kreis, mit Hilfe der logischen Sprachanalyse die Beziehung zwischen den »Wörtern« (der Sprache also) und den »Gegenständen« (der Wirklichkeit) auf eine neue Grundlage stellen. Deshalb beschäftigt sich *Wort und Gegenstand* auch über weite Strecken mit der Art und Weise, wie wir mit Hilfe von Begriffen und Sätzen Dinge »bezeichnen«. Diese Dinge sind für ihn real: In der Tradition des angelsächsischen Empirismus hält Quine daran fest, dass es eine physikalisch erfahrbare Welt außerhalb unserer Sprache gibt und dass alle unsere Erkenntnis von Sinneseindrücken ausgeht. Solche Sinneserfahrungen sind bei allen Menschen ähnlich.

Doch damit Sinneseindrücke für uns überhaupt erst zu Erkenntnissen werden können, bedarf es des Mediums der Sprache. Sprache ist für Quine also nie etwas Privates, sondern ähnlich wie für Wittgenstein ein öffentliches Medium, das sich im Verhalten der Menschen, also im zwischenmenschlichen Zusammenleben herausbildet. Ähnlich wie die Pragmatisten und Behavioristen begreift er Sprache als Teil unseres sozialen Handelns. Eine Folge dieser Betrachtungsweise ist, dass sich die Bedeutung sprachlicher Ausdrücke »theoretisch« nicht eindeutig festlegen lässt. Deshalb haftet auch allen sprachlichen Übersetzungen ein bestimmter Grad von »Unbestimmtheit« an.

Mit Sprache und Logik konstruieren wir ein Netz bzw. ein Koordinatensystem, mit dem wir unsere Erfahrungsdaten ordnen. In diesem Koordinatensystem stecken immer bestimmte »ontologische« Voraussetzungen, d.h. Annahmen über die Struktur der Welt. Dabei besteht für Quine kein Gegensatz zwischen den Wissenschaften, die angeblich nur empirische Aussagen über die Welt machen, und der Philosophie, die es angeblich mit erfahrungsunabhängigen Prinzipien zu tun hat. Beide stricken vielmehr mit Hilfe von Theorien an demselben sprachlichen Netz, mit dem wir die Welt zu erfassen suchen. Eine Philosophie ohne wissenschaftliche Grundlage kann es für Quine also nicht geben.

Wissenschaftliche Theorien unterscheiden sich von unserer normalen sprachlichen Welterfassung einfach dadurch, dass sie einen höheren Abstraktionsgrad haben. Auch sie unterliegen sozialen Veränderungen, vor allem aber ständiger kritischer Prüfung. Für Quine ist jede Theorie ein Gesamtsystem, das auf bestimmten empirischen Beobachtungen, aber auch auf bestimmten logischen Prinzipien aufbaut. Eine Theorie wird nicht schon dadurch als falsch ausgewiesen, dass einzelne Beobachtungen ihr widersprechen, sondern erst dann, wenn das ganze Gebäude ins Wanken gerät. Dabei sind jene Theorien vorzuziehen, die einen größtmöglichen Grad von Einfachheit haben: Je weniger Erklärungsfaktoren eine Theorie benötigt, umso besser.

*Wort und Gegenstand* ist keine einfache Lektüre und setzt einige Grundkenntnisse in Logik voraus, ist andererseits aber ein ideales Beispiel der undogmatischen und differenziert argumentierenden angelsächsischen Gegenwartsphilosophie. Das Buch hat erheblichen Anteil daran, dass sich die sprachanalytische Philosophie des 20. Jahrhunderts auch wieder für die Fragen der Ontologie, d. h. für die Fragen nach den Grundlagen unserer Welt- und Wirklichkeitsauffassung, geöffnet hat.

# Herbert Marcuse

1898–1979

## Der eindimensionale Mensch (One-Dimensional Man)

Boston 1964

Neben der *Dialektik der Aufklärung* ist *Der eindimensionale Mensch* von Marcuse das zweite Hauptwerk der sogenannten »Frankfurter Schule«. Unter der Federführung von Max Horkheimer und Theodor W. Adorno verfolgte diese Schule das Programm einer »Kritischen Theorie«, in der sich marxistische Gesellschaftskritik mit neueren Erkenntnissen der Philosophie, Soziologie und Psychologie verbinden und anreichern sollte. Das Selbstverständnis der bürgerlich-kapitalistischen Gesellschaft als Trägerin von Fortschritt und Vernunft wollte man als »Ideologie« entlarven.

Wie Horkheimer und Adorno war auch Herbert Marcuse vor den Nazis in die USA emigriert, nachdem er in Deutschland bei Martin Heidegger studiert und bereits ein Buch über Hegel publiziert hatte. Er nahm das Programm der »Kritischen Theorie« der Frankfurter Schule auf. Dabei spielte in seinen eigenen gesellschaftskritischen Arbeiten neben dem Marxismus die Philosophie Hegels, die Gesellschaftstheorie des Soziologen Max Weber und besonders die Psychoanalyse eine Rolle. So betont er in seinem 1955 erschienenen Buch *Triebstruktur und Gesellschaft*, dass die Befreiung des Menschen nicht nur einen gesellschaftlichen und politischen Charakter haben muss, sondern auch jene Einschränkungen aufzuheben hat, die die menschliche Erotik und Sinnlichkeit in der kapitalistischen Gesellschaft erfahren.

*Der eindimensionale Mensch* analysiert die von der fortgeschrittenen kapitalistischen Industriegesellschaft verursachte Unfreiheit in ihrer Gesamtheit. Für Marcuse handelt es sich bei dieser Unfreiheit um eine neue Art der Unterdrückung, die sich von der Art von Ausbeutung, die Marx Mitte des 19. Jahrhunderts analysiert hatte, erheblich unterscheidet. Während damals eine große Masse von ökonomisch ausgebeuteten und verelendeten Arbeitern entstand, hatte der Spätkapitalismus es verstanden, einen großen Teil der Menschen ökonomisch abzusichern und in die Gesellschaft zu integrieren. Nun war aber ein neuer Widerspruch entstanden, nämlich der zwischen einer sich immer schneller entwickelnden technischen Rationalität auf der einen Seite und einer starren, unveränderlichen Irrationalität des Gesamtsystems auf der anderen Seite.

Die These Max Webers aufgreifend, der von der »Entzauberung« der modernen Welt durch zunehmende Rationalisierung sprach, weist Marcuse auf den technologischen Wandel und die zunehmende Mechanisierung aller Lebensbereiche hin. Die neuen technischen Mittel werden nicht dazu benutzt, Freiheit und Kreativität des Menschen zu befördern, sondern sie dienen der verfeinerten Manipulation. Das spätkapitalistische System ist also totalitär, weil alles, auch das Bewusstsein, einer einzigen Dimension, der Dimension des maschinellen Produktionsprozesses unterworfen wird. Die Vernunft, die im Kapitalismus herrscht, ist eine rein technologische und damit eindimensionale Vernunft.

Aus diesem Grunde wird auch der Mensch zu einem eindimensionalen Wesen, für dessen natürliche Glücksbedürfnisse Ersatzbefriedigungen vom System zur Verfügung gestellt werden. Durch einen auf Profit ausgerichteten Amüsierbetrieb wird Erotik auf Sexualität reduziert und diese wiederum als Ware angeboten. Auch Kunst und Kultur werden zu Instrumenten der kapitalistischen Warenproduktion. Der Mensch wird nicht nur zu einem funktionierenden, sondern auch zu einem willigen Zahnrad des Systems. Die Zufriedenheit der Mehrheit deutet deshalb eher auf ein »falsches Bewusstsein« hin, da die eindimensionale Gesellschaft ein ebenso eindimensionales Denken, einschließlich der Bedürfnisse und Wünsche, formt.

Anders als in der durchweg pessimistischen *Dialektik der Aufklärung* scheint bei Marcuse jedoch noch die Möglichkeit einer Befreiung auf. Doch diese kann nicht mehr von dem manipulierten und ökonomisch angepassten Proletariat ausgehen, sondern nur von Außenseitern und gesellschaftlichen Randgruppen, den »Ausgebeuteten und Verfolgten anderer Rassen, den Arbeitslosen und Arbeitsunfähigen«.

Gerade dadurch, dass *Der eindimensionale Mensch* auf die spezifischen Merkmale der entwickelten Industriegesellschaften im 20. Jahrhundert Bezug nahm, wurde das Buch nicht nur zu einem Kultbuch der 68er-Studentenbewegung, sondern zu einem Schlüsselwerk des unorthodoxen, westlichen Marxismus und zu einer bis heute einflussreichen Diagnose der Zivilisation westlicher Gesellschaften.

# Michel Foucault

1926–1984

**Die Ordnung der Dinge. Eine Archäologie der Human-
wissenschaften** (Les mots et les choses. Une archéologie
des sciences humaines)

Paris 1966

Der Titel des frühen Hauptwerks von Michel Foucault, *Die
Ordnung der Dinge*, im französischen Original *Les mots et
les choses* (also eigentlich »Die Wörter und die Dinge«),
spiegelt eine charakteristische Neuorientierung der französischen Philosophie des 20. Jahrhunderts wider. Über Jahrzehnte hatte dort der Existentialismus, vertreten vor allem
durch Jean-Paul Sartre, die Szene beherrscht. Im Mittelpunkt von Sartres Philosophie stand der Mensch, das Individuum, das seine Freiheit verwirklicht, indem es einer objek-
tiv sinnlosen Welt durch sein Handeln einen Sinn verleiht.
Für den Strukturalismus hingegen, der in den 1960er Jahren
in Frankreich zur einflussreichsten philosophischen Strömung aufstieg, trat das Subjekt, der handelnde Mensch in
den Hintergrund. Nun ging es darum, den »Sinn« in den
objektiven und rationalen »Strukturen« zu finden, die dem
Denken und den Sichtweisen einer ganzen Kultur zugrunde
liegen. Viele der maßgebenden Strukturalisten, darunter der
für Foucaults Denken einflussreiche Ethnologe Claude Lévi-
Strauss, waren interdisziplinäre Denker, d. h. sie verbanden
die in einzelnen Fachwissenschaften gewonnenen Erkenntnisse mit fachübergreifender philosophischer Reflexion.

Auch Foucault gehört in diese Strömung strukturalisti-
scher Neuorientierung. Auch er beschäftigte sich – ausgehend von medizinischen und psychologischen Forschun-
gen – nicht mit dem Menschen als Subjekt der Geschichte,
sondern mit »Strukturen«, mit jenen verborgenen, aber für

unser Wissen und unser Begreifen der Welt prägenden Formen, die in der Sprache der Theorien sichtbar werden und
für die er den Begriff »Diskurs« einführte. Deshalb nennt
Foucault sein philosophisches Projekt, das er bereits in seinem ersten großen Werk, *Wahnsinn und Gesellschaft*
(1961), begonnen hatte, eine »Archäologie des Wissens«.
Da diese »Ordnung der Dinge« aber, im Gegensatz zum
klassischen Strukturalismus, für ihn immer epochenspezi-
fisch und damit veränderbar ist, gilt Foucault als »Post-
strukturalist«.

*Die Ordnung der Dinge* konzentriert sich, wie *Wahnsinn und Gesellschaft*, auf drei große Epochen der westlichen Geistesgeschichte, nämlich auf Mittelalter und Renaissance als eine zusammenhängende Epoche, auf das
17. Jahrhundert, das in Frankreich als ein Höhepunkt der
eigenen, spezifisch französischen Kultur und als Epoche der
Klassik gilt, und auf die nachaufklärerische Epoche, die am
Ende des 18. Jahrhunderts beginnt und das 19. Jahrhundert
beherrscht. Diese drei Epochen prägen drei unterschiedliche
»Diskurse«, drei unterschiedliche Ordnungsformen, die das
Verhältnis zwischen der Sprache (den »Wörtern«) und der
Welt (den »Dingen«) bestimmen.

Für das Zeitalter des Mittelalters und der Renaissance ist
ein theologisches Deutungsmuster noch vorherrschend: In
Sprache und Welt bildet sich in analoger Weise die göttliche
Schöpfungsordnung ab. Der herrschende Diskurs versucht
deshalb, Ähnlichkeitsbeziehungen zwischen Sprache und
Dingen herzustellen. In der Klassik folgt die Ordnung der
neuen Schlüsselwissenschaft Mathematik: Nach dem Vorbild der Repräsentation mathematisch-logischer Symbole
teilt sie die Welt nach dem zweipoligen Raster von Gleichheit und Verschiedenheit, von Identität und Differenz auf.
Am Ende des 18. Jahrhunderts wurde, nicht zuletzt durch
den Einfluss der Philosophie Kants, die Welt als eine Er-

kenntnisleistung des menschlichen Subjekts begriffen, das im 19. Jahrhundert zum zentralen Gegenstand der sogenannten »Humanwissenschaften« wie der Psychologie, der Soziologie und der Philologien wird.

*Die Ordnung der Dinge* erregte erhebliches Aufsehen dadurch, dass das Werk für das 20. Jahrhundert das Verschwinden dieser Vorstellung vom menschlichen Subjekt – das oftmals verkürzt als Verschwinden des »Menschen« verstanden wurde – zugunsten objektiver Strukturen diagnostizierte und als Beispiel genau jene Wissenschaften wie Psychoanalyse, Ethnologie und Linguistik anführte, die im Strukturalismus eine große Rolle gespielt hatten.

Vor allem Foucaults Ablehnung einer überzeitlichen Vernunftordnung und seine Abwertung der Rolle des Subjekts machen *Die Ordnung der Dinge* zu einem entscheidenden Scharnier zwischen Strukturalismus und Postmoderne.

## Jacques Derrida

1930–2004

**Die Schrift und die Differenz** (L'écriture et la différence)

Paris 1967

Die zwischen 1963 und 1966 entstandene Aufsatzsammlung gilt heute als eines der wichtigsten Werke der französischen Postmoderne. Ähnlich wie Michel Foucault entwickelte Derrida sein Denken zunächst unter dem Einfluss des Strukturalismus, den er dann aber in entscheidenden Punkten zurücknahm und überwand. Derrida wendet sich gegen jedes Denken, das so etwas wie einen archimedischen Punkt, also einen festen Ausgangspunkt voraussetzt, auf den alles

bezogen ist und von dem aus alles erklärt wird. Das berühmteste Beispiel für solch eine unverrückbare Ausgangsbasis ist die Rolle, die in der europäischen Neuzeit das Subjekt, sein Bewusstsein und seine Erkenntnisvoraussetzungen
spielten. Vor allem bei Descartes und Kant wurde das Subjekt zum Ausgangspunkt der Erkenntnis der Welt. Der in
Frankreich in der zweiten Hälfte des 20. Jahrhunderts sehr
populäre Strukturalismus wandte sich zwar vom Subjekt als
Ausgangspunkt des Erkennens ab, doch er hielt immer noch
daran fest, dass sich in der Sprache, also den Zeichen, mit
denen wir die Welt beschreiben, rationale und universale
Strukturen herauslesen lassen, die das Netz unserer Erkenntnis zusammenhalten.

Der Poststrukturalismus, etwa in der Ausrichtung wie
bei Foucault, hatte bereits bestritten, dass es sich bei diesem
Netz um universale und um rationale Strukturen handelt,
und stattdessen angenommen, dass jede Epoche ihren eigenen »Diskurs«, ihr eigenes ordnendes Deutungsmuster hat,
in das auch irrationale Elemente eingehen.

Derrida geht noch einen Schritt weiter. Im Anschluss an
einen anderen Mitbegründer der Postmoderne, Emmanuel
Levinas, bestreitet er, dass unser Erkennen, unser Denken
und unsere Theorien überhaupt auf etwas Festes »gegründet« sind. Sein Buch richtet sich gegen den Kern der gesamten europäischen Metaphysik, den »Logozentrismus«, d. h.
die Ansicht, dass sich unsere sprachlichen Zeichen auf einen
einheitlichen »logos«, eine gemeinsame Vernunft zurückführen lassen, die das Zentrum unseres Weltbildes bildet.
Diese Abkehr von einem einheitlichen Vernunftbegriff und
das Plädoyer für Offenheit und Vielfältigkeit im Verstehen
sind für die gesamte Postmoderne charakteristisch.

Der Titel *Die Schrift und die Differenz* zeigt bereits,
dass auch Derrida, wie Foucault und die Strukturalisten,
von Diskursen ausgeht, also von der Art und Weise, wie die

Welt in unserer Sprache und unseren Theorien erscheint.
Mehr noch: Der sprachlich formulierte Text wird bei Derrida zum Sinnbild für die Welt überhaupt. Für Derrida ist
jeder Gegenstand der menschlichen Erkenntnis eine Art
Text. In dem wichtigsten Aufsatz seines Buches, »Die
Struktur, das Zeichen und das Spiel im Diskurs der Wissenschaften vom Menschen«, entwickelt er seine These, dass
wir Texte nur dann verstehen können, wenn wir sie »de-
zentrieren«, d. h. sie von der Vorstellung eines Zentrums
im Sinne einer einheitlichen Bedeutung befreien, eine In-
terpretationsweise, für die er Begriffe wie »Destruktion«
und »Dekonstruktion« einführt und die er in späteren
Schriften an vielen Beispielen vorführt. Die Destruktion
stellt für Derrida ein Verfahren dar, mit dem wir uns von
den Vorurteilen der traditionellen Metaphysik befreien, die
alle auf der Vorstellung einer »zentrierten Struktur« beruhen. »Dekonstruktion« bedeutet nun, dass eine dieser
Strukturen destruiert und mit ihr dann wieder etwas Neues
konstruiert wird – das wieder destruiert werden kann oder
muss usw. An die Stelle einer jederzeit abrufbaren Bedeutung, einer »zentralen Präsenz«, tritt etwas, was Derrida
»différance« nennt, ein von ihm geformter neuer Begriff,
der sowohl »Differenz« (frz. différence) als auch »Auf-
schub« bedeutet. Gemeint ist ein nie vollständig sichtbares
und nie ganz begreifbares Bewegungsprinzip des Textes,
das in spielerischem Wechsel Bedeutungen zurückhält und
sichtbar macht. Vorbild ist die Interpretation von Kunstwerken, die sich aufgrund ihrer ästhetischen Komplexität
nie auf eine Aussage festlegen lassen. Wie für die meisten
Theoretiker der Postmoderne ist für Derrida die ästhetische
Interpretation Vorbild für die philosophische Analyse. Die
Dunkelheit und Unbestimmtheit der »différance« ähnelt
dabei nicht zufällig dem Gott der jüdischen Mystik, von der
Derrida auch nachweislich inspiriert wurde.

Derridas Schriften stellen für den Leser sprachlich eine ähnlich große Herausforderung dar wie die Schriften Heideggers. Dessen ungeachtet übte Derridas Verfahren der »Dekonstruktion« nicht nur in der Philosophie, vor allem in den Kunst- und Literaturwissenschaften ab den 70er Jahren großen Einfluss aus.

## John Rawls

1921—2002

**Eine Theorie der Gerechtigkeit** (A Theory of Justice)

New Haven (Massachusetts) 1971

»Gerechtigkeit« ist einer jener Grundwerte, an denen wir unser moralisches und politisches Handeln bewerten. Wege zu einer gerechten Gesellschaft aufzuzeigen war spätestens seit der Aufklärung das ausgesprochene oder unausgesprochene Ziel jeder politischen Philosophie. Dennoch war die *Theorie der Gerechtigkeit* des amerikanischen Harvard-Professors John Rawls seit Jahrzehnten wieder der erste Versuch, Maßstäbe der Gerechtigkeit zu begründen, d. h. zu klären, was wir eigentlich meinen, wenn wir sagen, ein Gemeinwesen sei »gerecht«. Es sollten dabei Grundsätze herausgearbeitet werden, die im Einklang mit der Tradition der liberalen westlichen Demokratie stehen und gleichzeitig der Wirklichkeit der modernen pluralistischen Gesellschaften gerecht werden. Es sollte eine Gerechtigkeit sein, die auf dem Boden der Freiheit steht.

Die Gerechtigkeit, um die es Rawls geht, betrifft die »Grundordnung« einer Gesellschaft, als Basisstrukturen wie die politischen Institutionen, die Rechtsordnung, das Wirtschafts- und das Erziehungssystem. Diese Grundord-

nung sollte gerecht sein in dem Sinne, dass sie auch für
Menschen akzeptabel ist, die ganz unterschiedlichen Kulturen, Religionen und Weltanschauungen angehören.

Rawls hatte sich lange mit der im englischsprachigen
Raum einflussreichen Richtung des Utilitarismus auseinandergesetzt. Für diesen galt eine Gesellschaft dann als gerecht, wenn sie zu bestimmten Ergebnissen führte, nämlich
zu einem Anstieg des allgemeinen Wohls und Glücks der
Bürger. Doch Rawls glaubte, dass diese maßgeblich von
Jeremy Bentham und John Stuart Mill begründete Theorie
nicht die fundamentalen Freiheitsrechte begründen kann,
die für einen Bürger in der Demokratie wesentlich sind.
Deshalb griff er auf die Tradition der sogenannten »Vertragstheorie« zurück, wie sie in der Aufklärung von John
Locke, Jean-Jacques Rousseau und Immanuel Kant vertreten worden war. Gemäß der Vertragstheorie ist das gesetz-
lich geregelte Zusammenleben der Bürger dadurch gerechtfertigt, dass man den Staat als Ergebnis eines Vertrags
begreift, durch den sich die Bürger auf der Basis von Freiheit und Gleichheit einer gemeinsamen Gesetzesautorität
unterwerfen und sich vom sogenannten »Naturzustand«
verabschieden.

Auch Rawls will die Prinzipien der Gerechtigkeit
durch einen Konsens der Bürger begründen. Anlehnend
an die Vertragsidee entwirft er die Modellsituation eines
»Urzustands« (»original position«), in dem die Menschen
abwägen sollen, welche Gerechtigkeitsgrundsätze mit ihren Lebensinteressen vereinbar sind. Voraussetzung ist,
dass sie sich als gleichberechtigt anerkennen und zu einer
rationalen Abwägung ihrer Interessen fähig sind. Da die
Abwägung unter einem »Schleier des Nichtwissens« erfolgt, d.h. ohne dass man weiß, welche soziale Position
man in der Gesellschaft einnehmen wird, ist man gezwungen, auch die Interessen des jeweils anderen mit in

die Überlegungen einzubeziehen. Man weiß z.B. nicht, ob man nicht selbst einmal auf die Hilfe der anderen angewiesen sein wird.

Unter diesen Voraussetzungen würden sich nach Rawls die Bürger für zwei Prinzipien der Gerechtigkeit entscheiden: Entsprechend dem ersten steht jedem ein Maximum von Grundfreiheiten zu. Entsprechend dem zweiten, dem sogenannten »Differenzierungsprinzip«, sind soziale Ungleichheiten nur dann erlaubt, wenn auch die sozial Schwachen aus diesen Vorteil ziehen. Die Reichen dürfen also noch reicher werden, aber nur dann, wenn auch die Armen zumindest etwas vom Wohlstand profitieren. Diese beiden Prinzipien gewährleisten eine »Gerechtigkeit als Fairness«, die sowohl den Grundwert Freiheit als auch die Interessen der sozial Schwachen berücksichtigt. Rawls verbindet damit eine liberale Grundorientierung mit Elementen des Wohlfahrtsstaats. Dabei erhält im Zweifelsfall das Prinzip Freiheit bei ihm Vorrang.

Die *Theorie der Gerechtigkeit* ist ein sorgfältig argumentierendes Buch, das eine geduldige Lektüre erfordert. Seine herausragende Stellung in der Moral- und Staatsphilosophie des 20. Jahrhunderts ist aber unbestritten. Es erneuerte überall in der westlichen Welt die Diskussion über die Grundregeln unseres moralischen und politischen Handelns. Seine sozialstaatliche Komponente forderte aber auch Kritik heraus, so in den USA durch Michael Walzer und Robert Nozick.

# Paul Feyerabend

1924–1994

**Wider den Methodenzwang. Skizze einer anarchistischen Erkenntnistheorie** (Against Method. Outline of an Anarchistic Theory of Knowledge)

London 1975

Gezielte Provokation oder eine fundierte Abrechnung mit unseren Vorstellungen vom wissenschaftlichen Fortschritt? Feyerabends Generalangriff auf die Wissenschaftstheorie in seinem Hauptwerk *Wider den Methodenzwang* spaltet bis heute die Geister.

Der essayistisch angelegte Text ging aus langjährigen Auseinandersetzungen mit dem kritischen Rationalismus Karl Poppers und der daran anschließenden Theorie des Popper-Schülers Imre Lakatos hervor. Die strittige Frage war: Wie entsteht wissenschaftlicher Fortschritt? Wie werden alte Theorien durch neuere, bessere abgelöst? Für Popper geschah dies in einem stetigen, rationalen Prozess, in dem neue Theorien auf den alten aufbauen und der Wahrheit immer näher kommen. Alte Theorien werden »falsifiziert«, also durch Beobachtung und Erfahrung widerlegt, und durch neue Theorien ersetzt, die in der Lage sind, die aufgetretenen Problemfälle besser zu erklären, also den Erklärungsumfang der alten Theorie zu erweitern. Diese Version der Wissenschaftsgeschichte bestritt 1962 Thomas S. Kuhn in seiner Schrift *Die Struktur wissenschaftlicher Revolutionen.* Nach Kuhn ist die Ablösung alter Theorien durch neue Theorien kein allmählicher, rationaler Prozess. Er gleicht vielmehr einer Revolution. Die Widerlegung einer Theorie reicht dazu noch nicht aus. Vielmehr spielen wissenschaftspolitische Faktoren eine große Rolle: Taktik, Propaganda oder ein Generationenkonflikt unter Wissenschaftlern führen schließlich in Zeiten der Krise, also dann, wenn sich Ungereimtheiten häufen, zu einer plötzlich veränderten theoretischen Grundorientierung, einem »Paradigmenwechsel«.

Feyerabend erweitert und radikalisiert die Kritik Kuhns. Er führt als Beispiel den italienischen Astronomen Galileo Galilei an. Dieser hatte für die Annahme des kopernikanischen Weltbildes gekämpft, nach der die Erde sich bewegt und die Planeten sich um die Sonne drehen. Feyerabend nun demonstriert, dass neue Theorien nicht nur durch taktische Manöver, sondern geradezu im Widerspruch mit anerkannten Tatsachen ins Spiel gebracht und durchgesetzt werden. Dies geschehe nicht zufällig. Denn eine Theorie sei wie ein neues Raster, das man an die Wirklichkeit anlegt. Mit seiner Hilfe werden auch neue Tatsachen ans Licht gezogen, die durch die alte Theorie überhaupt nicht erfasst worden waren. Im Anschluss an Ludwig Wittgensteins Theorie der Sprachspiele betrachtet Feyerabend jede neue wissenschaftliche Theorie als eine neue Sprache, die mit der Sprache der alten Theorie nicht vergleichbar ist. Redet Galilei von »Bewegung«, meint er damit nicht das gleiche wie der griechische Philosoph Aristoteles, dessen Theorie noch bis in die frühe Neuzeit bestimmend war.

Die Wissenschaftsgeschichte, so Feyerabend, lässt sich damit nicht als eine zunehmende Anhäufung von Wahrheiten über die Welt lesen, sondern als ein »Meer von Alternativen«, von verschiedenen Weltsichten, die gleichberechtigt nebeneinanderstehen. Mit der Ablösung alter Theorien gewinnt man nicht nur, man verliert auch etwas. Kein Weltzugang, keine Methode kann beanspruchen, näher an der Wahrheit zu sein. Für den, der sich auf die Diskussion über die »richtige« wissenschaftliche Methode einlässt, bleibt am Ende nur die Einsicht: »Anything goes!« – »Alles ist möglich!« Eine allgemein verbindliche Methode kann es nicht geben. Was wir haben, sind immer nur Faustregeln. Alle unsere Maßstäbe für »Wissenschaftlichkeit«, also Klarheit, Präzision, Objektivität, Wahrheit oder Rationalität, müssen in Frage gestellt werden.

Damit wird die hohe gesellschaftliche Wertschätzung der Wissenschaft ebenso fragwürdig wie eine strenge Trennung zwischen Wissenschaft, Mythos, Kunst und Religion.

*Wider den Methodenzwang* ist ein freches, bewusst provokantes und in vielen Passagen gut zu lesendes Buch, das aber auch dort, wo es um physikalische Theorien geht, die große Sachkenntnis des Autors demonstriert und entsprechende Anforderungen an den Leser stellt. Die Annäherung von Wissenschaft und Kunst verbindet Feyerabends »anarchistische Erkenntnistheorie« mit den Philosophen der Postmoderne.


## Peter Singer
Geb. 1946

### Praktische Ethik (Practical Ethics)
Cambridge 1979

Mit der 1979 erschienenen *Praktischen Ethik* des australischen Philosophen Peter Singer begann eine neue Etappe in der Geschichte der Moralphilosophie. Die philosophische Ethik hatte sich bis dahin auf die – oft sehr abstrakten – Begründungsfragen konzentriert, so auf die Frage, was das »Gute« eigentlich ist, wie man begründen kann, warum wir überhaupt moralisch handeln sollen und welches der Maßstab eines solchen Handelns sein kann. Doch im 20. Jahrhundert, in dem sich die technischen Möglichkeiten der Medizin so deutlich erweitert haben, wurde zunehmend klar, dass die Beantwortung solcher Fragen nicht genügt, um den Menschen in der Praxis moralische Orientierung zu geben. Haben wir z. B. akzeptiert, dass es moralisch verwerflich ist, einen Menschen gegen seinen Willen zu töten, so stellt sich bei einem Embryo oder einem im Koma liegenden Menschen immer noch die Frage, wie und ob sich ein solcher Wille überhaupt äußern kann. Wir können heute ein dahindämmerndes Leben endlos verlängern und das Leben von Embryonen in jeder Phase manipulieren oder abbrechen.

Immer dringlicher und zugleich immer schwieriger zu entscheiden wurden also die Probleme der Anwendung moralischer Regeln auf konkrete Fälle. Dies ist genau das Thema der sogenannten »praktischen« Ethik, die bei Singer in systematischer Form aufgearbeitet wird. Im Mittelpunkt stehen dabei jene Probleme – wie Abtreibung oder Sterbehilfe –, in denen der Wert des menschlichen Lebens in Frage steht, aber auch jene, die das Verhältnis des Menschen zu Tieren und zu seiner gesamten Umwelt betreffen.

Grundlage seiner Argumentation ist für Singer die im angelsächsischen Raum vorherrschende und im 19. Jahrhundert von Jeremy Bentham und John Stuart Mill begründete moralphilosophische Richtung des Utilitarismus. Entscheidend für den moralischen Wert sind danach die nützlichen Folgen (lat. »utilis« = nützlich) von Handlungen oder Handlungsregeln. Singer vertritt einen sogenannten »Präferenzutilitarismus«, der verlangt, dass man bei allen moralischen Entscheidungen die »Präferenzen«, d. h. die Wünsche der Betroffenen berücksichtigt, das also, was sie sich von bestimmten Handlungsfolgen erhoffen. So verlangt auch Singer dann, wenn es um moralische Grundsätze geht, eine Interessenabwägung aller Betroffenen. Dadurch, dass bei dieser Abwägung alle Betroffenen gleichermaßen berücksichtigt werden, wird gleichzeitig dem Prinzip der Gleichheit Rechnung getragen.

Dieses Gleichheitsprinzip kann aber, so Singer, nicht auf eine bestimmte Gattung, nämlich die Gattung »Mensch«, beschränkt bleiben. In seiner *Praktischen Ethik* bricht er deshalb mit einigen Tabus, die tief im vom Christentum geprägten westlichen Denken verwurzelt sind. Dazu gehört die Ansicht, dass menschliches Leben unantastbar sei, während dem Menschen wiederum das Recht zugestanden wurde, über das Leben von Tieren zu verfügen. Singer trifft seinerseits eine folgenreiche Unterscheidung, nämlich die zwischen einem einfachen Mitglied der Gattung »homo sapiens« und einer »Person«. Letztere zeichnet sich durch Empfindungsfähigkeit, Selbstbewusstsein und Rationalität aus. Nur Personen können »Präferenzen«, d.h. Wünsche für die eigene Zukunft, haben. Die Interessen von »Personen« müssen deshalb bei einer moralischen Interessenabwägung stärker berücksichtigt werden als die Interessen anderer Gattungsmitglieder. Dies führt zu dem Ergebnis, dass es zwar erlaubt sein kann, das Leben von schwerstbehinderten Säuglingen zu beenden, nicht aber das Leben von höher entwickelten Tieren wie Gorillas oder Delphinen. Abtreibung und Euthanasie können also in bestimmten Fällen moralisch gerechtfertigt sein, während unser Umgang mit Tieren (z.B. beim Schlachten) moralisch fragwürdig ist.

Singers *Praktische Ethik* wurde weltweit zum Ausgangspunkt gesellschaftlicher und philosophischer Diskussionen. In Deutschland und Österreich, wo die Erinnerung an die Euthanasie-Praxis der Nazis noch lebendig ist, provozierte es auch z.T. heftige ablehnende Reaktionen. Unverzichtbar ist das Buch aber auch als eine allgemein verständliche, vorbildlich klar argumentierende Einführung in die Anwendungsprobleme der Moralphilosophie.

## Jürgen Habermas

Geb. 1929

### Theorie des kommunikativen Handelns

Frankfurt a. M. 1981

Die immer komplizierteren Strukturen der modernen Gesellschaft haben Ende des 19. Jahrhunderts zu einer Trennung der Soziologie von der Philosophie geführt. In seinem
zweibändigen, über eintausend Seiten dicken Hauptwerk
*Theorie des kommunikativen Handelns* hat Jürgen Habermas die beiden Disziplinen wieder zusammengeführt. Er
will eine Theorie der Moderne erstellen, die sowohl Strukturen der Gesellschaft analysiert als auch rational einsichti-
ge und universal geltende Maßstäbe für eine vernünftig und
gerecht organisierte Gesellschaft liefert.

Habermas ging aus der von Max Horkheimer und
Theodor W. Adorno begründeten Frankfurter Schule hervor,
deren Ziel es war, durch eine Erneuerung des Marxismus
eine kritische Gesellschaftstheorie zu entwickeln. Die von
Horkheimer und Adorno gemeinsam verfasste *Dialektik der
Aufklärung* kommt zu dem pessimistischen Schluss, dass
der Anspruch der menschlichen Vernunft, das gesellschaftliche Zusammenleben humaner und gerechter zu machen,
unter den Bedingungen des modernen Kapitalismus zu einer neuen Form der Unfreiheit geführt hat, in der die Vernunft zum Werkzeug einer auf Profit ausgerichteten Warengesellschaft geworden ist.

Die *Theorie des kommunikativen Handelns* schließt sich
dem Projekt einer kritischen Gesellschaftstheorie an. Ausgehend von den Analysen Max Webers, Adornos und Georg
Lukács' stimmt auch Habermas der These zu, dass sich in
der hochtechnisierten und bürokratisierten modernen Welt
Formen der »Rationalisierung« entwickelt haben, die sich

gegen den Anspruch des Menschen auf Freiheit und Selbstbestimmung richten. Doch glaubt er, dass auch diese Theorien noch einen unzureichenden Begriff von »Rationalität« haben: In der Tradition der deutschen idealistischen Philosophie sehen sie den Ursprung von Rationalität im Bewusstsein und nicht im zwischenmenschlichen Handeln. Für Habermas dagegen ist Rationalität ein sozialer Prozess, eine Form der Kommunikation, in der sich die Menschen in einer Gesellschaft miteinander verständigen. Anknüpfend an die soziologischen Theorien von George Mead und Émile Durkheim entwickelt er seinen Begriff von Rationalität als »kommunikativem Handeln«.

Das Problem der Moderne liegt für Habermas in einer fundamentalen Störung des kommunikativen Zusammenhangs zwischen den Menschen, in der Auseinanderentwicklung zweier gesellschaftlicher Bereiche, die beide einer Rationalisierung unterliegen. Eine davon ist die sogenannte »Lebenswelt« – also jene Formen des Zusammenlebens, in der – wie in der Familie – der Mensch Zugehörigkeit entwickelt. Die andere bezeichnet er als »System«, wozu die immer komplexeren Steuerungssysteme wie Verwaltung, Ökonomie und Recht gehören. Die Lebenswelt wird durch das »System« zunehmend »kolonisiert« und »deformiert«, d. h. die Menschen sind Handlungszwängen unterworfen, die ihrem Einfluss entzogen sind.

Doch in dem kommunikativen Handeln unserer Lebenswelt, also in den Formen unserer sprachlichen Verständigung, verbirgt sich eine andere, eine »kommunikative« Vernunft. Mit Mitteln der Sprachphilosophie und der Argumentationstheorie versucht Habermas den Nachweis, dass wir in unserem täglichen Sprachgebrauch ein bestimmtes Ideal voraussetzen, das er »ideale Kommunikationsgemeinschaft« nennt. Als Teil dieser Gemeinschaft erkennen sich alle Beteiligten als gleichberechtigt an und akzeptieren, dass das bessere Argument den Ausschlag für die Verständigung gibt. Hier gilt das Prinzip des vernünftigen Konsenses. Indem wir dieses Prinzip freilegen und die Kommunikationsgemeinschaft von einer idealen zu einer realen machen, schaffen wir die Grundlage einer Gesellschaft, in der sich die Menschen auch über die Organisation der Gesellschaft zwangfrei und rational verständigen und bestimmen können.

Die *Theorie des kommunikativen Handelns* ist ein sprachlich oft schwieriger, theoriebeladener Text, der hohe Ansprüche an den Leser stellt. Ihr Einfluss war jedoch enorm und hat Habermas international zum bekanntesten und einflussreichsten deutschen Philosophen der zweiten Hälfte des 20. Jahrhunderts gemacht.

# Werkregister

Die kursiv gesetzten Seitenangaben markieren den Artikel zum jeweiligen Werk

## Personenregister

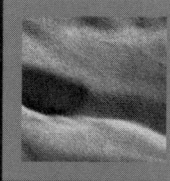

# Grundwissen

# Philosophie

Was ist Moral? Die Antwort ist in jedem Fall auch eine historische. Für Marx ist die herrschende Moral die Moral der Herrschenden, für Nietzsche stellt sie einen Spezialfall der Unmoralität und für Freud verinnerlichte und wieder nach außen projizierte Aggression.

**Gunzelin Schmid Noerr:**
**Geschichte der Ethik**
169 S. · ISBN 978-3-15-020304-0

# Reclam

# Grundwissen

# Philosophie

**Herbert Schnädelbach:
Kant**
160 S. · ISBN 978-3-15-020124-4

Immanuel Kant (1724–1804) ist der klassische Philosoph der Moderne. Im philosophischen Diskurs ist er allgegenwärtig. An seinen berühmten vier Fragen kommt auch heute keiner vorbei: »Was kann ich wissen? Was soll ich tun? Was darf ich hoffen? Was ist der Mensch?«

# Reclam

# Grundwissen

# Philosophie

Béatrice Durand stellt
in ihrer Einführung den
inneren Zusammenhang
des rousseauschen
Denkens dar: seine
politische Theorie und
Anthropologie, seine
Ästhetik und Sprach-
philosophie sowie sein
Denken über Subjekti-
vität und Persönlichkeit.

**Béatrice Durand:**
**Rousseau**
135 S. · ISBN 978-3-15-020315-6

# Reclam

# Grundwissen

# Philosophie

Diese Einführung stellt
Wittgenstein als einen
Zeichendenker, einen
semiotischen Philoso-
phen und Ästhetiker
vor, der den Begriff
»Sprache« sowohl im
Sinne der Alltagsspra-
che als auch metapho-
risch reflektiert: als
zeichenhaftes Handeln.

**Chris Bezzel:**
**Wittgenstein**
137 S. · ISBN 978-3-15-020318-7

# Reclam